東アジアのなかの日本と中国

―― 規範・外交・地域秩序 ――

兪　敏浩　編著
今野茂充

晃洋書房

目　　次

序　章　東アジアのなかの日本と中国 ……………………………………… 1
　　　　――比較規範分析のアプローチ――
　　　　　　　　　　　　　　　　　　　　　　　兪　　敏浩・今野茂充
　　1．日中関係論の新しい視座を求めて　（1）
　　2．比較規範分析――その可能性と限界――　（5）
　　3．本書の構成　（10）

第1章　変動する東アジアの交錯する規範 …………………………… 17
　　　　――理論的考察――
　　　　　　　　　　　　　　　　　　　　　　　　　　　　今野茂充
　　はじめに　（17）
　　1．リベラル規範論とその問題点　（20）
　　2．規範論再考　（25）
　　おわりに　（33）

第2章　国際社会における日中関係 …………………………………… 39
　　　　――グローバル・ガバナンスの視点から――
　　　　　　　　　　　　　　　　　　　　　　　　　　　　兪　　敏浩
　　はじめに　（39）
　　1．グローバル・ガバナンスと日本外交　（41）
　　2．グローバル・ガバナンスと中国外交　（49）
　　3．東アジア地域ガバナンスと日中関係　（56）
　　おわりに　（60）
　　COLUMN 1　EUの対外政策における規範と限界　（66）
　　　　　　　――対日・対中外交を中心に――
　　　　　　　　　　　　　　　　　　　　　　　　　　　　林　　大輔

第3章　パワーシフトのなかの日本と中国 ……… 69
　　　——安全保障政策の変遷と規範状況——

今野茂充

　　は じ め に　（69）
　　1．冷戦終結と安全保障政策の再編　（71）
　　2．アメリカ一極時代とその後　（80）
　　お わ り に　（87）
　　COLUMN 2　国際海洋レジームの変容と日中関係　（92）

許　元寧

第4章　日中両国の対外援助規範の比較 ……… 97

徐　顕芬

　　は じ め に　（97）
　　1．日中の対外援助の実態　（98）
　　2．ウィンウィン原則　（104）
　　3．援助・投資・貿易の三位一体　（107）
　　4．政治的コンディショナリティ　（110）
　　5．軍事援助の是非　（112）
　　お わ り に——日中間の規範の競合と協働——　（116）
　　COLUMN 3　開発援助にみる日中の環境規範の変容　（121）

濱崎宏則

第5章　日本と中国の国際平和協力活動 ……… 125
　　　——国際規範と国内規範の相克——

畠山京子

　　は じ め に　（125）
　　1．日本と国際平和協力活動　（128）
　　2．中国と国際平和協力活動　（134）
　　お わ り に　（140）

第6章　東アジア地域統合をめぐる日中のアイディア ……………………… 147
　　　　——日本経済界と規範形成の視点から——

李　　彦　銘

　はじめに　（147）
　1．2000年代初頭の3つのアイディア　（148）
　2．日中の歩み寄り　（156）
　3．TPP交渉への参加　（159）
　おわりに　（164）
　COLUMN 4　ナショナル・アイデンティティと中国の対日歴史認識　（169）

江藤名保子

第7章　知的財産問題からみる日本と中国 …………………………………… 173

李　　　　龍

　はじめに　（173）
　1．日中両国の知的財産問題の経緯　（174）
　2．日中知的財産問題の現状　（180）
　3．知的財産をめぐる国際ガバナンス　（183）
　おわりに　（188）

あとがき　（193）
人名索引　（196）
事項索引　（198）

序　章

東アジアのなかの日本と中国
―― 比較規範分析のアプローチ ――

兪　敏浩・今野茂充

1．日中関係論の新しい視座を求めて

　国際政治の歴史のなかで，新興勢力の台頭が国家間のパワー・バランスに変化をもたらし，安全保障のジレンマを誘発することは珍しいことではない．こうした新興国家は，勢力圏の拡張に成功すると，それに合わせて国益をより広範に定義し直すことが一般的である．そのため，新興国家の台頭によって，既存の国際秩序が一定の衝撃を受けることが避けられない場合も多い．とはいえ，主要大国が核兵器を保有し，各国の国益が全世界規模の経済的相互依存のネットワークに密接にかかわっている今日の世界において，新興勢力の台頭が大規模な武力衝突に発展する可能性は，過去と比べて大幅に減少したといえよう．こうした状況において，新興勢力の台頭をめぐる駆け引きは，主として国際秩序やそれを構成する制度や規範をめぐっておこなわれるようになっている．

　第二次世界大戦の終結以降も複数の新興勢力が台頭しているが，東アジアにおける代表例は，日本（1970年代以降）と中国（2000年代以降）であろう．両国とも驚異的な経済成長を経てアメリカに次ぐ経済大国へと成長し，地域や世界に大きな影響を及ぼす存在になった．日本は，日米同盟を基軸に西側諸国の一員として台頭したにもかかわらず，冷戦終結直後の時期には，「日本株式会社」モデルが欧米の自由市場資本主義に代わる唯一の代替案として警戒され，「修正主義者」たちは，アメリカが日本の経済的植民地になるかもしれないという警鐘を頻繁に鳴らしていた（Lindsey and Lukas, 1998）．中国の台頭が著しい2000年代には，中国が現状維持国家なのか，それとも現状変更国家なのかという争

点が中国ウォッチャーたちの関心の的となった．もっとも，2009年以降は中国外交が強硬化したとの認識が支配的となり，中国は現状変更を志向しているとの見方が増加傾向にある．

　台頭する新興国の影響をもっとも受けやすいのが，新興国が属している地域である．そもそも，台頭国は自国に有利な地域秩序の形成を目指す傾向が強い．また，台頭国は自らの地域において増大するパワーに見合った地位と役割を求めることが多いが，自立性を確保したい地域諸国にしてみれば，台頭国が強くなりすぎることが大きなリスクとなる．したがって，どうしても地域諸国はパワー・バランスの変化に敏感にならざるをえない面があり，域外大国との関係を求めることになるため，地域の国際政治が流動化しやすくなるのである．

　戦後の荒廃から経済的復興を遂げた日本は，1950年代から1960年代にかけて，「アジアの中では最も精力的に，この時代にいくつかの地域枠組を作ることを望んだ」（保城，2008：12）．1977年には「福田ドクトリン」に代表されるように，冷戦の文脈と一線を画した地域外交を試みた[1]．1980年代末には，アジア太平洋地域協力の代名詞でもあったAPEC構想のイニシアチブをとったが（大矢根，2012：122），欧米に現れた保護主義の動向を牽制することが1つの動機であった．日本政府はアジア通貨危機の際にも，その後の東アジアにおける通貨・金融協力の土台となる新宮沢構想を発表しており（大庭，2014：123），2000年代に入ってからは多角的通商メカニズムの失速を受け，より地域協力に傾斜するようになった．

　他方，中国も2000年代に入って地域外交に力を入れるようになった．冷戦後の中国は，多極化推進の方針のもと，外交の重点を大国との二国間関係に置いていたが，1990年代末までに外交戦略の見直しをおこない，地域を重視するようになった．1998年8月に開催された第9回在外使節会議において，江沢民総書記は，「多極化と全球化（グローバル化——筆者）が絶えず発展する新しい情勢のなか，大国はみな地域組織に依拠して発展を図り，多角外交を通じて，バイの関係では得られないものを追求している」として，「このような状況をもっと重視すべきである」とした（江，2006：205-206）．2000年の政府活動報告では，発展途上国との団結・協力を対外政策の基本的立脚点にすることと，周辺諸国との全面的な協力関係をさらに強化することが外交目標の1つとされた（朱，

2003）．その後，「地域における多国間協力という新しい重要要素が中国外交に加わり，今日に至っている」（高原，2003：61）．

　こうして21世紀に入り，日中両国とも（動機や戦略に差異はあるものの）地域外交を重視する立場に転じた結果，日中間で扱われる問題のなかで，純粋な二国間問題の比重は相対的に低下し，地域外交にかかわる問題の比重が高まってきた．たとえば，中国が1999年末から歴史認識問題を持ち出すことを抑制し，日本に対し「スマイル外交」（Rozman, 2009：100）を展開した背景には，東アジアで地域協力を推進するために，対日関係を修復するという動機が存在した（高原，2003：67-68）．その後，日中両国が地域協力の主導権をめぐる競争を展開するなかで，ライバル意識をむき出しにしたことが関係悪化の一因となったことも，単なる二国間関係にとどまらない日中関係の性質を物語っている．もっとも，田中明彦（1990：11）が指摘するように，「いかなる二国間関係も，それだけが独立して存在するわけではなく，国際関係の網の目のなかで展開するもの」である．しかし，「国際環境」がもっぱら米ソなどの主要国との関係を意味していた冷戦期とは異なり，日中両国が主体的に関与する地域秩序の形成が，「国際環境」の重要な一部となっている点において，21世紀の日中関係はそれまでとは異なる段階に突入したといえよう．このように日中両国が地域秩序の受容者から形成者になったことは，一種の構造転換ともいえる新しい現実であるが，こうした日中関係の状況をより正確に分析するためには，それに相応しいアプローチが必要である．

　このような問題に比較的早期に取り組んだ研究としては，高原明生の研究（2003）がある．高原によれば，「日本は中国との関係を孤立した二国間関係として扱うのではなく，中国を世界や地域の多国間枠組に関与させ，それによって日中関係を世界や地域の中において相対化するべきだと唱えて」きた．したがって，1990年代末までに東アジア地域協力を重視する形に中国が政策転換したことは，「まさに日本がねらったとおりの展開」であり，「日中関係を東アジアないしアジア太平洋という地域の中でとらえ，対中関係の拡大深化に取り組むこと」が日本の地域主義政策の本質だと論じている．このように高原は，二国間関係と多国間主義の良性循環的な発展を重視する立場から「世界や地域のなかでの日中関係」の可能性を見出している．ただし，この研究では，そうし

た良性循環的な発展の阻害要因として，国内農業部門の保護主義，地域主義に対するアメリカの警戒，日米と中国の戦略的対抗関係の激化などを指摘するにとどまっており，そもそも日中両国の地域政策に内在する価値や利益関心は調和可能なのかという問題については触れられていない．

その後，地域の主導権をめぐる日中間の争いが激化していくなかで，日中間の競争をどのように理解すべきかという問題について，多数の論考が発表された．たとえば，趙宏偉（2009）は，東アジアの地域統合プロセスにおける日中間の駆け引きを政治文明，文化の違いから解読することを試みた．添谷芳秀（2010：11）は，東アジア地域協力をめぐる日中の競争について「戦略的競争というよりは，望ましい東アジアの将来像をめぐるコンセプトやヴィジョンをめぐる競争である」と性格づけた．添谷の主張は多くの論者に共有され，いまや「東アジアにおける日中関係」というテーマに関する標準的な認識となっているように思われる．しかし国際秩序の文脈で日中関係を論じる論稿は増えてきたが，具体的な問題領域にまで踏み込んで日本と中国の外交政策に内包される利害関心や規範を比較分析し，地域秩序形成へのインプリケーションを射程に入れた論稿は管見の限りほとんど存在しない[2]．

こうした現状は，国際秩序の文脈で中国とEUやアメリカとの関係を論じた研究成果が近年急増していることと好対照をなしている．たとえば，米中関係については，ローズマリー・フットとアンドリュー・ウォルター（Foot and Walter, 2011）が，グローバル秩序への含意を念頭に置きながら，武力行使，マクロ経済政策サーベイランス，核不拡散，気候変動，金融規制といった分野における国際規範について，米中両国の遵守状況や逸脱行動について比較分析している．中国とEUの関係について論じた研究についても，たとえば，潘忠岐らの研究（Pan, 2012）がある．この論文集は，中国・EU関係に大きな影響を与える8つのコンセプト（もしくは規範）――主権，ソフトパワー，人権，民主，安定，戦略的パトナーシップ，多国間主義／多極化，グローバル・ガバナンス――をめぐって両者の間に存在する認識のギャップを浮き彫りにし，そのようなギャップが，中国・EU関係に及ぼす影響について分析している．

一方，日本外交を考察対象とする類似した研究は，もっと早い時期からおこなわれていた．たとえば，日米関係に注目した研究として，猪口孝らの研究（猪

ロ・グレビッチ・プリンストン，1997）がある．この論文集は，国連平和維持活動，国際軍備管理，世界銀行，アジア開発銀行，環太平洋地域における貿易圏形成，人権と民主主義など国際制度や規範における日本とアメリカの立ち位置について比較考察をおこない，日米関係が冷戦後の国際秩序に及ぼす影響について論じている．また，日本とドイツの関係に着目したものとしては，片田さおりやハンス・マウルらの研究（Katada et al., 2004）が挙げられよう．この論文集は，アメリカ主導の国際秩序（パックス・アメリカーナ）を支える日本とドイツの対外政策について，外交アイデンティティ，アメリカとの同盟，武力行使，対外援助，国連外交など6つの分野から比較考察をおこなった上で，日本とドイツの対外政策の共通点と相違点がグローバル・ガバナンスにもたらす含意について論じている．

　このように，中国と欧米，日本と欧米の関係については国際レジームや秩序の文脈から論じた先行研究が多数存在しているが，日中関係については先行研究があまり存在しない．もっとも，上記の先行研究のなかには，国際秩序形成への含意を析出していても，二国間関係論に求められる「関係性」の解明は必ずしも十分といえないものも含まれる．それは「二国間関係」という部分的かつ具体的な研究対象を，秩序という普遍的かつ抽象的な文脈に結びつけて分析することの難しさに起因していると思われる．国際秩序形成への含意を念頭に置きつつ，日中両国の対外政策について比較分析をおこなうことで，果たして，単なる比較にとどまらない「関係性」をも射程にいれた日中関係論を展開することは可能なのであろうか．

2．比較規範分析――その可能性と限界――

　前節では，日中両国が約30年の時差を伴いながら新興勢力として台頭し，自国に有利な地域秩序の形成を1つの外交目標に据えるようになったことを指摘し，こうした現実を反映した新しい研究アプローチによる日中関係論が求められていることについて議論した．

　国際秩序に関しては，これまでリアリズムの覇権安定論，リベラリズムの国際制度論（レジーム論），構成主義の規範論などを中心に，さまざまな学派によっ

て研究がおこなわれてきた．本書では，秩序形成における規範の重要性に着目し，さまざまな問題領域における国際規範の分布状況やその影響，そして日中両国の国内規範の状況について比較分析をおこなうことにより，前節の最後に提起した問題に取り組むことにしたい．

　国家が地域外交を推進する目的は，国益の維持や拡大にあるが，どのような地域制度を志向するかは，それぞれの外交上の経験を通じて形成される外交規範により規定される部分が大きい．その規範は明示されている場合もあれば，暗黙なルールとして機能している場合もある．対外行動規範の存在は，国家の対外行動を方向づけたり，拘束したりする重要な要因の1つとなっている．また，共有された規範は地域制度の土台となりうるが，対立する規範は秩序形成を阻害する可能性がある．こうしたことを考えても，地域秩序の文脈で日中関係を論じる際に規範を重視するアプローチをとることには一定の合理性があると思われる．

　ここで2つの点について確認しておきたい．第1に，本書は規範の重要性に着目して日中両国の対外政策の比較規範分析をおこなっているが，その目的は，構成主義の規範論に対する理論的貢献にはない点である．本書が依拠する規範概念については第1章で体系的に論じているが，端的にいえば，規範をパワーや利益との有機的な相互作用のなかで捉えており，特定の理念（たとえばリベラリズム）が想定する「進歩」のみを議論の前提にはしていない．

　第2に，これまでにも地域主義や地域統合の文脈では，規範論のアプローチから日中関係が論じられていることである．たとえば，地域主義を推進する関係国（日本，中国，ASEAN諸国，アメリカなど）の地域に対する展望の相違が重層的な地域をつくり出していると主張する大庭三枝の研究（2014）や，現実主義に軸足を置きながら秩序形成における規範の役割も重視する方法論的折衷主義を採用した上で，地域統合はパワーによって牽引されるが，パワーは規範の伝播と定着を通じて秩序を形成すると主張する寺田貴の研究（2013）などがある．ただし，こうした先行研究の関心は地域主義や地域統合にあり，日中関係そのものを主要な分析対象とはしていないし，通商・金融分野に議論が偏る傾向がある．そのため，こうした先行研究に依拠しても，競争的な側面と協力的な側面が交錯し，問題領域によって多様な規範や制度が存在する日中関係の現状を

十分に把握することはできないと思われる．実際，日中の地域外交には，問題領域によって多様な規範状況を観察することができる．ある分野では規範共有が進み，ある分野では規範が衝突する．また新しい規範の形成をめぐって協力と対立を繰り返す場合もある．

　こうした認識に基づき，本書では，東アジアを主な関心対象地域としながらも，地域主義や地域統合を分析課題の中心とはしていない．本書の目的は，複数の問題領域における日本と中国の対外政策について比較規範分析をおこなうことを通じて，「国際社会」における日中関係の基本的な位置づけや性格を描き出すことである．その際，日中間の規範の協働・競合・相克の状況を描き出すことにより，単なる比較分析を超えた日中関係論を志向する．

　東アジアを主な対象地域としながら，地域主義にこだわらないことは日中関係研究にとっても重要だと思われる．なぜならバリー・ブザンらが指摘するように，東アジアの国家間関係には欧米発祥の「国際社会」とは明らかに異なる特徴がみられるが，その異なる特徴が具体的に何を指しているのか，未だにコンセンサスが形成されていないからである（Buzan and Zhang, 2014）．地域的特徴の存在は，地域社会形成の土台となりうるが，その特徴の中身について地域諸国の間で合意できないことは，地域主義の発展にとって阻害要因ともなる．また，地域諸国が自らの展望を実現するために地域の範囲を変更しようとしたり，別の地域に関心を移したりする可能性もありえよう．山本吉宣（2007：341）が指摘するように，「東アジアは漠然とした，漏れやすい（fuzzy and leaky）地域というだけでなく，移ろいやすい地域でもある可能性がある」のかもしれない．

　こうした東アジアにおける地域主義の脆弱性に加えて，日本と中国という世界第2位・第3位の経済大国同士の関係を論じる際に，東アジアのみではあまりにも窮屈であるという現実も直視すべきである．とりわけ中国にとって，東アジアが重要なことは間違いないが，地域外交の一部でしかないことを留意しておく必要がある．青山瑠妙（2007：107）によれば，中国の地域協力の単位は東アジアをはるかに超え，アジア地域全体にまで広がってきているという．さらに本書の第2章で詳しく論じられているように，日本と中国の経済的利益のグローバル化に伴い，両国の国益は地域のみならずグローバルな秩序そのものの影響を強く受けるようになっている．規範論のアプローチは，地域の秩序形

成を視野に入れつつ,地域の境界に拘束されない自由度を持つという意味でも,21世紀の日中関係の研究に適しているのである.

　地域の境界に拘束されないだけでなく,さまざまなレベルの規範分析を通じて,多様な問題領域を包摂することもできるので,規範論のアプローチを採用することで,日中関係の現状をより総合的に把握することが可能となる.これまでの日中関係に対する現状分析は,その時々の争点に過度に影響される傾向があった.たとえば,従来の台湾問題や歴史認識問題に加え,2000年代には東アジア地域統合,現在は海洋権益や安全保障が最大の関心事となっている.二国間関係の研究であるがゆえに,日中間の最も重要な課題に関心が集中すること自体はごく自然なことであるが,その結果,日中関係が実態よりも狭く描かれる傾向があったことは否定できないだろう.

　ただし,規範論のアプローチから日中関係を検討することにも,限界が存在する.このアプローチは秩序形成への含意に重きを置くために,具体的な政策決定過程には踏み込まず,日中両国の国内における多様な政策議論は捨象される.その結果,国際関係理論の学問領域で重視されることが多い明確な因果関係を描けない場合もある.また第1章で検討しているように,内在化された規範が必ずしも規範に沿った対外行動につながらないことも,現実世界ではしばしば観察される.

　さらに,本書の研究対象である中国が高度経済成長にともなう急激な社会的変化を経験していること,そして東アジアの安全保障情勢が極めて流動的であることも,規範論のアプローチの説得力に影響を及ぼす可能性がある.規範論自体は変化のダイナミズムを想定した議論ではあるが,規範以外の要因の重要性が大きい場合,規範に着目する意義が減じてしまうからである.たとえば,中国の権力構造や経済社会情勢に,何らかのきっかけで急激な変化が生じる可能性も,確率が低いとはいえ排除できない.また南シナ海における米中間の緊張がコントロールを失うところまでエスカレートした場合,中国はもちろん日本の対外政策も重大な調整を余儀なくされるだろう.その際,国内規範の変化は観察できるかもしれないが,規範以外の重要な要因のみで行動の結果が説明できるということになる可能性もある.

　このような比較規範分析の意義と限界を踏まえた上で,具体的な議論に入る

前に，日中両国の外交に関するいくつかの「誤解」を解いておく必要があろう．

　第1に，国益と規範の関係についてである．とくに中国外交については，「古典的な現実主義」(岡部, 1996；Christensen, 1996)，実利主義 (Kim, 1999) のイメージが強く，規範とは疎遠な存在として認識される傾向にある．しかしながら本来，規範自体は価値中立的な分析概念であり，国益（安全保障・経済利益・名声）と相互規定する一面もある．そのため，中国が1990年代以降，内政不干渉規範の旗手としての役割を演じた背景として「体制の安全保障」(兪, 2015：20) という国益追求の動機を指摘できるとしても，中国において内政不干渉規範が内在化されていることを否定することはできないだろう．同様に中国政府が，長らく気候変動問題における「共通だが差異のある責任」規範の擁護者となっていた背景として，経済成長を優先する実利的な計算が存在したとしても，この規範の存在を完全に否定することはできないだろう．国益にかなう規範を積極的に推進し，逆に国益を阻害する規範の弱体化に努めるような現実的な行動をとっていること自体，規範の存在を意識していることの現れとして考えることができるからである．

　第2に，国際社会と中国（あるいは日本）という「二分法」思考についてである．「二分法」思考とは国際社会の規範を所与とし，その規範を遵守するか，あるいは規範から逸脱しているかという問題にもっぱら関心を向けることを意味する．こうした思考法が生まれる原因は，納家政嗣 (2005：2) が指摘するように「規範が行為の外にあって行為を導くと考える」からである．現実世界においては，規範は行動のなかにあり，多様な主体が多様な規範を主張するなか，大部分が支持する規範か，優勢な勢力の規範が普遍的な規範として認識されるだけである．やや大げさに言えば，すべての国家が国際規範形成過程の当事者になりうるのである．

　日本と国際社会の関係について，船橋洋一 (1991) は「ルールがそこにすでにある以上，うまくそれに適応しようという対外適応，それがどうしても国内政治的にうまくいかない場合は，それを無視し，さらに拒絶するという対応」が日本ではみられると論じている．それを規範の視点から読み替えれば，「普遍的な規範が独自の規範と接続可能である場合には受容が進み，衝突する場合には拒否する」となるのだろうか．

3．本書の構成

　本書は7つの章と4つのコラムから構成される．第1章では，規範の生成・拡散・消滅の過程や，規範の内在化といった現象について再検討しながら，本書の理論的基盤について説明する．続く各章では，主として東アジアの国際秩序との関連を意識しながら，それぞれの問題領域において展開された日中両国の対外行動について比較規範分析を進め，規範という観点での日中間の相違点や共通点が日中関係に及ぼした影響や秩序形成への含意などについて論じている．各章はそれぞれ異なるテーマを取り上げているため，議論の重点の置き方が異なり，執筆スタイルにも一定の幅があるが，執筆陣の間では，おおむね以上のような方向性が共有されている．またコラムについても，それぞれ重要なテーマを取り上げており，直前の章を補完する役割を果たすように配置している．

　このような問題意識のもとで比較規範分析を進めるにあたり，まずは規範概念について再検討する必要がある．第1章「変動する東アジアの交錯する規範――理論的考察――」（今野茂充）では，規範を「適切な行動に関する理解や期待」と定義した上で，国際関係理論における規範研究を牽引してきた構成主義や一部のリベラル秩序論者が，自由・人権・民主主義といった西側諸国のリベラル規範の優位を無条件に議論の前提としてきたことから生じた問題点について検討している．そして，権威主義的な中国の台頭を踏まえると，パワーシフトが進行する東アジアの規範状況をより総合的に分析していくためには，本来密接な関係があるはずのパワーと規範の関係について再検討する必要があり，リベラル規範以外の規範についても検討対象に含めるべきだと論じている．東アジアにおけるパワーシフトの行方は依然として不透明である．混沌とした時代が予想以上に長期化する可能性があるため，本章では複数のシナリオを想定していく必要があることを強調しているが，その際，分野横断的な規範状況の分析が状況把握の大きな助けになるとしている．

　日本と中国はともに戦後国際秩序の主要な構築者ではなく，後から秩序の維持や発展と密接にかかわるようになった国家である．戦後の驚異的な経済復興

を経て，まず1970年代に日本が，そして改革開放以後の高度経済成長を経て2000年代からは中国が，国際秩序の維持や再構築における重要な役割を国内外から期待されるようになった．第2章「国際社会における日中関係――グローバル・ガバナンスの視点から――」（兪敏浩）は，国際社会における日本と中国の位置づけの変化について，グローバル・ガバナンスの観点から比較考察している．本章によれば，日本と中国には「西側諸国の一員」と「移行経済国，途上国の一員」という出発点の違いはあるものの，30年の時差を伴いながら両国ともグローバル・ガバナンスへ参画するようになっており，その動機や特徴には少なからず共通点があるという．日中間の最大の相違は，グローバル・ガバナンスの行動規範の受容状況にあるが，地域ガバナンスをめぐる日中間の主導権争いが段階的に激しくなるなかで，規範の相違はアイデンティティの差別化の道具としても用いられた．その結果，国際社会における日中の位相を乖離させるベクトルが一層強まっている．こうした日中関係の悪循環を防ぎ，グローバル・ガバナンスにおける良きパートナーになるためには，相違点のみならず，共通点も冷静に認識する必要がある．

　安全保障という領域は，一般的に国家のパワーや国益が露骨に表出しやすい領域であり，国内規範の影響よりも国際的なパワー変動の影響を受けやすい領域でもある．第3章「パワーシフトのなかの日本と中国――安全保障政策の変遷と規範状況――」（今野茂充）では，東アジアにおけるパワーシフトの進展に留意しながら，冷戦終結後の日中両国の安全保障政策の変遷について，① あるべき地域秩序をめぐる認識，② 国際規範，③ 国内規範，との関係から比較分析している．日中はともに，冷戦終結後の国際政治の大変動のなかで安全保障政策の再編を開始し，国際規範と国内規範とが乖離する状況のなかで，1996年頃までに安全保障政策の方向性をある程度定めてきた．2001年9月の同時多発テロ事件を契機にアメリカの対外政策が攻撃的な単独行動主義に転じると，日本は日米関係の緊密化の追求を，そして中国は胡錦濤政権の「平和的台頭」論に象徴される低姿勢路線の追求を進めることで，アメリカ一極時代に適応していくことになる．しかし，2008年の世界金融危機を契機に欧米諸国の存在感が低下すると，2009年以降，中国は低姿勢路線から転じて強硬な姿勢をみせるようになり，多少の時差をともないながら日本もそれに現実的に向き合うよう

になった．本章では，過去四半世紀で，日本の平和主義的な規範には注目すべき変化がみられた一方で，中国については，パワーの急速な増大にもかかわらず，規範的な主張という点では変わっていないことも多いと指摘している．

　近年，新興ドナーの代表格として中国が注目される一方で，主要なドナー国の1つである日本は，対外援助規模が伸び悩んでいる．日中間の戦略的競争関係は，対外援助という道具を通じて，被援助国をも巻き込んで世界規模で展開しているのだろうか．第4章「日中両国の対外援助規範の比較」（徐顕芬）では，援助の位置づけ（ウィン・ウィン原則），援助の方式（援助・貿易・投資三位一体），外交との関連性（政治的コンディショナリティ），軍事援助などの5つの観点から日中両国の対外援助について比較分析をおこなっている．日中ともに片務的な人道主義に基づく援助ではなく，貿易と投資を促進する手段として対外援助を位置づけており，こうした経済的効果を重視する「アジア型援助モデル」を日中は共有している．そのため，新興ドナーとしての中国の台頭は，日本の対外援助活動が再評価される契機にもなりうるし，さらに2つの代替的援助モデル（アジア型とDAC型）に深く関与している立場を利用して，日本がより大きな知的貢献を果たす好機にもなりうるという．日中間には政治的コンディショナリティ――とりわけ軍事援助をおこなうか否かの問題――において，大きな規範的ギャップが存在するが，前述のような共通点もあることから，本章では国際開発ガバナンスにおける日中協働の可能性を指摘している．

　対外援助が開発分野における国際貢献を意味するとすれば，平和維持活動は平和と安全への国際貢献を意味する．第5章「日本と中国の国際平和協力活動――国際規範と国内規範の相克――」（畠山京子）では，冷戦後急増する国際平和維持活動（PKO）が，国際平和のために人的貢献をおこなうべきだという国際貢献規範に加え，人権や民主主義を尊重すべきとするリベラル規範や，人権擁護のためには武力介入もおこなうべきだとする武力介入規範に依拠して実施されるようなったとしている．そして，PKO活動への参加を拡大した日本と中国の国際規範の受容状況について検討し，受容が進まない部分については，規範受容を制約する要因について分析している．日本の場合は，武力介入規範と対抗関係にある反軍国主義規範が積極的なPKOへの参加の制約要因となっており，中国の場合には，古典的な主権規範への固執が，武力介入規範とリベ

ラル規範の受容を制約する要因となっているのである．ただし，両国とも国際貢献規範については段階的に受容しており，国際規範と国内規範の調整を慎重に進めながら「国際貢献」を拡大していると論じられている．

2000年代に入り，東アジアの地域秩序問題がホットな研究テーマとなった原因の1つとして，地域経済統合に対する関心が急激に高まったことが挙げられよう．第6章「東アジア地域統合をめぐる日中のアイディア――日本経済界と規範形成の視点から――」（李彦銘）は，東アジアの経済統合をめぐる日本経済界と日中両国政府との三者関係を政策アイディアと規範形成の観点から論じている．本章によれば，2000年代に入り東アジア（経済）共同体の実現を目指す日本経済界の政策アイディアが日本政府の政策に反映されるようになり，東アジア地域協力に積極的な中国政府との間に一定の政策協調の土台が形成された．とはいえ，日本経済界の構想と中国側の地域経済秩序構想は異なる規範に依拠しており，とりわけレアアース輸出規制問題を契機に日中間の規範の対立が先鋭化したことが，経済界の関心をTPPに向かわせたとしている．このように，規範の対立が経済統合の阻害要因になりうる点は認めながら，本章では中国経済の発展と成熟に加え，共通利益を見出すための努力がなされれば，双方に受け入れ可能なアイディアが生まれる可能性もあると主張している．そして，より根本的な阻害要因は政治対立にあり，通商秩序をめぐる規範の相違は政治対立によって顕在化し，増幅してきたのだとしている．

第6章で論じられた通商規範のなかで，近年とりわけ社会的関心が高まっているのが知的財産問題である．知的財産問題が大きな問題となっている米中関係とは異なり，日中関係においては，この問題はまだ深刻な外交紛争には至っていない．しかし，日中両国が地域の経済統合を構想する際の重要課題の1つとはなっており，さらにこの問題は，近年，日本人の対中イメージが悪化している原因の1つともなっている．第7章「知的財産問題からみる日本と中国」（李龍）は，日中両国における知的財産法規範の歴史的経緯について説明した上で，そもそも法制度は国内経済条件を考慮して定められるものであるため，結果的に国家間の権利保護の範囲や程度に大きな差異が存在すると指摘している．1980年代のアメリカに続き，日本が2000年代以降になってプロパテントへと政策転換を図った背景には，経済が低迷し，企業の収益力が低下したことが原因

の1つとしてある.知的財産をめぐる国際ガバナンスは,多角,地域,二国間,国内など多次元にわたって展開されているが,日中関係の場合には,知財当局間の地道な対話を通じて制度調和を促進することがとりわけ重要であると論じている.

　本書で取り扱う以上のような問題領域以外にも,金融,エネルギー,核不拡散,環境,サイバーセキュリティ,保健衛生など,今後の日中関係や東アジアの秩序形成を考える上で,重要な分野は多々ある.そのなかには,すでに相当な研究の蓄積がなされている分野もあるが,本書のような分野横断的な研究は未だに少ないのが現状である.本書を踏み台に,今後関連する研究がさらに進展することを期待したい.

注
1) それまで日本の地域主義外交はアメリカの冷戦戦略と軌を一にする形で展開されたが,福田ドクトリンはASEANとインドシナ諸国間の相互理解と協力を促進することを外交方針の1つとして掲げた.
2) 東アジア地域主義をテーマとする研究で日中関係についても論じたものは多い.たとえば,現実主義とリベラリズムを融合するアプローチからアジア太平洋地域における諸地域制度間の力学を分析した何凱の研究(He, 2009),現実主義と構成主義を融合するアプローチから東アジア地域統合プロセスを考察した寺田貴の研究(2013),地域制度の視点から東アジア国際関係を分析した大庭三枝の研究(2014)などがそれぞれの視点から日中関係についても触れている.
3) 2000年代に入って,コンストラクティビズムの視点を導入した中国外交論が英語文献を中心に増加傾向にあり,国際規範に対する中国の受容と拒否行動を解読した研究も現れているが(Calson, 2006 ; 2008など),日本語文献は依然中国の対外政策の形成と展開をテーマとするものがほとんどである.こうした日本の中国外交研究において規範の要素が軽視される理由として,規範論のアプローチが目指すのは政策過程分析ではないため,可視化されにくく,政策に偏りがちな社会的ニーズにこたえていない点が挙げられるかもしれない.また中国は急激な経済成長に伴い社会システムや価値観がこれから大きく変化していくことが予想されるために,規範が持つ静的なイメージとは結びつけられにくかったとも考えられる.

引用文献

Buzan, Barry and Yongjin Zhang, eds. (2014) *Contesting International Society in East Asia*, Cambridge University Press.

Calson, Allen (2006) "More than Just Saying No", in Alastair I. Johnston and Robert S. Ross eds., *New Directions in the Study of China's Foreign Policy*, Stanford University Press.

─── (2008) *Unifying China, Integrating with the World: Securing Chinese Sovereignty in the Reform Era*, National University of Singapore Press.
Christensen, Thomas J. (1996) "Chinese Realpolitik", *Foreign Affairs* 75 (5): 37-52.
Foot, Rosemary and Andrew Walter (2011) *China, The United States, and Global Order*, Cambridge University Press.
He, Kai (2009) *Institutional Balancing in the Asia Pacific: Economic Interdependence and China's Rise*, Routledge.
Katada, Saori N, Hanns W. Maull and Takashi Inoguchi eds. (2004) *Global Governance: Germany and Japan in the International System*, Ashgate.
Kim, Samuel S. (1999) "China and the United Nations", in Elizabeth Economy and Michel Oksenberg eds., *China Joins the World: Progress and Prospects*, Council on Foreign Relations Press.
Lindsey, Brink and Aaron Lukas (1998) "Revisiting the 'Revisionists': The Rise and Fall of the Japanese Economic Model", *CATO Trade Policy Analysis*, No.3.〈http://www.cato.org/publications/trade-policy-analysis/revisiting-revisionists-rise-fall-japanese-economic-model〉, 2016年3月10日アクセス.
Pan, Zhongqi, ed. (2012) *Conceptional Gaps in China-EU Relations: Global Governance, Human Rights and Strategic Partnerships*, Palgrave Macmillan.
Rozman, Gilbert (2010) *Chinese Strategic Thought toward Asia*, Palgrave Macmillan.

青山瑠妙（2007）「中国の地域外交と東アジア共同体」山本武彦・天児慧編『新たな地域形成』岩波書店.
猪口孝，P・グレビッチ，C・プリントン（1997）『冷戦後の日米関係──国際制度の政治経済学──』NTT出版.
大庭三枝（2014）『重層的地域としてのアジア──対立と共存の構図──』有斐閣.
大矢根聡（2012）『国際レジームと日米の外交構想──WTO・APEC・FTAの転換局面──』有斐閣.
岡部達味（1996）「中国外交の古典的性格」『外交フォーラム』88号：37-45.
添谷芳秀（2010）「日本外交の展開と課題──中国との関係を中心に──」『国際問題』588：4-14.
高原明生「東アジアの多国間主義──日本と中国の地域主義政策──」『国際政治』133：58-75.
田中明彦（1991）『日中関係 1945-1990』東京大学出版会.
趙宏偉（2009）「中華振興の外交と日中のわたりあい──東アジア地域統合プロセスの考察──」『中国研究月報』63（11）：36-51.
寺田貴（2013）『東アジアとアジア太平洋：競合する地域統合』東京大学出版社.
納家政嗣「国際政治学と規範研究」『国際政治』143：1-11.
船橋洋一（1991）『日本戦略宣言──シビリアン大国を目指して──』講談社.
保城広之（2008）『アジア地域主義外交の行方──1952-1966──』木鐸社.
山本吉宣（2007）「地域統合理論と『東アジア共同体』」山本武彦・天児慧編『新たな地域形成』岩波書店.

兪敏浩（2015）『国際社会における日中関係――1978〜2001年の中国外交と日本――』勁草書房.

江沢民（2006）「当前的国際形勢和我們的外交工作」『江沢民文選』第2巻，人民出版社.
朱鎔基（2000）「政府工作報告―在第9届全国人民代表大会第3次会議上」『人民日報』2000年3月17日.

第1章

変動する東アジアの交錯する規範
──理論的考察──

今 野 茂 充

はじめに

　強大化する中国は，西側諸国が主導してきた既存の国際秩序に対する挑戦者となるのか．それとも紆余曲折はあるにせよ，リベラルな国際規範（自由・人権・民主主義といった理念に基づく行動基準）を遵守するようになり，既存の国際秩序の一員としてより大きな責任を果たすようになるのか．東アジア諸国の命運にも関わるこの重要な問題については，この十数年間，国際政治学者の間でも活発な議論が繰り広げられてきた[1]．

　パワーや利益をめぐる争いを重視するリアリストは，ランドール・シュウェラー（Schweller, 1999：3）が端的にまとめているように，「国家は強く豊かになるほど，より大きな影響力を欲するようになり，利益を増進するために戦うことをもっと望むようになるし，実際そうできるようになる」と考える傾向が強い．攻撃的リアリストのジョン・ミアシャイマー（Mearsheimer, 2014：361-62, 391-92）は，「もし中国が経済的に成長を続ければ，アメリカが西半球を支配したように，中国はアジアを支配しようとするだろう」と断言した上で，「インド，日本，シンガポール，韓国，ロシア，ベトナムといった中国の近隣国は，アメリカと共に中国の力を封じこめようとする」と予測している．リアリストにしてみれば，力の現実こそが国際政治の最も重要な問題であり，2013年11月に東シナ海に防空識別圏を一方的に設定したことにせよ，2014年以降の南シナ海における岩礁の埋め立て（人工島の建設）にせよ，中国のパワーの増大という文脈から理解することになる．仮に規範に何らかの効用があるとしても，それは二

次的なものでしかない．

　一方，国際社会の進歩と国際協調の進展の実績を重視するリベラリストは，自由や民主主義といった理念の優位性とそれに基づく規範や制度などを重視している．イアン・ジョンストン（Johnston, 2003 : 49）は，中国を国際共同体の外部で行動する現状変更国家とみなすことは困難であり，むしろ「中国はかつてないほど国際制度に統合され，そのなかで協調的になった」のであり，「40年余りで革命的な現状変更国家からより現状維持志向が強い国家になった」と評価している．ジョン・アイケンベリー（2012 : vi-vii）も，中国は「修正主義的な国家ではない」とした上で，中国は「この秩序［リベラルな秩序］を覆す新しい秩序をもたらそうとしている」のではなく，「すでにこのリベラルな国際秩序において利害共有者となっており，これからいっそうそうなるだろう」と予測している．本章では，リベラルな秩序の優位性や普遍性を強調する国際秩序論と，自由・人権・民主主義などの理念に基づくリベラル規範の優位を研究の前提とする構成主義（constructivism）の議論を，便宜上，リベラル規範論と総称することにしたい．彼らにしてみれば，そもそもリベラルな国際規範や国際秩序より優れた代替案などこの世に存在しないので，「リベラルな理念の優位」は，たとえアメリカの相対的パワーが低下したとしても揺らぐものではない．当然，リベラル規範は新たに台頭する大国にも大きな影響を及ぼすことになる．

　こうしたリアリストやリベラル規範論者による議論は，論理が比較的単純でわかりやすく，実際に国際事象の重要な側面の一部を説明することにも成功している．しかしながら，現実の国際関係は非常に錯綜しており，日本と中国が密接に関係する問題だけをみても，緊張が高まる分野もあれば協調が進展する分野もある．それは伝統的安全保障という領域であっても例外ではない．たとえば核不拡散のように主要国間の規範の共有が比較的うまくいっているようにみえる問題もあれば，海洋安全保障のように立場の違いや利害の衝突がより鮮明な問題もある．日本も中国も，そしてそれ以外の東アジア諸国も，全体としては既存のリベラルな国際秩序の受益者であり，これまで多くのリベラルな国際規範を少なくとも表面的には容認してきた．しかし，歴史認識や調査捕鯨の問題などにもみられるように，冷戦期から西側諸国の一員として行動してきた

日本でさえ，部分的には既存の国際秩序や規範と相いれない面もある．また，中国をはじめとする多くの東アジア諸国をみれば，自由や民主主義といったリベラルな規範は必ずしも国内に浸透しているとはいえない．つまり，ある意味当然のことではあるが，リアリストやリベラル規範論者が示している構図ほど現実の世界は単純ではないのである．

このように錯綜した様相を分析する際に，本書のテーマである規範という概念は有用である．本書のさまざまな分野に関する事例研究からも明らかなように，「適切な行動に関する理解や期待」という意味での規範を分析する意義は大きく，さまざまな要素が混在する状況を解き明かす上でも，世界（あるいは東アジア地域）の秩序を考える上でも，規範という要因は重要な鍵である．また，秩序を構成する国同士の利害調整や，意図しない衝突を回避する方策を考える上でも，規範の問題は中心的な論点となろう．ただし，以下でも検討するように，変動する東アジアの規範状況を分析するためには，パワー（あるいは覇権）と規範の関係や，リベラル規範以外の規範について考察することは避けられない．しかしながら，これまで国際関係論の世界で規範研究を牽引してきたリベラル規範論者による先行研究にはこの点に関して大きな問題がある．そのため，具体的な事例の検討の前に，規範概念や規範と対外行動との関係について理論的に再検討しておく必要がある．

そこで本章では，以下のように議論を進めることにしたい．まず次節では，規範研究の主流であるリベラル規範論の基本的な論理を整理した上で，その問題点を，① パワーシフトと規範の関係，② リベラル規範への偏重，③ 規範の内在化をめぐる諸問題，という観点から検討する．続く第2節では，規範概念について再検討し，リベラル規範以外の規範の可能性について検討する．その上で，規範の生成と変化（生成・内在化・断絶・接ぎ木・置換えなど）について考察し，3つの理念型を比較検討しながら規範・利益・パワーと対外行動との関係について再考する．従来の研究では，対外政策の分析にあたり，パワーと規範のどちらが重要なのかという点が強く意識されることが多かったが，本章では，状況によってパワーと規範の相対的な重要性が変化するという，ごく常識的な視点を改めて強調することになる．以上の議論を踏まえて，第3節では，東アジアで現在進行中のパワーシフトと規範との関係に言及し，東アジアの将来を展

望する際に複数のシナリオを想定することが重要であることを主張する．

1．リベラル規範論とその問題点

(1) リベラル規範論の論理

　前述のとおり，本章ではリベラル国際秩序論とリベラルな構成主義者の規範論をリベラル規範論と総称しているが，国際関係論のテキストではリベラリズムと構成主義を別の学派として扱うことも多いため，はじめに両者の共通点と相違点について簡潔に確認しておきたい．両者に共通するのは，自由・人権・民主主義などの理念を基盤とするリベラル規範が広く普及し，各国や世界の人々がそれを内在化していけば，国際システムの調和が実現するという進歩的な世界観である．そこでは，たとえリベラル規範とは相いれない権威主義的な国家であっても，ひとたびリベラルな国際秩序のなかに組み入れられれば，学習を通じて秩序の構成員として相応しい規範や価値観を身につけ，それを実践するようになることが想定されている．一方，両者の違いはそれほど明確ではない場合もあるが，大きな傾向としては，リベラリストがリベラル規範を所与のものとして扱い，大局的な議論を好む傾向が強いのに対し，構成主義者は規範をエージェント（国家や人間などのアクター）や構造（国際システムあるいは「国際社会」）の相互作用の産物だとみなし，規範の生成・伝播の具体的な過程により大きな関心を持っている点に違いがある．

　もっとも，サミュエル・バーキン（Barkin, 2003:335-36）が論じているように，構成主義の方法論自体がリベラル志向というわけではない．しかしながらバーキン（2003：334）も述べているように，北米の学界で規範を研究する構成主義者の大部分が人権問題，安全保障共同体，多国間主義などの事例を取り上げ，「良い」規範の影響を受けたアクターが良い方向に向かっていくというリベラル理想主義的な議論を展開してきた．そのため，構成主義者の規範研究はリベラリズムとの親和性が高いのである．[2]

　それではリベラル規範論では，どのように規範の生成や発展の過程を考えるのだろうか．まずは，規範の影響力の増大を，① 出現（emergence），② 雪崩現象（cascade），③ 内在化（internalization）の3段階の過程として示した，マーサ・

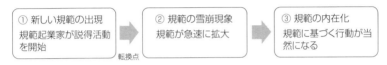

図 1-1　規範のライフサイクル

出所：Finnemore and Sikkink（1998:896）のFigure 1を修正。

　フィネモアとキャサリン・シキンクによる有名な規範のライフサイクル論（Finnemore and Sikkink, 1998：895-905）を確認しておこう[3]．

　第1段階は，新しい規範を提唱する規範起業家が，共感や利他主義や責務などの動機から説得活動を開始する段階である．彼らはNGOや国際機関などの組織的基盤を活用しながら，新しい問題を言語化し，既存の規範の不適切さを訴えながら新しい規範を広めようとする．こうした活動を通じて全体の3分の1程度を超えるアクターが新しい規範を受容するようになると，国際ルールや国際組織のなかで規範が制度化されるようになり（国際社会における「適切な行動」の基準が変化する），次の段階に入るとされる．第2段階では，規範が雪崩現象のように急速に広がっていくことになる．この段階になると国家や国際機関が推進役となって，新たな規範に従ってこなかったアクターの「社会化」が進行するので[4]，その規範に対する支持層が急速に広がっていくことになる．こうして，大半のアクターがその規範を遵守して行動することが当然だと認識するようになると，最後の段階に到達する．フィネモアとシキンク（Finnemore and Sikkink, 1998：904）によれば，第3段階に達すると「内在化された規範は非常に強力になりうるし（規範に依拠した行動をアクターが疑問視することがなくなるから），見分けることも難しくなりうる（規範に従うかどうかアクターが真剣に考えたり，議論したりすることもなくなるから）」ので，規範がアクターの行動に及ぼす影響力はきわめて大きなものとなる．

　もちろん，こうした国際規範が各所で無条件に受容されることが想定されてきたわけではない．たとえば，東南アジアにおけるASEAN戦略国際問題研究所連合（ASEAN-ISIS）がそうであったように，規範受容者が自分たちの地域の実情に合わせて修正を加えながら国際規範を受容していく，規範の「地域化」に関する議論も存在する（Acharya, 2004）．また，国際規範の受容を拒否して

きた国家がNGOや国際機関のネットワークとの対立や妥協などの相互作用を繰り返すなかで，当初は形だけの表面的な受容であっても，やがて徐々に国際規範が内在化していく螺旋的な過程をモデル化した研究もある（大矢根，2013：24；Risse et al., 1999）．さらには，NGO間の力関係に着目し，たとえば人権問題における国際NGOオックスファムのように，新たな国際規範にかかわる問題において中心的な役割を果たしているゲート・キーパーが規範起業家の説得活動を支持するかどうかが，規範の伝播の成否を決める上で重要であるとする議論もある（Bob, 2005）．既存の規範を擁護する側（規範守護者）の論理についても，近年，足立研幾（2015：33-37）が研究を進めている．

　このように，リベラル規範論においても規範の伝播が進展したり停滞したりする条件について検討されてはいるが，概していえば，規範を主導する国や規範起業家が自由や人権や民主主義といった「西欧的」な規範の伝播に貢献し，リベラルな国際秩序を強化してきたという筋書きになりやすい．このことは学界における構成主義の地位向上の立役者であるアレキサンダー・ウェントの議論にも当てはまる．ウェント（Wendt, 1999：246-312）は，国際システムの将来が過去より良くなる保証はないとしながらも，実質的には，国家間の相互作用による社会化の結果，アナーキーな国際システムの政治文化がホッブズ的なもの（敵対国同士の生存競争）から，ロック的なもの（他国の主権や立場を認めた上での競争）に変化し，最終的にはカント的なもの（相互に相手を「友」と認識する）に変化すると論じている．ウェント（Wednt, 1999：312）にとって，こうした変化は「強大な外的衝撃でもない限り，逆行することはない」ものである．しかし，このように西欧的な規範や価値観の優位性（あるいはリベラルな進歩観）を，国際関係における不変の前提としてもよいのだろうか．今後，西欧起源ではない規範が大きな影響力を持つような可能性はないのだろうか．

（2）リベラル規範論の問題点
　実はここ数年，新興国の台頭と西側諸国の相対的地位の低下を背景に，リベラル規範論者が西側諸国の規範の優位性を無条件に議論の前提としてきたことに対する批判が増えつつある．ここではリベラル規範論の3つの問題点について言及しておきたい．

第1に，学界の事情によって，パワーシフトと規範の関係について十分に研究が進まなかったことである．特に北米の学界では，これまで学派間のある種の闘争が激しく展開してきた経緯もあり，新興国が台頭してもリベラルな秩序が揺らぐことはないとするリベラル国際秩序論にせよ，リベラル規範の生成と伝播に重点を置く構成主義の議論にせよ，必要以上に「反リアリズム」という姿勢を前面に出し，パワーなどを重視する物質的な説明から距離を置いてきた（Kupchan, 2014:220n7）．その結果，パワーに裏付けられた規範，あるいはパワーの裏付けがあってこそ効力を発揮する規範に関する研究は十分におこなわれていない．本来，パワーと規範は非常に密接な関係にあるにもかかわらず，「規範はパワーの一機能である」という考えを否定する姿勢が強すぎて，両者の関係に十分な関心が払われてこなかったのである．

　第2に，リベラル規範以外の規範に関する研究の不足である．前述の通り，ほとんどのリベラル規範論では，西側諸国の信奉するリベラル規範の優位が暗黙の前提とされており，明らかな「リベラル・バイアス」（Epstein, 2012：143）が存在する．そこでは，リベラルな観点からみた「良い」規範が内在化されていけば，社会化されていく人々や国々の改善につながるという議論が展開される一方で，「悪い」規範に関する研究が進んでいない（Epstein, 2012：137, 143）．また，リベラル規範以外にも，秩序の安定に寄与するような「良い」規範が存在することはほとんど想定されていない．しかしながら，近年，新興国が台頭し，西側諸国の相対的地位が低下しているため，たとえば，ジャシンタ・オヘイガンと廣野美和が論じているように，国際人道支援の分野においても新たなプレイヤーが「正当な」人道主義の構成要件に関する認識に影響を及ぼすようになってきている（O'Hagan and Hirono, 2014：409-10）．もちろん，リベラル規範を全面的に否定する必要はないが，リベラル以外の規範がある一定以上の国や人々に受けいれられる可能性についても考えておく必要はあろう．閻学通（Yan, 2014：160）が論じているように，台頭国は安全保障上の保護や経済的な利益を他国に提供できなければ，世界的な戦略的信用を構築していくことはできないが，もし安全保障と経済的恩恵を他国に与えることができるのであれば，リベラル規範を信奉しない権威主義的な台頭国が新たな秩序を形成していく可能性も否定できないということである．チャールズ・カプチャン（Kupchan, 2014：

224）は,「中国などの新興国は決して現在の国際秩序を受けいれることはなく,彼らのイデオロギー上の選好や物質的利益のためになるようなこれまでとは異なる規範を推進していくことになるだろう」と警告している.

第3に, 規範の内在化や退化に関する研究が十分ではない点である. ダイアナ・パンケとウルリッヒ・ペーターゾーン (Panke and Petersohn, 2012：722) が指摘しているように, これまで構成主義者はもっぱら規範の生成や伝播にばかり着目してきた. そのため, リベラル規範がさまざまなアクターに伝播し, 内在化されていく過程については非常に多くの先行研究が存在する一方で, 表面的にその規範を容認しても内在化されない場合や, 内在化されたはずの規範が対外政策に影響を及ぼさない場合についての研究がほとんど進んでいない.

リベラル規範論によれば, 規範の内在化がある程度進むと各アクターの利益認識が変わり, 規範が存在しなければとらない行動をとるようになる. そして基本的には, 規範に従った行動をとる利益とそうしない場合の利益との比較がおこなわれることもなくなり, 最終的には規範を遵守するべきかどうかを悩むことすらなくなるとされている. しかし実際には, たとえば, 西側諸国が主導してまとめた国際人権規約に中国が署名したからといってリベラルな人権規範が中国で内在化されていくとは限らないように, 規範の内在化という過程は不可逆的なものではないと考えるべきであろう.

仮に内在化されたリベラル規範が国内に強く存在していても, それが規範に基づく対外行動につながるかというと必ずしもそうではない. たとえば, 権威主義的な中国が事実上の拒否権を持つアジアインフラ投資銀行 (AIIB) には, ガバナンスの透明性や融資条件という面でも既存のリベラルな国際金融体制とは相いれない面がある. 欧米諸国の人権外交が盛んだった1990年代に中国が同じような構想を示していたとしたら, おそらくイギリスは, 他の西側諸国と歩調を合わせつつ, 内在化されていたリベラル規範の観点から中国の人権状況についてもっと問題視していたであろう. しかしながら, パワーシフトが進み, 中国の存在感が無視できないものになった2015年には, リベラルな国内規範との矛盾点が少なくないにも関わらず, 結局イギリスはAIIBへの参加を決定した. つまり, 内在化されているはずのリベラル規範よりも経済的利益を優先して対外行動を決定したのである. もちろん, イギリス国内のリベラル規範が消

失したわけではない．イギリス人に「躊躇」がみられたことからも，依然としてリベラル規範が存在していることは確認できる．ただし，このように内在化しているリベラル規範が，イギリスのようにこれまでリベラル規範を推進してきた西側諸国の対外政策に対して，強い影響を及ぼさないことが多くあるのだとすれば，それはリベラル規範論の限界を示しているということにもなろう．

　1990年代以降の学界でリベラル規範論が台頭した背景には，冷戦終結後の国際秩序の形成を，アメリカをはじめとするリベラルな西側諸国が担ってきたという現実があった．このようなリベラルな国際秩序のなかでは，たとえば虐殺などの深刻な人権侵害をおこなう国家，つまりリベラル規範に挑戦する国家に対しては，内政不干渉の原則を適用せずに，人道的介入といった形態での主権侵害もおこなわれた．中国やロシアなどの権威主義的な国々も，全面的にリベラルな国際秩序に挑戦するのではなく，経済面などでの恩恵を享受するためにリベラルな国際秩序と共存する道を選択していたのである．こうした状況をリベラル規範論はうまく説明してきたといえる．

　しかし，ある条件下でリベラル規範論の説明能力が高いとしても，近年のウクライナ問題や中東での争乱などの事例をみても明らかなように，パワーシフトの進行といった国際環境の変化によって，リベラル規範論では説明がつかない要素が増えつつあることも明らかである．リベラルではない規範の存在感が増大することも想定しておく必要はあろう．それでは，規範がアクターに及ぼす影響について，どのように考えるべきであろうか．次節で検討してみたい．

2．規範論再考

(1) 規範とその範囲・内容

　本書では先行研究にならう形で，規範を「適切な行動に関する理解や期待」と定義している．一般的に，規範は「〜しなければならない」「〜してはいけない」「〜という場合には〜した方がよい」「〜であれば，〜できる」といった形で示されることが多い．たとえば，「個人の一定の自由を国家が保障しなければならない」「対人地雷は使用してはならない」「平時であれば，どの国の船舶（軍艦を含む）も公海を自由に航行することができる」といった形であり，ア

クターにとっては，自らの行動の基準ともなるし，他者の行動を評価する上での基準にもなる．

規範は社会的なものであり，通常，集団内の多くのアクターに承認され，共有されることで大きな意味を持つ．すべてのアクターが規範を遵守するわけではないが，ある特定の集団のなかで特定の規範が定着していけば，その規範にしたがって行動するアクターが多数派を占めていくことになり，それが集団内の「常識」や「慣行」になるからである．もちろん，集団内で規範の侵害を放置し続ければ，規範の形骸化につながりかねない．そのため，集団のなかで共有されている規範が破られた際には，たとえば制裁などの形で，違反者に規範を遵守させようとする力が働くことも多い．

このように規範は集団という文脈のなかで大きな意味をもっているが，分析に際しては，まずアクターが世界（社会）でどのような集団に属し，どのような規範を体現したり，共有したりしているのかを分析することが肝要となる．そして，規範状況の力学も分析するのであれば，アクターがどのような環境でどのような圧力（たとえば大国の圧力や規範起業家の説得など）にさらされているのかを明らかにする必要がある．

ここで規範の範囲・内容についても確認しておこう．まず分析のレベルについては，**表1-1**のように考えることができる．国家間の「社会」における主要なアクターが国家であるのに対し，国家の枠を超えるトランスナショナルなネットワークでは，国際機関，企業，NGO，有力者などが主要なアクターとなる．ここでは便宜上，分析のレベルを分けているが，もちろん企業やNGOなどによるトランスナショナルな活動が国家間の「社会」に影響を及ぼすこともあるし，逆に国家間の「社会」の動向がトランスナショナルなネットワークに影響を及ぼすこともある．これは他の分析レベルについても同様であり，規

表1-1　分析のレベルと主要なアクター

分析のレベル	主要なアクター
① 国家間の「社会」（「国際社会」）	国家
② トランスナショナルなネットワーク	国際機関，企業，NGO，有力者など
③ 国内社会	各国政府（官公庁），企業，NGO，利益団体など
④ 人間	個人

出所：筆者作成．

範の分析に際しては，異なる分析レベル間の相互作用を検討することも重要である．

　大きな問題となるのが，どのような規範を研究で扱うべきかという問題である．前述のように従来の構成主義者による規範研究には「リベラル・バイアス」が存在するため，扱われる規範も必然的にリベラル規範が中心であった．しかしながら，規範に関する知的基盤を提供しているのはリベラル規範論へと連なる欧米諸国の思想だけではない．たとえば，閻（Yang, 2011a：122-127）が論じているように，中国の古典『戦国策』のなかにも，覇権の正統性とその規範との関係や，規範と武力行使の条件，それに新たな規範の創出と古い規範の維持との関係などについての議論が頻繁に登場する[8]．また，古賀勝次郎（2014：55-85）が指摘しているように，孟子の徳治主義の議論や荀子の礼治主義のような儒家の議論にも政治と規範に関する議論が多く含まれているし，法家に分類される『菅子』の議論にも，統治者権力の拡大・乱用の危険についての議論や，法と道徳に関する自然法的な議論など，欧米でいう法治国家思想的な要素が存在する[9]．

　必ずしも実証的な歴史研究に基づいたものではないが，近年注目されている趙汀陽の「天下」体系論（Zhao, 2005, 2006）にも規範的な議論が含まれている[10]．趙によれば，世界から争いがなくならない原因は欧米を中心に発展してきた主権国家体系にあり，伝統的な中国思想に依拠して中国を中心とする「天下」体系を構築し，世界の統治構造を再編することで，かつて中国の諸王朝が周辺諸国や異民族・海賊などと共存したような平穏な秩序が実現する[11]．無論，こうした「天下」体系では，リベラル規範ではなく「自由よりも秩序，法よりも倫理，民主主義や人権よりもエリートによる統治に重きが置かれる」（Pillsbury, 2015：29）ことになるが，権威主義的な大国の形式上の優位を受けいれることで安全保障や経済的利益を提供してもらえるのであれば，それを是とする権威主義的な中小国があっても不思議なことではない．こうした価値観や規範を受容するアクターが増加すれば，秩序の構成要素として存続しうるということは想定しておくべきであろう．

　以上の議論は，リベラルではない規範の可能性のごく一部の例でしかない．重要な点は，規範というものがさまざまなレベルの社会における相互作用を通

じて, あらゆる方向に変化する可能性をもっていることである. したがって, 今も大きな影響力を持つリベラル規範の分析も重要ではあるが, 総合的な分析を進めるためには, 非西欧的な規範がさらに発展・伝播する可能性や[12], リベラル規範と非西欧的な規範が混在するような状況も視野に入れる必要がある.

(2) 規範の生成と変化

次に規範の生成と変化についてみてみよう. まず, 規範の生成と伝播の一連の流れについては, フィネモアとシキンクの枠組の延長線上で考えることにしたいが (図1-2), より総合的に規範のライフサイクルを把握するための, いくつかの留意点について確認しておこう.

第1に, 何もないところから規範が生じるわけではないので, 既存規範との関係を明確にしながら新たな規範について論じる必要がある (足立, 2015：29-30). 新たな規範を主張する国家や規範起業家の活動についても, 既存規範との位置関係から考察することが重要であり, 後述する「規範の接ぎ木」や「規範の置換え」といった行為を考える際にも, 既存規範との関係は重要である.

第2に, 規範を固定的にとらえるべきではない. 当初は曖昧だった規範起業家の問題意識が多様なアクターとの相互作用を通じて徐々に修正され, やがて明確で精緻化された規範を提示できるようになることは決して珍しいことでは

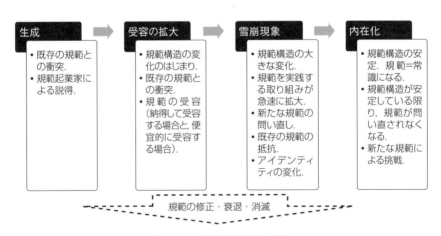

図1-2　規範の生成と変化

出所：筆者作成.

ない．また，内在化された規範であっても，アクター間の相互作用によって少しずつ修正されていくこともあろう．相互作用の結果，リベラル規範と権威主義的な規範が混じって折衷的な規範が生まれるようなことも想定しておくべきなのかもしれない．

　第3に，規範のライフサイクルのあらゆる段階で，別の規範との衝突が想定されることである．足立（2015：34）が論じているように，新たな規範の出現に際して，その規範に反対するアクターが常に手をこまねいているわけではなく，時には規範守護者として新たな規範を広めようとする規範起業家に対抗することもあるし，新たな規範を葬り去ることもある．したがって，分析を進める際には，競合する他の規範との関係に常に注視する必要がある．

　第4に，あらゆる段階で規範が退行する可能性についても想定する必要があることである．いくつかのアクターが規範を侵害したからといって，すぐに規範が衰退したり，消滅したりするわけではないが，パンケとペーターゾーン（Panke and Petersohn, 2011：722-26）が論じているように，一定の条件下で規範侵害の雪崩現象（a cascade of norm violations）が引き起こされると，たとえ内在化されていたはずの規範であっても，突然消滅したり，規範が別の規範に取って変わられてしまうことがある．リベラル規範論では，リベラル規範の生成や伝播がもっぱら研究対象となっており，規範の退行という事態があまり想定されてこなかったため，リベラル規範の衰退や消滅については一部の例外を除くと，現在でもあまり研究が進んでいない．

　第5に，規範の内在化についてである．これまで多くの構成主義者の議論のなかでは，一度内在化された規範は非常に強い影響力を持つのだと想定されてきた．しかし，この想定は現実を反映しているのだろうか．たしかに多くのアクターが規範を内在化することによって集団全体の規範構造は安定することになるが，新しい規範が登場して内在化されている規範に挑戦する可能性もあるし，そもそもパワーシフトや戦争における敗戦など，規範以外の要因によって規範構造の不安定化が引き起こされることもある．規範構造が安定していて不確実性が低く，お互いに相手がどのような行動をとるのか予測しやすい状況であれば，構成主義者が論じるように規範にしたがっていることすら意識しなくなるかもしれないが，国際秩序の過渡期には，このような形での安定を期待す

ることは難しいようにも思える．そうだとすれば，内在化された規範の影響の大きさは，やはり固定的にとらえるべきではないということになるだろう．

　国際関係で規範を論じる場合，これまで構成主義者がしてきたようにアクターがどのような集団に属していて，どのような規範を共有し，どの程度その規範を内在化しているか，ということを分析することももちろん重要であるが，内在化された規範がどのような条件で国内政策や対外政策に強い影響を持つのか（あるいは持たないのか）という点についても分析しなければ，変動期の国際関係を説明することは困難である．また，構成主義者の関心は非国家アクターに向くことが多かったが，東アジアの規範状況を分析する際には，国家による規範の推進や規範の防衛についても考察していくことも必要となる．

　ここで，新たな規範と既存の規範の攻防に関して先駆的な研究をおこなっている足立の議論（2015：33-37）に依拠しながら，新たな規範を推進する側と既存の規範を守る側の戦略や相互作用について確認しておこう．規範は真空地帯から生じるわけではないので，規範起業家が新たな規範の支持を広げようと決意する際には，すでに別の規範が存在しており，その規範の維持に既得権益を持つアクターが存在するなかで活動していくことになる．そのため，規範起業家は，さまざまな手段を駆使して新たな規範がどのような文脈で重要なのかを説明したり（「フレーミング」），すでに広がっている規範との関係を示したりする（「規範の接ぎ木」）ことで，新たな規範への支持拡大をはかっていくことになる．これに対し，規範守護者は規範起業家による「フレーミング」の意義や論理を否定したり（「フレーミング」の破壊），「規範の接ぎ木」を切断したりすることで規範起業家が提唱する新たな規範が支持を広げることを阻止しようとする．ここでは，利用可能な状態であれば，規範起業家も規範守護者も社会的圧力や利

図1-3　規範起業家と規範守護者の戦略

出所：足立（2015：36）の図1-1を一部修正．

益誘導などによる働きかけを有効に活用しようとすることも想定される．

　規範起業家による新たな規範の推進は，規範守護者の反撃によって失敗することも少なくない．逆に，新たな規範を容認することが規範守護者にとって利益になる場合，内在化することは避けようとしつつも，便宜的にその規範を受けいれることもある．[13] このように最近の規範研究では，規範の生成・伝播やその失敗の過程を規範起業家と規範守護者の相互作用から考察する分析枠組についても議論がおこなわれている．

　こうした「フレーミング」や「規範の接ぎ木」をめぐる相互作用に加えて，規範を「置き換え」たり「上書き」したりする行動も想定しておくべきかもしれない．近年，南シナ海での中国による岩礁埋め立てをはじめとする中国の挑発的ともいえる行動によって米中間の緊張が徐々に高まっていることは周知の通りであり，これまでアメリカもさまざまな対抗措置をとってきた．こうした対抗措置を中国が非難することは予想の範囲内の出来事であるが，近年，「アメリカこそが国際法や国際規範に違反している」という論法を用いることが増えていることは注目に値する．[14] 要するに，国際法や国際規範という言葉をアメリカやその同盟国・友好国とは異なる意味内容に置き換えて，対米批判をおこなう際に使用しているのである．現時点において，その説得力は限定的であるが，問題は，もしパワーシフトが今後も中国に有利な方向に進展していく場合，こうした行動が長期にわたり何度も繰り返されるなかで，結果として既存の規範に新たな意味内容が「上書き」される可能性も否定できないことである．閻（Yan, 2011b：262-64）は，このままパワーシフトが続けば，2025年以降，中国の国際規範形成への影響力が強まるという予測を提示している．

（3）パワー・利益・規範と対外行動——3つのモデル——

　ここまで規範の生成や変化についてみてきたが，最後に，パワー・利益・規範という3要素が国家の対外行動にどのように関係しているのか，3つの理念

図1-4　モデル1（独立変数がパワーで，利益や規範が媒介変数）

型（モデル）を比較検討しながら考察したい．

第1に，パワーが対外行動を説明する際の独立変数になるモデルである．このモデルは，パワーシフトが生じなければ観察しえない対外行動や，むき出しの力がそのまま対外行動につながっているような事例に対する説明能力が高い．利益の性質や範囲は，基本的にはパワーの大小によって規定されることになり，大国と小国とでは行動の自由の範囲が大きく異なることが想定される．利益や規範は媒介変数として，露骨な力の行使を緩和したり，逆に助長したりする方向に作用するか，対外行動の結果にほとんど影響しないことになる．また，かつてのアメリカが世界中でリベラル規範を推進したように，強大なパワーを背景にして規範を拡大していく国家や，強力な国内規範の存在にもかかわらず，その規範から逸脱して国際関係の力の現実に忠実な行動をとる国家にも，このモデルを適用することができる．

図1-5　モデル2（独立変数を特定できない場合）

第2に，独立変数を特定することが難しい状況についてのモデルである．このモデルは，対外政策の原因を考える際に，パワー・利益・規範のどの要因が決定的になったのか特定できない場合，さまざまな原因が混在していて相互に不可分な関係にある場合，あるいは相互作用の結果として理解することが自然な場合を想定している．

一見，規範という観点から説明することが最適に思える時にも，実はこのモデルのように相互作用の結果として理解した方がよい場合もある．たとえば，国力に比べて日本の軍事力が低い水準で推移してきたことについては，反軍国主義規範の観点から説明されることが多い（Katzenstein, 1996; Berger, 1998）．中国脅威論が一般に流布している現在でも，世論調査などから反軍国主義的，もしくは一国平和主義的な規範の存在を確認することは可能である．しかしながら，これまでアメリカの軍事力が圧倒的だったので，日本周辺の制海権や制空権について心配する必要がなかったという「力の現実」から日本の行動を説

明することもできるし，こうした環境を前提として，軍事力の増大よりも経済成長に資源を集中することを選択したという「利益」の観点から日本の行動を説明することもできる．将来，中国の戦力投射能力が東アジアで行動する米軍を深刻に脅かすような事態，つまり日本を取り巻く安全保障環境が大幅に悪化するような事態になった場合に，それでも日本が軍事力の強化を図らないのであれば，内在化された一国平和主義的な規範の強靱さを確認することができるかもしれないが，現時点では決定的要因を特定することは意外に難しいのが実情である．このような場合，無理に決定的要因を絞るよりも，総合的に理解すべきということになりそうである．

図1-6　モデル3（独立変数が規範で，パワーや利益が媒介変数）

第3に，規範が対外政策を説明する際の独立変数になるモデルである．このモデルでは，規範が一国の利益構造を規定して対外行動のスタイルにも影響を及ぼす場合や，力による強制がない場合，あるいは規範にしたがわない方が自国の利益になることがわかっているような場合にも，国家が率先して規範を遵守するような状況が想定されている．規範に基づく行動の成功確率を上げるために，手段としてパワーを用いることは想定されているが，基本的にこのモデルではパワーは媒介変数という扱いとなり，規範から独立して対外行動に作用することは想定されていない．

以上の3つのモデルはあくまで理念型にすぎず，説明をおこなう際に相対的な重点をどこに置くべきかを判断するための材料の1つでしかないが，さまざまな分野・領域の規範状況をモデルと対照しながら比較分析を進めることで，交錯する規範状況の解明に近づくことができると思われる．

おわりに

カプチャン（Kupchan, 2014：253）が論じているように，増大する経済力と軍

事力を鑑みれば，中国が将来，パクス＝アメリカーナの秩序規範にとって最大の挑戦となる可能性を否定することはできない．しかしながら，一方で中国は既存の国際秩序の最大の受益国の1つでもある．一時期ほど「平和的台頭」という論理が強調されなくなったとはいえ，[15] 中国国内の統治の円滑化をはかる上でも経済成長を持続させることが至上命題である．そのため，仮に中国政府の指導層がリアリズム的な世界観を持っているとしても，本来であれば，少なくとも世界のなかで中国が「優越（Primacy）」を手にする時までは国際環境の安定を望むはずである．ところが，国内で高まる大国ナショナリズムや対外強硬論のために，抑制的な政策を維持することが難しくなってきている．そもそも中国経済は減速気味であり，中国国内においても既存の国際秩序に順応する動きと，逆に既存の国際秩序に挑戦する動きがみられるようになっている．

　このように将来の見通しが立てづらい時には，複数のシナリオを想定することが重要である．色々な問題があってもリベラルな国際秩序が力を持ち続ける可能性もあるし，権威主義的な国家がさらに台頭し，世界的にも「権威主義的資本主義」の論理がさらに前面にでてくる可能性もある．国際政治学者は「覇権の交代やその含意」に大きな関心を持つ傾向があるが，パワーシフトの行方は不透明であり，混沌とした時期が予想されているよりも大幅に長期化するシナリオも想定しておく必要があるように思われる．

　現在進行中のパワーシフトが，イアン・クラーク（Clark, 2014：338-39）のいう「覇権の継承」，つまり秩序の基盤となる規範の変更につながるものなのかはまだわからないが，彼が論じるように，今後の中国の行動（あるいは日本の行動）を観察する際に「国際社会における責任」という観点からパワーと規範の相互作用をみていくことも，将来に備える1つの方法であろう．

　かつてロバート・ギルピン（Gilpin, 1981：54）は，「ある国家が国際システムの変化を求めるかどうかは，究極的にはその国家の性質やそれを体現する社会にかかっている」と指摘しているが，将来の東アジアの国際秩序を見通すためにも，中国や日本の対外行動を注意深く観察し続けることはもとより，両国の国内社会の状況についても注視していく必要があろう．その際，分野横断的に規範に着目していくことも，正確に状況を把握するための有効な手段の1つとなるはずである．

注
1）こうした問題設定自体が，複雑な現実を単純化しすぎているという批判もある．批判の概要については，兪（2015：12-14）を参照．
2）バーキンは議論の対象をアメリカの学界に限定しているが，ヨーロッパやアジアの学界においても同様の傾向がみられる．
3）規範のライフサイクル論とその問題点については，足立（2015：25-46）に詳しい．
4）リベラル秩序論者のアイケンベリー（2012：102-104）も，① 規範に基づく説得（規範に基づく説得 → 規範の変化 → 政策の変化），② 国外からの誘導（国外からの誘導 → 協調的な政策の強制 → 規範の変化），③ 国内の再構築（国内の再構築 → 政策の押しつけ → 規範の変化）という３つのメカニズムを通じて，覇権国が従属国の社会化を進めることができると論じている．
5）逆に多くのリアリストは，「パワーよりも規範が重要だ」という見解に過度に否定的である．なお，最近になってパワー（覇権）と規範の関係を正面から取り上げる論考もでてきた．一例として，カプチャン（Kupchan, 2014）やクラーク（Clark, 2014）の議論を参照．
6）足立（2015：24）も論じているように，「規範が存在しなければ，躊躇しなかった行動を躊躇する」ようになれば，「規範に従う行動がとられなかったとしても，規範の存在や影響」を確認することができる．
7）たとえば，フィネモアとシキンク（Finnemore and Sikkink, 1998：891）は「所与のアイデンティティを持つアクターにとっての適切な行動の基準」，足立（2015：17）は「ある社会のアクター間で共有される適切な行動の基準」と規範を定義している．また，閻学通（2011b：238）は，スティーブン・クラズナーによる「権利と義務という観点から定義される行動の基準」という定義を採用した上で，規範を「共同体の支配的な構成国ではなく，共同体の構成国の大多数から観察される行動基準」とみなすと論じている．
8）『戦国策』から導きだされる規範論については，ピルズベリーの議論（Pillsbury, 2015：31-51）も参照．
9）古賀（2014：58）が論じているように，儒家の議論のなかで，「徳は内面的な道徳，礼は外面的な道徳」を示している．孔子は「徳」による政治をおこなえば人民の心が統治者に帰順するため，政治を円滑におこなうことができるようになると論じる一方で，『論語』（先進篇）にもあるように「国を為むるには礼を以てす」とあるように，政治にとって礼が重要であることも強調している．
10）ウェストファリア型の国際システム（主権国家体系）を相対化しながら，東アジアの過去の国際システムを分析する論考が増えつつある．一例として，デビッド・カン（Kang, 2007, 2010）やエリック・リングマー（Ringmar, 2012）の議論を参照．
11）「天下」概念を用いて，最近の中国の対外行動を説明する研究の例として，リンゼイ・ブラックらの論文（Black and Hwang, 2012）を参照．
12）たとえば人道的支援の分野において，西側諸国では「個人の自由や権利」を重視する傾向がみられるが，オヘイガンと廣野（O'Hagan and Hirono, 2014：415-16）が指摘しているように，東アジアでは国家が人道的支援についての主要な責任を持つと考えられてきたのであり，日本の場合も「官」がその主要な責任を持つとされてきた．規範状況を分析する際には，異なる考え方が混在することが，アクター間で共有される規範に

どのような影響を及ぼすのか検討する必要が生じることもある.
13) リベラル規範論者の多くが,はじめは規範の受容が表面的なものであっても,次第に内在化されていくと論じている.
14) 政治・経済・安全保障・環境など,米中両国のさまざまな分野の研究者同士の意見交換（Hachigian ed., 2014）においても,中国の研究者がこうした論法を用いている.
15) 中国が「平和的台頭」を強調する低姿勢から態度を変容させた理由については,閻の論考（Yan, 2014）を参照.

引用文献

Acharya, Amitav (2004) "How Idea Spread : Whose Norm Matter? Norm Localization and Institutions Change in Asian Regionalism," *International Organization* 58（2）: 239-75.
Barkin, Samuel (2003) "Realist Constructivism," *International Studies Review* 5（3）: 325-42.
────── (2010) *Realist Constructivism : Rethinking International Relations Theory*, Cambridge University Press.
Berger, Thomas U. (1998) *Cultures of Antimilitarism : National Security in Germany and Japan*, Johns Hopkins University Press.
Black, Lindsay and Yih-Jye Hwang (2012) "China and Japan's Quest for Great Power Status : Norm Entrepreneurship in Anti-Piracy Responses," *International Relations* 26（4）: 431-51.
Bob, Clifford (2005) *The Marketing of Rebellion : Insurgents, Media, and International Activism*, Cambridge University Press.
Clark, Ian (2014) "International Society and China : The Power of Norms and the Norms of Power," *Chinese Journal of International Politics* 7（4）: 315-40.
Epstein, Charlotte (2012) "Stop Telling Us How to Behave : Socialization or Infantilization?" *International Studies Perspective* 13（2）: 135-45.
Finnemore, Martha and Kathryn Sikkink (1998) "International Norm Dynamics and Political Change," *International Organization* 52（4）: 887-917.
Gilpin, Robert (1981) *War and Change in World Politics*, Cambridge University Press.
Hachigian, Nina, ed. (2014) *Debating China : The U.S.-China Relationship in Ten Conversations*, Oxford University Press.
Johnston, Alastair Iain. (2003) "Is China a Status-Quo Power?" *International Security* 27（4）: 5-56.
Kang, David C. (2007) *China Rising : Peace, Power, and Order in East Asia*, Columbia University Press.
────── (2010) *East Asia Before the West : Five Centuries of Trade and Tribute*, Columbia University Press.
Katzenstein, Peter J. (1996) *Cultural Norms and National Security : Police and Military in Postwar Japan*, Cornell University Press（ピーター・J・カッツェンスタイン『文化と国防──戦後日本の警察と軍隊──』有賀誠訳,日本経済評論社,2007年）.

Kupchan, Charles A. (2014) "The Normative Foundations of Hegemony and the Coming Challenge to Pax Americana," *Security Studies* 23（2）: 219-57.

Mearsheimer, John J. (2014) *The Tragedy of Great Power Politics*, updated edition, W.W. Norton.

O'hagan, Jacinta and Miwa Hirono (2014) "Fragmentation of the International Humanitarian Order? Understanding 'Cultures of Humanitarianism' in East Asia," *Ethics & International Affairs* 28（4）: 409-24.

Panke, Diana and Ulrich Petersohn (2011) "Why International Norms Disappear sometimes," *European Journal of International Relations* 18（4）: 719-42.

Pillsbury, Michael (2015) *The Hundred-Year Marathon : China's Secret Strategy to Replace America as the Global Superpower*, Henry Holt（マイケル・ピルズベリー『China 2049——秘密裏に遂行される「世界覇権100年戦略」——』野中香方子訳, 日経BP社, 2015年）.

Ringmar, Erik (2012) "Performing International Systems : Two-East-Asian Alternatives to the Westphalian Order," *International Organization* 66（1）: 1-25.

Risse, Thomas, Stephen C. Ropp and Kathryn Sikkink, eds. (1999) *The Power of Human Rights : International Norms and Domestic Change*, Cambridge University Press.

Schweller, Randall L. (1999) "Managing the Rise of Great Powers : History and Theory," in Alastair Iain Johnston and Robert S. Ross, eds., *Engaging China : The Management of an Emerging Power*, Routledge, 1999.

Wendt, Alexander (1999) *Social Theory of International Politics*, Cambridge University Press.

Yan, Xuedong［閻学通］(2011a) *Ancient Chinese Thought, Modern Chinese Power*, Princeton University Press（eds. by Daniel A. Bell and Sun Zhe. trans. by Edmund Ryden）.

―――― (2011b) "International Leadership and Norm Evolution," *Chinese Journal of International Politics* 4（3）: 233-64.

―――― (2014) "From Keeping a Low Profile to Striving for Achievement," *Chinese Journal of International Politics* 7（2）: 153-84.

Zhao, Tingyang［趙汀陽］(2006) "Rethinking Empire from a Chinese Concept 'All-under-Heaven'（Tian-xia, 天下）," *Social Identities* 12（1）: 29-41.

アイケンベリー, G・ジョン（2012）『リベラルな秩序か帝国か——アメリカと世界政治の行方——』上巻, 細谷雄一監訳, 勁草書房.

足立研幾（2015）『国際政治と規範——国際社会の発展と兵器使用をめぐる規範の変容——』有信堂.

大矢根聡編（2013）『コンストラクティヴィズムの国際関係論』有斐閣.

古賀勝次郎（2014）『鑑の近代——「法の支配」をめぐる日本と中国——』春秋社.

兪敏浩（2015）『国際社会における日中関係——1978～2001年の中国外交と日本——』勁草書房.

趙汀陽（2005）『天下体系——世界制度哲学導論——』江苏教育出版社.

第 2 章

国際社会における日中関係
―― グローバル・ガバナンスの視点から ――

兪　敏浩

はじめに

　国際社会における日中関係について論じる際のこれまでの「定番」パラダイムは「日本の対中関与政策」であった．中国を国際社会の一員として相互依存のネットワークに融合していくことは，地域の安定にも日本の国益にも有益であるとの認識のもと，日本政府が中国の対外開放政策を支援する立場をとったというのがその大要である．

　しかし2000年代以降の中国の急速な台頭により，日中関係におけるこのパラダイムの説明力は著しく低下し，現状では東アジアの地域秩序再編をめぐる日中関係の競争性がいやがうえにも浮き彫りになっている．こうした現状を招いた原因として，近年の中国政府の対外言動に慎重さが不足していたことを指摘することは簡単である．だが，より構造的な背景として「国際社会における日中関係」の古いパラダイムに代わる新しいパラダイムがまだ形成されていない点も重要だと思われる．パラダイムの転換はアイデンティティの再編とコインの裏表の関係にある．

　日本は戦後，奇跡的な経済発展を経て，「経済大国」や「アジアにおける経済発展のリーダー」というアイデンティティを形成したが，21世紀に入って中国やインドといったアジアにおける新興国の台頭により「アジアにおける唯一の先進国」というアイデンティティのあり方が揺らいでいる（大庭，2013：187）．他方，中国は改革開放政策が始まってから自らを第三世界の一員と位置づけ，発展途上国の利益の代弁者としてふるまってきた．しかし自他とも認め

る経済大国となった現在,「最大の発展途上国」というアイデンティティも一部修正を迫られており,中国国内の論壇では「二重身分論(発展途上国と大国——筆者)」(李,2012)や「中間国家論(東西の間,南北の間——筆者)」(王,2012)など国際社会における中国の新たな立ち位置に関する模索が行われている.このように日中両国とも現在アイデンティティの再編期を迎えており,それが一筋ならぬ両国関係を一層複雑にさせているのである.

　本章は「国際社会における日中関係」の新しいパラダイムを求めて,グローバル・ガバナンスというこれまでの日中関係研究にあまり見られなかった視点を導入する.グローバル化が今後も深化していく前提に立てば,過去を包摂しながら現在,そして将来を見通した日中関係の新しいパラダイムを構築するためにはグローバル・ガバナンスという視点が重要だからである.

　それではグローバル・ガバナンスとはなにか? 国連グローバル・ガバナンス委員会(1995:28-29)によれば,「ガバナンスというのは,個人と機関,私と公とが,共通の問題に取り組む多くの方法の集まりであり」,「政府間の関係のみならず非政府組織(NGO),市民運動,多国籍企業,および地球規模の資本市場まで含むものである」という.グローバル・ガバナンスの中心的な価値観として,同委員会(1995:80-97)は「生命,自由,正義と公正,相互の尊重,配慮,誠実さ,権利(人権)と責任,民主主義,腐敗との闘い」を挙げている.同報告書が発表されてからグローバル・ガバナンス論はにわかに脚光を浴びるようになり,いまや「百花繚乱の趣がある」(赤根谷,2010:145)が,次のような3つの特徴については広範な共通認識が存在する(Wang and Rosenau, 2009:6).第1に,ガバナンスの対象としての地球規模の課題.第2に,政府だけでなく非政府組織の役割も重視すること.そして第3に,市場競争,人権,民主,透明性,説明責任,法による支配などのリベラルな行動規範.

　このようにグローバル・ガバナンス論は,主権国家のみが国際秩序を形成できる主体であるとするリアリズムに対して,国家以外の多様な主体も国際公共財の形成に関与し,レジームの形成に参加できると強調する点で,リベラル制度論や規範理論に近い議論である(庄司,2004:2-5).さらに次のような2つの理由によりグローバル・ガバナンス論は規範的性格が強い議論であるといえよう.第1に,地球規模の課題は,山本吉宣(2006:382)が指摘するように「地

球温暖化などそれ自身グローバルな問題であるときもあり，人道などの規範がグローバル化することによって，貧困，格差，開発などがグローバルな問題として認識されることもある」からである．第2に，より重要なのは，グローバル・ガバナンスに関する議論の多くが，グローバル化の進展に伴い多発するグローバルな課題を解決するためにはグローバル・ガバナンスが必要不可欠であるという規範的認識に基づいてなされることが多いことである．[1]

グローバル・ガバナンスという用語が登場するのは1990年代であるが，上述したグローバル・ガバナンス論の特徴の1つである「地球規模の課題」が日本外交の公式言説に登場するのは1970年代であり，中国外交の場合は2000年代以降である．次節と第2節では「地球規模の課題への取り組み」が表明された時点までさかのぼって，グローバル・ガバナンスに対する日中両国の姿勢およびその変化を振り返り，比較検討を行う．続いて第3節では，日中両国とも東アジアをグローバル・ガバナンス外交の実践場とみなす傾向が強いことを踏まえて，東アジア地域に焦点を絞って地域ガバナンスにおける日中関係の位相を浮き彫りにすることとする．

グローバル・ガバナンス論は国家以外の多様なアクターのパートナーシップを強調するが，政府が依然もっとも重要なアクターであることを否定するわけではない．本章はグローバル・ガバナンスという視点から日本と中国の対外姿勢を比較分析することに主眼を置くが，紙幅の制限もあって個々の問題領域に深入りはせず，ガバナンス理念を受容した経緯と言説に対する分析に重点を置くこともあらかじめ断っておく．

1．グローバル・ガバナンスと日本外交

(1) 1970年代

波多野澄雄（2013：9）が指摘するように，1970年代は「対米自立か否かという次元を超え，日本外交がコミット可能な新しい領域も生まれつつあった」時期であった．1971年版『わが外交の近況』では，「わが国力の充実が近年特に著しく，わが国に対する国際的な期待と注目が高まりつつあることを自覚して行動しなければならない」とし，「いまやわが国は「国際社会において求め

る立場から与える立場へ，客体から主体へと移行しつつあり，わが国の決意と行動は世界の大勢に少なからざる影響を及ぼさないではおかない状況にある」との認識が示されている．さらに1975年版『わが外交の近況』では，「世界経済全体の健全な発展への貢献」に加え，「海洋や宇宙の利用，環境問題，原子力平和利用など人類共通の諸課題の解決のため積極的な努力を行う」とし，グローバル・ガバナンスへ取り組む意思を表明した．経済大国として台頭した日本が国際社会からより大きな貢献を求められるようになったこと，また1975年の主要先進国サミットへの参加により主要国としての地位が広く認知されたことがこうした積極的な姿勢につながったと思われる．

　しかし，「人類共通の諸課題の解決」に向けて，日本が途上国を含め普遍的に受け入れ可能な解決策を打ち出せたとは言い難かった．たとえば，1972年のストックホルム人間環境会議において，日本は環境問題を公害問題に限定した捉え方をしたために，会議が南北問題の様相を深める中で孤立してしまったという（樋口，2013：260-262）．海洋秩序問題でも，公海の自由を主張する日本政府の立場は国連海洋法会議では少数派であった．沿岸国権利の強化が時代の流れとなるなか，日本も12カイリ領海と200カイリ漁業水域を宣言する最終決定をし，排他的経済水域に原則として反対する立場から「静かに引き下がった」のは1977年であった（水上，1995：63）．他方で，1970年代末になると日本は世界経済の牽引車としての役割を期待されるようになり，日本政府もその期待に応えようとした．1978年のボン・サミットで福田赳夫首相は，「緊縮予算の最中であったため巨大な財政赤字によってしか追加的な刺激策を打ち出せないにもかかわらず年間7％の経済成長目標を約束した」（小和田，1994：323）．また第2次石油危機の最中に開催された1979年の東京サミットでは，日本は経済成長の足かせになりかねない石油輸入量の制限に同意し（松浦，1994:13-15），サミットを成功に導いた[2]．開発援助分野でも，日本政府は1977年ODAの3年倍増計画とアンタイド化を進める方針を発表し，発展途上国に対する援助の拡大に乗り出した．

（2）1980年代

　1980年代に入り，経済的に1人勝ちともいわれた日本に対して，アメリカを

はじめ国際社会から「国際秩序にただ乗りしている」との批判と経済力に見合ったより大きな責任を果たすべきとの声がさらに高まった．これに対し，日本政府は国際化を一層進めることで応じた．1986年に中曽根康弘首相の私的諮問機関である「国際協調のための経済構造調整研究会」がまとめた報告書（前川レポート）では，内需拡大，産業構造の転換，直接投資の促進，輸入促進，国際経済協力の推進などについて提言されている．それに先立つ1984年，経済企画庁はすでに『世界の中の日本——その新しい役割，新しい活力——』（国際化研究会報告）を発表し，類似の提言を行っている．1988年5月に閣議決定した「経済運営5カ年計画」は「世界と共に生きる日本」という視点に立って，「輸入の拡大，経済協力，資金還流など対外政策によって世界に貢献するのみならず，産業構造の転換，労働時間の短縮，税制の改革など，国内政策を進めるにあたっても，世界的視点を踏まえて対処する」方針を明らかにした（経済企画庁，1988：5-6）．今日的な表現を用いれば，世界経済の不均衡の是正と対外援助の規模拡大に積極的に取り組む方針を明らかにしたのである．

1980年代の日本のグローバル・ガバナンス外交は経済と開発分野を中心に展開されたが，1988年5月，竹下登首相が「平和のための協力」を「経済協力」と「文化協力」と並んで日本の重要な外交課題の1つとする「国際協力構想」を発表したことで1つの転換点を迎えた．同構想の取りまとめ作業に参加した池田維によれば，「平和のための協力」とは，「日本が単に経済・資金面のみならず，種々の外交努力の面や人員派遣の面でも，国際紛争の解決のために貢献しなければならないとする考え」であり，「こうした発想が外交の重要課題の1つとして戦後四十数年にして初めて明確に打ち出されたところに，この国際協力構想の大きな意味があった」とする（池田，1996：19）．

こうした日本政府の外交方針の変化をもたらした要因として，外部圧力（欧米との経済摩擦と安保ただ乗り批判）と，それに応えようとする国内の「国際協力」論の高まりが重要であるが，他方で円高を背景とした日本企業の対外投資ブームに象徴されるように，この時期日本の経済利益のグローバル化が急速に進んだことも見逃してはならない．図2-1は急激な円高をもたらしたプラザ合意前後から1989年までの日本の貿易収支，外貨準備高，海外直接投資，対外純資産残高の推移を示している．

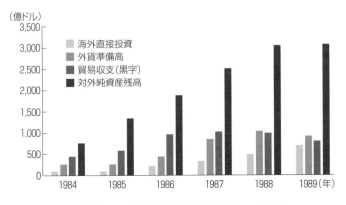

図2-1　日本の経済利益のグローバル化

出所：経済企画庁調査局編『平成3年版日本経済の現況』489頁．ジェトロ白書・投資編『世界と日本の海外直接投資』各年版に基づき筆者作成．

　急速に進む経済利益のグローバル化は，稲田十一（2004：85）が指摘するように，「日本の世界経済に対する影響力を高める一方，世界経済・国際金融の変動に対して，日本自身が影響を受ける度合いをも高め，世界各地でおこるさまざまな出来事に対応して，否応なくコミットメントをしていかざるを得ない状況を生み出していった」といえよう．1989年版『外交青書』も，「世界における我が国の重要性が増大し，世界のあらゆる動きが我が国の利益に直接関係するようになった今日，我が国が積極的にこれらの諸問題の解決のために努力しない限り，わが国の利益を守ることは難しくなってきている」との認識が示されている．国際社会からの外圧と経済利益のグローバル化が日本の国際協調外交を促したことは，後述する2000年代の中国と国際社会との関係とも部分的に通じるところがある．

（3）1990年代

　冷戦終結後，西ヨーロッパ諸国が東欧問題に忙殺され，アメリカも財政・貿易双子の赤字に苦しむなか，日本は一層グローバル・ガバナンスの資金源としての役割を期待されるようになった．日本国内でも船橋洋一（1991）の「グローバル・シビリアンパワー論」や小沢一郎（1993）の「普通国家論」に代表されるように，グローバル・ガバナンスという表現こそないものの，さまざまな立

場から冷戦後の新世界秩序構築に日本が主体的に取り組み，より大きな国際責任を担うべきとの主張が高まった．1980年代以来続く国際社会からの圧力にこうした内発的な動機も加わり，そして湾岸戦争の際の「外交敗北」の反動もあって，グローバル・ガバナンスへの日本政府の姿勢もより積極的となった．[3]

1990年代のグローバル・ガバナンス外交は多方面にわたって展開された．

まず，ガバナンスの対象分野において，日本は従来の通商，マクロ経済協調，開発援助分野における役割に加え，国連平和維持活動，軍縮（通常兵器，対人地雷問題），核・化学兵器など大量破壊兵器の非拡散，環境保護，気候変動問題などでも重要なアクターとして浮上した．

次に，ガバナンスの組織構造における地位向上を本格的に目指し始めた．日本の外交当局はG7の一員という日本の地位を希釈しかねないメンバー拡大には否定的である一方（Dobson, 2010：35-36），1992年から国連安全保障理事会常任理事国入りを再び目指すようになった．[4] しかし常任理事国の消極的な姿勢も1つの原因となって，日本の常任理事国入りはいまも実現できていない．国際通貨基金（IMF）における日本の出資比率も激しい攻防の末（橋本，1993：50），1983-1992年の第5位から1992-1998年はドイツと同様第2位に引き上げられたものの，1990年代の世界経済における日本経済の重み（1994年の日本のGDPは世界の約18%）を勘案すれば過少代表の感はぬぐえない．

第3に，既存のガバナンスの改善を推進したのもこの時期の特徴である．日本の開発援助コミュニティは，戦後日本と東アジア諸国の経済成長の経験から政府の役割を重視する傾向が強かったため，世界銀行とIMFの構造調整融資に代表される画一的な援助政策に不満を覚えていた．大野健一と大野泉（Ohno and Ohno, 1998：1）によれば，1990年代初頭以来，日本の開発援助コミュニティではオルタナティブの開発援助戦略について大まかな合意が形成されたという．日本政府の働きかけと資金援助を受け，1992年に世界銀行がアジアの経済成長経験に関する研究をスタートさせ，翌年には一定の政府介入の有効性を認めた「東アジアの奇跡――経済成長と政府の役割――」と題する報告書を発表した（世界銀行，1994）．さらに日本政府は1993年の東京サミットにおいて，開発のための新しい戦略の検討を提案した．小和田恒（1994：334）によれば「この戦略は，範囲の点で十分に包括的なアプローチをもとにすべきであり，（中略）

それによって，発展段階の異なる国々のそれぞれの特殊性に合った多様な処方箋を考え出すことができる」という．こうした日本の主張は同サミットの経済宣言に盛り込まれた．が，その後日本経済の長期低迷と日本自身の経済構造調整改革の必要性が叫ばれるなかで，開発分野における日本独自の主張は次第に勢いを弱めていくことになった（稲田，2004：87）．

　最後に指摘すべき点は，「普遍的価値」規範の受容が進んだことである．冷戦期の日本は「イデオロギーや社会体制の差は差として認識しつつも，これを乗り越えて（中略），国際協力を通じて緊張緩和や経済的社会的発展に寄与することを外交の基調」とし（『わが外交の近況』第16号：81），「普遍的価値」については「良識」と「ヒューマニズム」という意味で理解していた（『外交青書』第31号：3）．冷戦後，「歴史の終わり」が喧伝されるなかで，日本も「世界経済の繁栄の確保，世界平和と安定の確保」に加え，「自由，民主主義といった普遍的価値の推進を外交指針の1つとした」（『外交青書』第36号：18）．ただ，日本は「旧東側諸国や開発途上国に対する支援に当たっては，欧米諸国をはじめとする先進国も今日の人権や民主主義，市場経済の実現には長い年月を要したことも踏まえて，性急に結論を求めるのではなく，対話を通じてその進展を着実に促していくことが重要である」（1992年ODA大綱）と穏健な立場を維持した．

（4）1990年代末以降

　1990年代末以降，日本のグローバル・ガバナンス外交は，「人間の安全保障」の提唱に見られるように，新たなガバナンス理念の創出が試みられた点が特徴的である．「人間の安全保障」という概念を初めて正式に取り上げたのは，国連開発計画（UNDP）の1994年版『人間開発報告書』であった．同報告書では人間の安全保障を，飢餓・疾病・抑圧等の恒常的な脅威からの安全の確保と日常の生活から突然断絶されることからの保護の2点を含む包括的な概念であるとし，21世紀を目前に開発を進めるに当たり，個々人の生命と尊厳を重視することが重要であるとした．平和憲法と国内の強固な反軍国主義思想の制限を受け，世界の安全保障問題で経済大国に見合う役割を果たせない日本政府は，「人間の安全保障」理念に日本外交の新たな可能性を見出した．1998年12月，小渕恵三首相は「日本外交の中に人間の安全保障を明確に位置づけ」，国連に人間

の安全保障基金を設立することを発表した（翌年3月設立）．2000年の国連ミレニアム総会で，森喜朗首相は「人間の安全保障」を日本外交の柱に据えることを宣言し，同概念をさらに深めるために国際委員会の発足を提案した．日本政府の支援を受け2001年に成立した「人間の安全保障委員会」は，2003年に『安全保障の今日的課題』と題した報告書を発表し，国際社会における同概念の普及に努めた．2003年，日本政府は政府開発援助大綱（ODA大綱）を改訂し，人間の安全保障の視点を日本のODAの基本方針の1つに加えた．「紛争時より復興・開発にいたるあらゆる段階において，尊厳ある人生を可能ならしめるよう，個人の保護と能力強化のための協力を行う」とされ，人間の安全保障理念が国際平和構築活動への参加を正当化する論理にもなった（Honna, 2012：97）．こうして開発援助と安全保障を包摂する新たなグローバル・ガバナンス理念の構築が進んだのである．

　この時期，日本のグローバル・ガバナンス外交で特記すべきもう1つの点は市民社会との連携である．日本政府はすでに1989年に「草の根・無償資金援助制度」（2003年，草の根・人間の安全保障無償資金協力と改名）やNGO事業補助金制度を通じて国際開発非政府組織（IDNGO）の育成を始め，1996年からはNGO側の提案に応じて外務省がNGOとの定期協議制度を発足させた．世界銀行や国連開発計画などが1980年代以降NGOを活かした開発援助を推奨し，それに呼応する形で日本国内でも国際協力NGOセンター（JANIC）を代表とする国際開発NGOがODA改革を求めたこと（Lee, 2011：538），それにOECD（経済開発協力機構）開発援助委員会が1989年12月に「参加型開発」を打ち出したことが原因として考えられる．しかし前述のように，1990年代前半まではオルタナティブの開発援助戦略への関心がより高く，NGOに関する国内法も整備されていなかったことから，政府と市民社会の連携は限定的であった．

　政府とNGOとのパートナーシップの制度化が進んだのは，1990年代末以降である．1998年NPOの法的地位に対する行政のガイダンスと官僚部門の決定権を制限し，より多くの市民団体が法的地位を獲得できるようにデザインされた特定非営利活動促進法（NPO法）が制定された（Pekkanen, 2006：22-23）．[5] 2001年には一定の要件・基準を満たすNPO法人に対して寄付金控除を適用する認定NPO法人制度が設けられた．市民社会をめぐる規制が大幅に緩和する中で，

2002年外務省は「開かれた外務省のための10の改革」を発表し,NGOとの対話や連携を強める方針と,ODAの透明性を高まるために現地で活動するNGOの意見を尊重する方針を打ち出した.これを受け,2003年に改訂されたODA大綱ではNGO活動に対する支持,NGOとの協力,対話の重要性が示された.外務省内にはNGO担当大使が設置され,NGOとのパートナーシップの制度化も着々と進んだ.

　たが政府と市民社会との協働が制度化され,市民社会の役割に期待がかかっているものの,日本のNGOはほかの先進諸国と比べ組織の人員,資金規模の面で零細であり,**図2-2**が端的に示すように活動範囲や影響力も限定的である[6]. 国際機関と協力して政策を立案,提示する役割を果たしている組織は少なく,多くは具体的なプロジェクトの実施組織であるという（小野,2011：214）.NPO法により市民組織の法人格取得が容易になったとはいえ,行政側から見れば依然限られた資金で仕事をしてくれる便利な下請け組織としか認識されない場合が多いという厳しい指摘もある（Kingston, 2004：83）.

　「人間の安全保障」外交,「市民社会との連携」と軌を一にしながら戦略性をさらに際立たせたのが価値観外交である.小泉内閣時から日本外交には「普遍的価値」を訴える場面が増え,第1次安倍内閣時には麻生太郎外務大臣が「自由と繁栄の弧」を打ち出した.その後政権が目まぐるしく入れ替わるなかで価値観外交を標榜する言説にも強弱の違いがみられるものの,今日に至るまで基

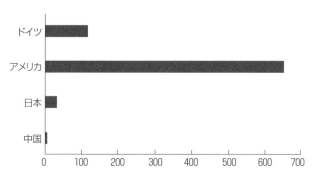

図2-2　国連経済社会理事会における協議資格を有するNGO数（本部所在地別）
　出所：国連経済社会局NGO課（http://esango.un.org/civilsociety/ login.do）に基づき筆者作成.なお,中国のデータには香港に本部を置くNGOが含まれてない.

本的に一貫している．その背景には1990年代以来，普遍的価値規範の内面化が進んできたことが指摘できようが，より直接的には急速に台頭する中国とのアイデンティティの差別化，地域秩序変動期における主導権の確保，日米同盟の強化など戦略的動機に基づいている．

2．グローバル・ガバナンスと中国外交

(1)「国際政治経済新秩序」と「調和のとれた世界論」

　グローバル・ガバナンス（全球治理）が中国政府の公式言説に登場するのは2000年代末とかなり遅い．しかし中国政府はそれ以前から「国際政治経済新秩序」や「調和のとれた世界」(和諧世界)など独自の国際秩序構想を主張してきた．

　「国際政治新秩序」とは，① 各国は，国情に基づき政治・経済・社会体制を選択する権利をもつ，② 各国，特に大国による他国の内政不干渉，③ 相互尊重，小異を残し大同を求める，④ 紛争の平和的処理，⑤ 大小，貧富の別なく，すべての国は国際事務に平等に参加する権利を持つことであるが（『人民日報』1990年9月29日），その核心は「平和5原則」である．李鵬総理によれば「平和5原則」の核心は「内政不干渉」であるため，「内政不干渉」が中国の「国際政治新秩序」主張における核心的な規範であると位置づけられる（李鵬，2008：399, 402）．「内政不干渉」にこだわる中国政府の姿勢は，冷戦後普遍的価値が喧伝される中で，残存する共産党国家が「体制の安全保障」，すなわち体制維持を外交の優先課題とせざるを得なかったことに主に起因する（兪，2015：20）．

　2000年代に入り中国経済の高度成長が続き，中国台頭が叫ばれる中で，「体制の安全保障」の緊急性も低下し，それを裏付けるように国際新秩序に関する言説も著しく減少した（図2-3）．他方，中国の急速な台頭は国際社会における「中国脅威論」を引き起こす結果をもたらした．そこで中国が追求する世界秩序像を提示する必要性が生じ，それに答えたのが和諧世界論であった．

　和諧世界とは，「多様な文明，宗教，価値観を包容し，各国が社会制度と発展モデルを選択する自主権を尊重することで，異なる文明が友好共存し，平等に対話し，発展繁栄する世界」とされた（中共中央文献研究室，2006：850-51）．このように「和諧世界」とは「国際新秩序」主張に比べ，「多様性の尊重」によ

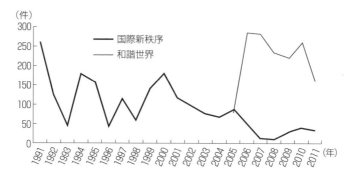

図 2-3 『人民日報』における「国際新秩序」「和諧世界論」関連記事数
出所:『人民日報』データベースにより筆者作成.

り大きく比重を置いた秩序概念であった.

　以上のように, 冷戦後の中国政府は独自の世界秩序構想を打ち出してきたが, 外圧に対する対策としての性格が強く, グローバル・ガバナンスとは次元を異にするものであった. 中国政府の外交文書で「地球規模の課題への取り組み」という文言が登場するのは, 1990年代半ば以降の日本やフランスといった先進諸国との共同声明においてであるが[7], 中国が進んで受け入れた表現というより日本やフランス側の意向によるものとみるのが妥当であろう.

(2) 全球治理 (グローバル・ガバナンス) の受容へ

　中国政府の公式文書で「地球規模の課題 (全球性問題) への積極的な取り組み」という文言が登場するのは[8], 2008年3月の政府活動報告が最初である. 翌年のG8ラクイラサミットの一環として開かれたG8＋5会議で中国政府は経済分野に限定しながらもグローバル・ガバナンスに関する初めての体系的な政策主張を発表した. 2012年全国人民代表大会の政府活動報告では,「多角的活動と全球治理に積極的に参加し, 国際秩序がより公正かつ合理的な方向へ発展するよう推進する」ことが目指された. 習近平体制になってから, グローバル・ガバナンスは中国政府の発する言説に一層頻繁に登場するようになり, 2015年10月には「全球治理の現況と体制」をテーマとした中国共産党指導部の集団勉強会まで開催された. そして2016年3月に発表された「国民経済と社会発展に関す

る13次5カ年計画」では，グローバル・ガバナンスへの取り組みを強化することが今後の外交指針の1つとなった．当初開発と貧困の削減，マクロ経済政策協調に限定されていたグローバル・ガバナンス概念も，ここ数年，平和維持，海賊対策，国際テロ，不拡散，気候変動問題，グローバル・コモンズの文脈で用いられるなど広がりを見せている．

このように2000年代末からグローバル・ガバナンスに対する中国政府の関心が高まった背景には主に次のような3つの事情があった．

1つは国際社会で高まる「中国責任論」が外圧となったことである．2005年9月，ロバート・ゼーリック米国務副長官が米中関係全国委員会で行った演説において，「アメリカの対中政策は，これまでの国際システムにおけるメンバーシップ獲得を支持するものから，責任あるステーク・ホルダーになるよう促す方向へ転換する時期に来ている」と述べた（Zoellick, 2005）．また，2006年10月には，欧州委員会が「EU・中国：より緊密なパートナー，増大する責任」と題する政策文書を発表し，「関与とパートナーシップという対中政策の基本的アプローチを維持するが，より緊密な戦略的パートナーシップと増大する相互責任を伴うものでなければならない」と新しい対中アプローチを示した（European Commission, 2006）．日本もこれに同調し，2006年5月，麻生太郎外務大臣がアメリカの戦略国際問題研究所で「中国が国際社会および地域における責任あるステーク・ホルダーとして行動することが東アジアの平和，安定および繁栄にとり不可欠である」と述べた．

第2に，21世紀に入り，中国国内でも鄧小平時代の「韜光養晦，有所作為」（能力を隠して力を蓄え，できることはなしとげる）路線を見直すべきかをめぐる論争が始まった．この論争は当初，中国政府による既存路線維持の表明によって決着がついたかに見えたが，2008年世界金融危機と主要国サミット（G20）の発足をきっかけに議論がさらにヒートアップした．2009年，中国政府は「堅持韜光養晦，積極有所作為」（引き続き低姿勢で力を蓄えながらできることは積極的になしとげる）の方針を発表し，対外コミットメントを拡大していくことを表明した．

第3に，WTO加盟以来中国経済の急成長に伴い，海外の資源，市場への依存度が高まり，また中国企業の対外投資も急拡大した結果として，経済利益のグローバル化が急速に進んだことも重要な背景となった（図2-4）．張伯里

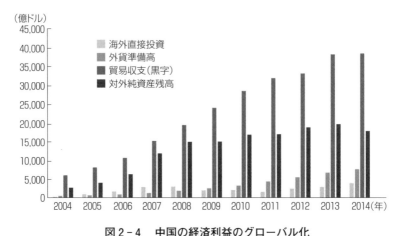

図 2-4　中国の経済利益のグローバル化

出所：商務部HP（http://www.mofcom.gov.cn/article/tongjiziliao/）と国家外貨管理局HP（http://www.safe.gov.cn/）に基づき筆者作成．

(2015) が指摘するように，「中国と外部世界の経済貿易，金融の相互依存関係が深まるに伴い，グローバル経済ガバナンスのシステム改革に積極的に参加しなければならず，(中略) それによって，対外経済貿易関係のさらなる発展のために有利な条件を整えることができる」からである．

(3) 中国のグローバル・ガバナンス戦略

前項では，中国政府がグローバル・ガバナンス概念を受け入れ，積極的に取り組んでいく意思を表明するまでにいたった経緯とその理由について論じたが，言説と対外行動は当然峻別すべきである．本来なら中国のグローバル・ガバナンス外交について問題領域別に詳細に検討し，言説を検証する必要があるが，それは本章の検討範囲をはるかに超えてしまう．そこで，本項では現時点における中国のグローバル・ガバナンス戦略について簡潔に論じ，日本との比較検討を行う次項において中国のグローバル・ガバナンス論の特徴について論じることとしたい．

ガバナンスの担い手のなかで中国政府が最も重要視するのが多角的国際機関である．平和維持や不拡散など安全保障関連分野では国連の中枢的な役割を主張し，有志連合など国連を迂回する活動への参加にはきわめて慎重である．金

融と貿易分野ではIMF，世界銀行，WTOなど多角機構の役割を重視する一方で，G20をグローバル経済ガバナンスの主要フォーラムと認め，機能を強化することを主張する．他方で，ここ数年BRICS開発銀行，アジアインフラ投資銀行（AIIB）の設立，自由貿易協定（FTA）の推進など中国が主導する地域的なガバナンスのメカニズム構築にも意欲的である．そのため，中国が既存の秩序に挑戦しているとの見方が強まっているが，既存のIMF，世界銀行など多角的機構に対する中国の戦略はそれほど単純なものではないようである．この問題については，復旦大学国際関係与公共事務学院が2014年に発表したグローバル・ガバナンス・レポート（復旦大学国際関係与公共事務学院，2014）が参考になる．

同レポートは，国際システムの改革に向けて中国のとるべき戦略は「増量改進」戦略だとする．中国は現行の国際システムに挑戦するのではなく，国際システムと相互受け入れ可能な協力関係を模索しながら，国際システムのガバナンス容量を徐々に拡大することが狙いだとする．具体的には「増量改進」（漸進的な改善），「内線推動」（内部から推進），「外線拓展」（外部から開拓），「内外互補」（内部と外部の補完関係），「以外促内」（外部から内部の変化を促す）を通じて国際システムの平和的な改革を目指すべきだとする．「増量改進」方式が最適である理由は，過去30年間にわたる中国の高度成長は既存の国際システムのなかで実現したもので，中国は現システムの安定と持続に重大な利害関係を有するからだとしている．中国が目指すのはシステムのなかの不合理，不公正な部分の改善であり，それは国際システムの効果的運行を妨げるものではなく，逆に現システムのガバナンス能力の向上につながるとも主張している．「増量改進」は，まず「内線推動」から始めるべきであるが，しかし体制の惰性と主導的地位にある大国による阻害が原因となって「内線推動」は往々に進展が緩慢になりがちである．したがって，上海協力機構，BRICSなどの「外線拓展」を通じて，新たなガバナンス・メカニズムを構築する必要が生じるという．新たに構築される国際制度と既存の国際制度の関係は，チェンマイ・イニシアティブとIMFの関係のように補完関係にあるべきであるが，体制内部の改革を促す外部圧力としての効果も期待できるという．

この分析から浮かび上がる中国の戦略を単純化すれば，既存の秩序に一方的に適応するのではなく，改革と改善を求めながら既存秩序の中で地位向上を図

ることといえよう．いずれにせよ，中国政府が重視する多角的国際機関と地域機構はいずれも政府間組織であり，主権にこだわるこれまでの姿勢から大きく外れるものではない．

反面，中国政府はグローバル・ガバナンス論が重視する市民社会との連携にはきわめて慎重である．ジェラルド・チャン (Chan et al., 2011：140) らが指摘するように，地方政府や市民組織がグローバル・ガバナンスに埋め込まれ，外部アクターと直接連携することにより，中央集権体制が浸食されることを懸念するからである．とはいえ，変化の兆しがないわけではない．たとえば，2011年に公表された『中国の平和的発展』白書では，「非国家主体の成長が早く，国際関係において重要な役割を果たすようになっている」との認識が中国の公式文書としては初めて示された．2016年4月に発表された，持続可能な開発のための2030アジェンダの実施に関する中国政府のポジションペーパーにも，「私営部門，民間社会（英語版ではCivil Society），慈善団体およびその他のステーク・ホルダーがより大きな役割を果たすことを推奨すべき」と書かれている（外交部,2016）．

現在のところ，中国のNGOの活動は基本的に国内に限定されており，グローバルな舞台での活動は初歩的段階にとどまっているというのが一般的な評価である（呂，2012：122；張，2016：53）．将来的に，中国のNGOの能力が強化され，グローバル・ガバナンスにおける役割が増える可能性もあるが，その場合も，政府と市民社会の関係の基本構造が変わらない限り，NGOの活動は政府のパブリック・ディプロマシーの一環として行われる可能性が高いと予想される．

（4）日中両国のグローバル・ガバナンス外交の比較

ここまで，日中両国がグローバル・ガバナンスに踏み出した経緯と基本的な姿勢について考察を行ってきた．それを踏まえながら，本項では日中のグローバル・ガバナンス外交における共通点と相違点を抽出してみたい．

まず，両国とも高度経済成長を経て世界経済大国として台頭してからグローバル・ガバナンスへの参加に意欲を示した．1970年代の主要先進国サミット（G7）と2000年代の主要国サミット（G20）の発足とともに，日本と中国はグローバル経済ガバナンスにおける重要なアクターとして浮上した．日本がボン・G7

サミット (1978年) 後景気刺激策を率先して実施したように，中国も自国の景気浮揚が主な目的であったとはいえ，ワシントン・G20サミット (2008) とロンドン・G20サミット (2009) で合意された財政刺激策を積極的に実施し，世界経済の牽引車の役割を果たした．しかし，グローバル・ガバナンス外交に乗り出した初期段階では課題も多く見られた．たとえば，1970年代の日本は途上国の立場に対する配慮が足りず，環境や海洋ガバナンスで孤立した．逆に2000年代の中国は気候変動問題において途上国の身分に拘りすぎた結果，「コペンハーゲンの大失敗」の張本人との汚名を着せられ，WTOドーハラウンドにおいても途上国との連携を最重視した結果，先進国と途上国間のギャップの生成に一役買い，ドーハラウンドの妥結をより困難にしたという (Liang, 2013 : 212-13)．

次に，1980年代以降の日本と2010年代以降の中国では，国際社会からの圧力に加え，より積極的な外交を求める内からの圧力，そして経済利益のグローバル化の現実がグローバル・ガバナンスへの積極的な姿勢を促した点において，驚くほど共通点がある．国際機関における地位向上が優先され，市民社会との連携は後手に回っている点も共通している．日本が90年代末に開発援助と安全保障を融合した新しいガバナンス理念である「人間の安全保障」を推進したように，最近中国も中国発の新しいグローバル・ガバナンス理念の創出に興味を示す兆候が見られる．ただ，まだ具体的な構想があるわけではなく，中華文化のなかから現代社会と共鳴しうる規範や理念を発掘することを念頭に置いているようである (『人民日報』2015年10月14日)．

第3に，国際社会における日中両国の位相の違いがもっとも際立つのは「普遍的価値」に対する受容姿勢であるかもしれない．前述したように，日本政府が1990年代以降「普遍的価値」規範を受容したことと対照的に，中国政府は依然「多様性の尊重」，「公平」，「公正」を強調している．こうした違いは政治体制や発展段階の差に起因する部分が大きいため，容易に変化することはないと思われる．ただ，最近になって，中国政府が「平和，開発，公平，正義，民主，自由」が全人類の共通の価値だとする主張を展開するようになっていることも指摘しなければならない (『人民日報』2015年9月29日)．「民主・自由」には比較的低い優先順位が与えられているようだが，排除されてない点が注目される．

いずれにしても，こうした中国政府の主張は中国的価値を広めようとするのが目的というより，中国の政治体制に対する衝撃をできるだけかわしながら，既存の国際秩序のなかでの地位を向上することが主な目的であるといったほうが，少なくとも現段階では真実に近いように思われる．他方，第2節で論じたように日本における「普遍的価値」の受容は，普遍的価値規範の内面化が1990年代以来進んできた結果である同時に，急速に台頭する中国とのアイデンティティの差別化，地域秩序変動期における主導権の確保，日米同盟の強化などさまざまな戦略的動機に基づいている．

こうしたグローバル・ガバナンスにおける日中の位相はここ数十年の日中関係にどのような影響をもたらしたのか次節で検討することとする．

3．東アジア地域ガバナンスと日中関係

（1）ガバナンスの主体としての日本の台頭と日中関係（1970-90年代）

前節で論じたように，地球規模の課題への日本の取り組みは，1970年代の主要先進国サミットへの参加を機に始まった．マクロ経済政策の調整，南北問題，その他の地球規模問題の解決に取り組む意欲を示すようになったものの，日本は「グローバルパワーとして各地域全般にわたって積極的に参与しようとする志向性があったわけではなく」（国分，2013：2-3），自らの役割を主として地域ガバナンスに見出していた．日本のグローバル・ガバナンス外交の重要な舞台となったサミットにおいても，「日本は最初からアジアの代表としての役割を果たし，東アジアの見方を反映させることに努めてきた」という（Hook et al., 2012：368）．すなわち日本にとって地域ガバナンスはグローバル・ガバナンスの一部分であり，後者における日本の役割は前者に具現されると考えられていたのである．戦後日本外交の新局面を切り開いたと高く評価される1977年の福田ドクトリンは，山影進（2013：147）が指摘するように，「大国の一角を占めるようになった日本が国際社会の平和と繁栄に貢献すべきであり，その実践の場として東南アジアを選んだことを日本内外に表明した」ものであった．中国の改革開放政策に対する支援の一環として対中ODA供与を開始した際にも，同様な論理が用いられた．すなわち中国の発展と安定はアジア太平洋地域の平和

と安定にもつながるということから，対中支援が日本の「国際社会の平和と繁栄への貢献」として位置づけられたのである．こうした論理に基づき，天安門事件後，中国が西側諸国から制裁を受けた際にも，日本政府は中国の孤立化を避けるべく外交努力を払い，率先して対中関係を正常化したのであった．

　冷戦後の日本政府は，経済・開発分野偏重から平和維持，平和構築，軍縮（通常兵器，対人地雷問題），核・化学兵器など大量破壊兵器の不拡散，気候変動，人間の安全保障などへとグローバル・ガバナンスへの関与を拡大した．日本が貢献すべき地域ガバナンスの範囲も東アジア諸国からアジア太平洋地域へと拡大された．1991年の『外交青書』では，「日米間やG7間の政策協調関係に加えて，アジア・太平洋地域の国々との間で国際問題についての政策協調を行う関係を構築していくことも日本にとって重要になってきた．……これからの日本外交に70年代，80年代には見られなかった新しい局面への展開が求められることは疑いを容れない．そしてその1つが，アジア・太平洋地域の国々との間の国際問題についての政策協調関係の構築であろう」と論じた．1991年5月，ASEAN諸国を歴訪中の海部俊樹首相はシンガポールで政策演説を発表し，「（アジア・太平洋地域における）世界に誇れる地域社会作りへの邁進」を呼びかけた（『外交青書』第35号：401-10）．こうしたアジア太平洋重視の外交方針のもと，日本は冷戦後一時「漂流」状態と表現された日米同盟を地域公共財として再定義する一方，ASEAN地域フォーラム（ARF）に代表される地域の信頼醸成メカニズムの構築を推進した．経済貿易分野では，マレーシアのマハティール大統領の東アジア経済グループ（EAEG）提案に与せず，APECに代表される開放的な地域主義に価値を見出した．

　国際社会における日本の役割を再定義した日本政府は，中国に対しても日中関係の再構築を呼びかけた．1991年8月，海部首相は北京で，「日本が世界の平和と繁栄の問題についてより大きな役割を担おうとするにあたり，中国との友好協力関係を全地球的視野から改めて眺めることが大切となっている」とし，「世界的広がりの中で，両国関係の新たな位置づけを探索する」ことを呼びかけた（霞山会，1998：773）．しかし，1990年代の中国政府は市場経済への転換過程で山積する国内課題の処理に悩まされており，またグローバル化や地域統合が共産党一党体制にもたらす衝撃に神経をとがらせていた．そのため，前節で

述べたように「体制の安全保障」が外交の優先課題とされ,「内政不干渉」原則を核心とする「国際政治経済新秩序」を防火壁として用いたので,「世界の中の日中関係」と共鳴することは困難であった.

1997-1998年の米中首脳の相互訪問を1つの到達点として,中国政府の体制の安全保障に対する脅威認識は著しく緩和された(兪, 2015:164). 時期を同じくしたアジア通貨危機後の東アジア地域協力の機運の高まりは,日本と中国がパートナーとして地域ガバナンスに取り組む好機となった. チェンマイ・イニシアティブ,自由貿易圏,アジア債券市場などによって地域主義の空白地帯といわれた北東アジア3カ国が東アジア地域ガバナンスの枠組に組み込まれるようになった. しかし日本と中国にとって,勃興する東アジア地域主義は異なる意味合いをもっていた. 前節で論じたように,日本は1990年代以来グローバル・ガバナンスの行動規範を受容しながら,グローバル・ガバナンスに対する貢献を地域に見出していた. 日本にとって東アジア地域協力の推進はグローバル・ガバナンスにおける日本の役割と矛盾しないばかりかお互いに補強する関係にある. そのため太平洋と切り離された東アジアの制度化が進みすぎれば,日本のグローバルと地域ガバナンス外交が調和困難になる恐れがあった. 他方,中国はこの時期まだグローバル・ガバナンスに与しておらず,東アジア地域協力を単にグローバル化が中国にもたらしかねない政治的,経済的な衝撃を緩和するためのヘッジと位置づけていたため,東アジア地域協力の制度化について歓迎する立場であった. こうした日中両国における東アジア地域協力の異なる位置づけがやがて地域協力の主導権をめぐる競争を引き起こしたことは周知のとおりである.

(2) ガバナンスの主体としての中国の台頭と日中関係 (2000年代-)

前節で論じたように高まる内外の圧力を受け,中国政府も2000年代末からグローバル・ガバナンスに参加する意志を表明するようになった. 1990年代までは時期尚早であった「世界における日中関係」の構築がこれにより現実味を帯びるようになったかと思われた. 2007年4月の「日中共同プレス発表」では,「日中戦略的互恵関係」の基本精神の1つとして,「協調と協力を強化し,地域および地球規模の課題にともに対応する」ことが謳われた. 2008年5月の「戦略

的互恵関係の包括的推進に関する日中共同声明」においては「グローバルな課題への貢献」が宣言され，エネルギー安全保障，環境保護，貧困や感染症等のグローバルな問題における協力が約束された．

　だが，互いに相手をグローバル・ガバナンスにおける重要なプレイヤーと認めたことは，日中の協力を促進するどころか相違を際立たせる結果をもたらすことが次第に明らかとなった．前節で論じたように1990年代以降日本はグローバル・ガバナンスの行動規範を受容し，「普遍的価値」の内在化を進めてきた．その結果，いまは「民主主義価値に支えられた豊かで安定した秩序の構築」（『外交青書』第55号：3）が日本の地域ガバナンスの一つの柱となっている．国内ガバナンスにおいても，「行政改革・規制緩和の嵐が吹き荒れた1997年」（石黒，2005：15）と言われるほど改革のムードが高まり，1998年の『通商白書』では規制緩和・構造改革が日本経済の今後の針路と断じ，実質的に「開発主義国家からの決別を宣言した」（PHP「日本のグランド・ストラテジー」研究会，2012：60-61）．1990年代までアジア太平洋地域経済協力の主舞台であったAPECにおいても，日本は域内の再分配メカニズムの性格をもつ経済技術協力を重視する立場であったが，現在は強い権利保護と市場原理主義を体現した環太平洋経済連携協定（TPP）擁護にシフトしている．このように国際社会におけるアイデンティティの再構築が進んだ結果，日本はリベラルなグローバル・ガバナンスと一致するか，少なくとも乗り入れ可能な地域ガバナンスを明確に志向するようになったのである．

　グローバル・ガバナンスの主体としての中国の台頭はこうした日本のアイデンティティと地域ガバナンス戦略に対する挑戦になりかねない．なぜなら中国政府のいう全球治理とは，アメリカが推進するリベラルな価値には関心が薄く，「公平（fair）・公正（just）・包容（inclusive）」を理念に掲げながら（問題領域によって若干異なることがある），新興国と途上国の代表権・発言権向上を求めている点に主眼があるからである．[10] もちろん前述の復旦大学のレポートにも示されているように中国ではグローバル化の恩恵を受けてきたとの認識が強いため，中国がリベラルな国際秩序に対してあからさまに挑戦することは考えにくい．たが，経済の発展段階や権威主義的な政治体制のゆえに，国際社会の主流のリベラル価値に全面的に収斂していくことも同様に考えにくい．

日中両国が志向する地域ガバナンスの相違に加え，潜在的なヒエラルキー意識も協力の阻害要因となっている．両国とも強いイデオロギーや宗教的価値観に基づく普遍性志向とは無縁で，価値の拡散や実現より国際社会における象徴的な地位の向上に満足する傾向がみられる．すでに論じたように，日本は1970年代以来グローバル・ガバナンスにおける自らの役割を地域に見出しており，その過程で「アジアの代表」（卓，2003：256）意識を育んできた．冷戦期から日本の外交言説にたびたび登場する「アジアと先進国，アジアと太平洋の架け橋論」がそれを物語る．また地域ガバナンスで実績を上げることは国際社会における日本の地位向上にもつながると認識されてきた（昇，2008：148）．

　日本と同様，中国政府も国際社会における地位向上に一貫して熱心である．川島真が指摘するように，中国は歴史的に国際会議の場で追求してきたのは「アジアの代表」であり，「象徴としての大国の地位」を保つことであった（川島，2005：24-32）．BRICS開発銀行やAIIB，シルクロード基金の創設にみられる近年中国の地域外交イニシアティブは，前述の復旦大学のレポートが示唆するように既存の国際システムに対する挑戦よりも，中国の地位向上を図ることがより重要な狙いと思われる．すなわち，中国にとっても地域ガバナンスは，国際社会における地位向上へつながるステップと認識されているのである．

　このように地域ガバナンスには一見調和困難な両国のさまざまな思惑が託されているため，地域の主導権をめぐる争いは避けがたい．それに加え，地域ガバナンスの主導権を争うためにアイデンティティの差別化を意図的に進めることとなれば，地域ガバナンスをめぐる日中協力はますます困難となっていくだろう．

おわりに

　本章ではグローバル・ガバナンスの視点から国際社会における日本と中国の位相を骨太に描き，ここ数十年間の日中関係に対して構造的な分析を行った．

　本章の分析を通じて，約30年の時差を伴いながらも日中両国のグローバル・ガバナンス外交には少なからぬ類似点が存在することが明らかとなった．1970年代の日本も，2000年代の中国も国際社会におけるプレゼンスが高まった結果，

より多くの責任を引き受けるべきだとの国内外からの圧力にさらされていた．また対外援助や企業の対外投資を通じて経済利益のグローバル化が急激に進んだこともグローバル・ガバナンスに取り組むインセンティブとなった．そしてそれぞれ主要先進国首脳会議（G7）と主要国首脳会議（G20）への参加をきっかけにグローバル・ガバナンスへの関与を本格化させたのであった．日中両国がグローバル・ガバナンスへの取り組みは基本的にプラグマティズムに基づいており，ともにグローバル・ガバナンスの組織構造における地位向上が重要なインセンティブとなった点でも共通している．またグローバル・ガバナンスにおける自らの役割を地域に求め，地域ガバナンスを推進したことも共通している．

　他方で，グローバル・ガバナンスにおける日中の位相には当然相違点も多い．「西側の一員」と「途上国の一員」という出発点の差異に加え，本章では触れられなかったアメリカとの関係，責任と権利に対する認識の違いなどなど多岐にわたるが，最大の相違はやはり「普遍的価値」規範の受容姿勢にあろう．日本は1990年代以降，まずは自由，民主主義，法の支配などの「普遍的価値」を，2000年代以降は市場原理主義を受容するなど，新自由主義的な価値へ収斂する傾向を強めてきた．他方，中国は権威主義的な政治体制のゆえに「普遍的価値」の受容は現実的ではなく，「多様性の尊重」，「公平・公正」といった代替規範を提唱している．グローバル・ガバナンスの行動規範をめぐる相違は国際社会における日本と中国のアイデンティティの差異に起因するところが大きい．だが，地域ガバナンスをめぐる主導権争いがエスカレートする中で，規範の相違はアイデンティティの差別化の道具として用いられ，その結果国際社会における日中の位相を一層乖離させるベクトルが強まっている．

　それでは日中関係の改善の糸口はどこに求めるべきなのか？　いうまでもなく，近年の日中関係の悪化には，パワーシフトによる安全保障のジレンマ，歴史認識問題や領土紛争に起因するナショナリズムの高まりなど複数の原因がある．しかし，本章の議論を踏まえれば，グローバル・ガバナンスにおけるパートナーシップの形成が，日中関係改善の1つの糸口となりうることが指摘できよう．それでは日中両国がグローバル・ガバナンスのよきパートナーとなるために必要な与件とはなにか？

　長期的には，両国における市民社会の発展と成熟がそのカギを握るかもしれ

ない．トーマス・ワイス（Weiss, 2013 : 46-59）はグローバル・ガバナンスを阻害する知識，規範，政策，制度，コンプライアンスのギャップを縮めるために専門家集団を含む市民社会が果す役割について指摘した．また，李妍焱（2014 : 229-32）は，2012年の尖閣国有化問題に端を発し，中国で主催される日中間の学術・文化交流活動の多くが自粛となるなか，自発的な市民社会の交流活動は中止とならなかったことを指摘し，「日中関係に『市民社会』を取り込む」ことの重要性を強調した．しかし，近年中国の市民社会は急速に成長しているものの，グローバル・ガバナンスの主体の1つになるために乗り越えなければならない課題が山積しているのが実情である．李妍焱（2014 : 231）も認めているように「日中間で『市民関係』の広がりを性急に期待することはできない」状況にある．

　中短期的に考えられるのは，やはり日中両国のプラグマティズムに期待することであろう．本章でたびたび論じてきたように日中両国のグローバル・ガバナンスへの参加は時の環境に適応しながらプラグマティックに展開されてきた．言い換えれば，グローバル・ガバナンスという「規範」をプラグマティックに受容してきたのである．本章はまた政治体制の違いにも関わらず，グローバル・ガバナンスの視点から見た場合，中国は多くの面で30年前の日本と類似した状況にあることも明らかにした．この事実を冷静に受け止めれば，中国が今後グローバル・ガバナンス外交を展開していく過程で日本の経験と教訓から学ぶことが多いことは自明であるし，日本も中国の台頭についてのよりバランスの取れた受け止方が可能であろう．ここにグローバル化時代の日中協力のありさまに関する1つのヒントが隠されているのかもしれない．

注
1）この点に関して，「グローバル・ガバナンス研究は本来グローバルな領域における不可視的なガバナンス現象を分析射程に収めた概念構築を深化させるべきであるにもかかわらず，グローバルな諸問題の合理的解決を過度に意識したため，制度的思考と機能主義に依拠した政府／非国家主体間のトランスナショナルな協調体制の研究に傾倒していった」（南山，2015 : 82）とする批判も存在する．
2）1970年代のサミットの性格について，本章は宮脇昇（2011 : 76）のいう「クラブ財的な性格の濃い国際公共財の形成のための政策立案の場」と理解する．
3）湾岸戦争の際に日本が130億ドルに上る巨額な資金を拠出したにもかかわらず正当な

評価が得られなかったとして，自衛隊の派遣を含む人的な貢献の重要性が強調されることとなった．
4 ）日本の安保理常任理事国入りに向けた外交努力は1960年代から始まるが，「現状維持と現状打破のいずれの勢力にも見限られ，70年代末から冷戦終結まで60年代半ばまでのような静観姿勢へ逆戻りした」という（潘，2013：238）．
5 ）NPO（非営利組織）とNGO（非政府組織）を厳密に区別することは難しい．一般的に前者では非営利性・公益性が強調され，後者では政府からの自立性が相対的に強調される．国内ガバナンスの文脈ではNPO，グローバル・ガバナンスの文脈ではNGOと呼ぶのが一般的なようである．
6 ）**図2-2**のデータは，組織のタイプをNGOに，活動範囲を「国際的」に指定し，3 つの協議資格すべてを含んだ検索結果である．
7 ）1998年11月の江沢民国家主席の訪日の際には，両国は善隣友好関係を超えた友好協力パートナーシップを構築し，「両国が国際政治，経済，地球規模の問題などの分野における協調と協力を強化し，世界の平和と発展ひいては人類の進歩という事業のために積極的な貢献を行っていく」ことに合意した．
8 ）本文でいう公式文献とは年に一度の共産党大会と全国人民代表大会における総書記と総理の活動報告，国務院から発表される各種「白書」に限定する．
9 ）Mark Lynas, "How do I know China wrecked the Copenhagen deal? I was in the room", *The Guardian*, 22 December 2009. 〈http://www.theguardian.com/environment/2009/dec/22/copenhagen-climate-change-mark-lynas〉，2016年 3 月24日アクセス．
10）こうした中国のグローバル・ガバナンス論の動機および今後の変容の可能性などについてはより踏み込んだ分析が必要であるが，紙幅の制限のため別稿で詳しく論じることとする．

引用文献

Dubson, Hugo（2010）"Japan and the Changing Global Balance of Power : The View from the Summit", *Politics*, Vol.30（S1）: 33-42.
European Commission（2006）,"EU-China : Closer Partners, Growing Responsibilities", Communication from The Commission to The Council and The European Parliament. 〈http://trade.ec.europa.eu/doclib/docs/2006/october/tradoc_130875.pdf〉，2016年 6 月13日アクセス．
Chan, Gerald, Park K. Lee and Lai-ha Chan（2011）*China Engages Global Governance : A New World Order in the Making?* Routledge.
Honna, Jun（2012）"Japan and the Responsibility to Protect : Coping with Human Security Diplomacy", *The Pacific Review*, 25（1）: 95-112.
Hook, Glenn D., Julie Gilson, Christopher Hughes, and Hugo Dobson（2012）*Japan's International Relations : Politics, Economics and Security*, Routledge.
Kingston, Jeff（2004）*Japan's Quiet Transformation*, Routledge.
Lee, Jooyoun（2011）"Understanding Japan's International Development NGO Policy : Domestic Interpretations, Identities, and Interests", *Asian Politics & Policy*, 3（4）

: 527-50.
Liang, Wei (2013) "China, developing countries, and the Doha agricultural negotiations", in Ka Zeng and Wei Liang ed., *China and Global Trade Governance : China's first decade in the World Trade Organization*, Routledge.
Ohno, Kenichi and Izumi Ohno ed. (1998) *Japanese Views on Economic Development : Diverse Paths to the Market*, Routledge.
Pekkanen, Robert (2006) *Japan's Dual Civil Society : Members without Advocates*, Stanford University.
Wang, Hongying and James N. Rosenau (2009) "China and Global Governance", *Asian Perspective*, 33 (3): 5-39.
Weiss, Thomas G., (2013) *Global Governance : Why? What? Whither?*, Cambridge : Polity Press.
Zoellick, Robert B. (2005) "Whither China : From Membership to Responsibility?", *NBR Analysis*, 16 (4): 5-14.

赤根谷達雄 (2010)「グローバル・ガバナンスと国際レジーム研究の諸相」『国際政治』162：143-152.
石黒一憲 (2005)『国境を超える知的財産』信山社．
池田維 (1996)『カンボジア和平への道──証言　日本外交試練の5年間──』都市出版．
稲田十一 (2004)「ODA政策にみる戦後日本外交の『規範』──『アジア』と『内政不介入』──」長谷川雄一編『日本外交のアイデンティティ』南窓社．
大庭三枝 (2013)「アジア太平洋主義と日本」波多野澄雄編『日本の外交　第2巻　外交史　戦後編』岩波書店．
小和田恒 (1994)『参画から創造へ──日本外交の目指すもの──』都市出版．
小沢一郎 (1993)『日本改造計画』講談社．
小野直樹 (2011)『日本の対外行動──開国から冷戦後までの盛衰の分析──』ミネルヴァ書房．
霞山会 (1998)『日中関係基本資料集1949－1997』霞山会．
川島真 (2005)「中国外交における象徴としての国際的地位」『国際政治』145：17-35.
グローバル・ガバナンス委員会 (1995)『地球リーダーシップ──新しい世界秩序をめざして──』(京都フォーラム監訳) NHK出版．
経済企画庁編 (1988)『世界とともに生きる日本──経済運営5カ年計画──』大蔵省印刷局．
国分良成編 (2013)『日本の外交　第4巻　対外政策　地域編』岩波書店．
庄司真理子 (2004)「序文　グローバルな公共秩序の理論を目指して──国連・国家・市民社会──」『国際政治』137：1-11.
世界銀行 (1994)『東アジアの奇跡──経済成長と政府の役割──』白鳥正喜監訳，東洋経済新報社 (The World Bank, *The East Asian Miracle : Economic Growth and Public Policy*, Oxford University Press, 1993).
昇亜美子(2008)「東南アジアにおける日本イメージと日本外交──1970年代を中心に──」大石裕・山本信人編『イメージの中の日本──ソフトパワー再考──』慶應義塾大学

出版会.
橋本龍太郎（1993）『わが胸中に政策あり』KKベストセラーズ.
潘亮（2013）「国連憲章改正問題と日本――静かなる「現状打破」の奇跡　1946-1978――」波多野澄雄編『日本の外交　第2巻　外交史　戦後編』岩波書店.
船橋洋一編（1991）『日本戦略宣言――シビリアン大国をめざして――』講談社.
樋口敏宏（2013）「『環境大国』日本の原点？――1972年ストックホルム人間環境会議と日本の環境外交――」波多野澄雄編『冷戦変容期の日本外交――「ひよわな大国」の危機と模索――』ミネルヴァ書房.
PHP「日本のグランド・ストラテジー」研究会編（2012）『日本の大戦略――歴史的パワーシフトをどう乗り切るか――』PHP研究所.
松浦晃一郎（1994）『先進国サミット――歴史と展望――』サイマル出版会.
水上千之（1995）『日本と海洋法』有信堂.
南山淳（2015）「グローバル・ガバナンスとグローバルな統治性――主権／規範　構造としての概念――」『グローバル・ガバナンス』2：82-96.
宮脇昇（2011）「G8・G20と国際レジーム」庄司真理子・宮脇昇編『新グローバル公共政策』晃洋書房.
山影進（2013）「外交イニシアティブの試金石――対東南アジア外交の戦略的重要性――」国分良成編『日本の外交　第4巻　対外政策　地域編』岩波書店.
山本吉宣（2006）『「帝国」の国際政治学――冷戦後の国際システムとアメリカ――』東信堂.
兪敏浩（2015）『国際社会における日中関係――1978～2001年の中国外交と日本――』勁草書房.
李妍焱（2014）「国家関係から市民関係へ――『市民的世界』の拡大と日中連携の可能性――」園田茂人編『日中関係史　1972-2012　Ⅳ民間』東京大学出版会.

外交部（2016）「落実2030年可持続発展議程中方立場文件」〈http://www.fmprc.gov.cn/web/wjbxw_673019/t1356278.shtml〉，2016年5月10日アクセス.
王緝思（2012）「中国自我定位困難只因変化太快」『中国新聞週刊』2012年6月20日.
中共中央文献研究室（2006）『十六大以来重要文献選編』（中）中央文献出版社.
張伯里（2015）「積極参与和推動全球経済治理」『学習時報』2015年12月3日.
張麗君（2016）「気候変化領域中的中国非政府組織」『公共外交季刊』2016年第1期：48-53.
復旦大学国際関係与公共事務学院（2014）『増量改進――全球治理的改進与昇級――』〈http://www.sirpalib.fudan.edu.cn/1f/ee/c3697a73710/page.htm〉，2016年6月15日アクセス.
李鵬（2008）『和平　発展　合作　李鵬外事日記』（上）新華出版社.
李少軍（2012）「論中国双重身分的困境与応対」『世界経済与政治』2012年第4期：4-20.
呂暁莉（2012）「中国非政府組織的国際化路径研究」『当代世界与社会主義』2012年第6期：118-23.

COLUMN 1　EUの対外政策における規範と限界
――対日・対中外交を中心に――

　EUは「規範的パワー」(normative power) と呼ばれるように，国際社会において規範形成や制度設計の先導者としての役割を果たしてきた．彼らは人権・民主主義・法の支配・自由主義経済などの西洋的な価値を提唱し，対外関係においても，人権問題や民主化などの規範的争点のみならず，核不拡散や平和構築などの安全保障問題や，持続的開発支援や環境や市場開放・競争政策などの経済的争点にいたるまで，EUの対外政策のなかに幅広く規範的要素を組み込んできた．このことは2016年6月28日発表のEUの外交・安全保障政策新グローバル戦略においても，「平和と安全保障，繁栄，民主主義，ルールに基づくグローバルな秩序こそ，我々の対外行動の基礎となる死活的利益である」と強く打ち出されている．

　だがこのようなEUの対外政策の持つ規範的要素は，EUの対日・対中外交においてどのように展開されてきたのであろうか？　本コラムではその意義と限界を概述してみたい．

　まずは日・EU関係について．日本とEUは，① 民主主義政治と資本主義経済という価値に基づく秩序を構築し，② 冷戦期には欧州とアジアにおける西側自由主義陣営の一翼を担い，③ 1970年代からはG7という多国間枠組に先進国として参加する，という経験を共有してきた．そのため日・EU関係は「平和，自由，民主主義，法の支配，人権尊重及び持続可能な開発の促進への信念等，共通の価値観の確固たる基盤の上に成り立っている」(2001年12月8日発表「日・EU協力のための行動計画」) と謳われている．

　だがそのようななかでも，日本とEUは規範をめぐる摩擦を抱えている．第1に，死刑廃止問題である．EUは「EU基本権憲章」第1章第2条で死刑廃止を重要な人間の尊厳と規定し，1998年には「死刑に関する第三国へのEUの政策ガイドライン」を定めることで，EUの対外政策における重要な規範として位置付けてきた．そのようななかで，日本は先進国で国家として死刑制度を存置し現在も執行している唯一の国であり，世論調査でも死刑廃止支持はわずかに留まっている．EUは死刑執行停止（モラトリアム）を導入するよう日本に幾度となく求めているものの，日本ではEUが唱えるほど死刑廃止という規範が広く共有されているわ

けではない．

　第2に，経済における規範——特に自由貿易や公正な競争についてである．日・EU貿易では長い間「日本側の貿易黒字・EU側の赤字」という構図が定着し，1970年代以降激しい貿易摩擦を抱えてきた．2000年代に入り次第に輸出入が均衡し，近年では「EU側の貿易黒字・日本側の赤字」という構図へと転換したものの，2013年以降現在も続く日・EU経済連携協定（EPA）交渉においても，この規範をめぐる対立は続いている．欧州側は，1970・80年代の貿易摩擦では日本製品のダンピングや日本独自の規制や商慣行などによる日本市場の閉鎖性を問題視し，市場開放や輸入拡大を強く迫ってきた．現在のEPA交渉においても，特に農産品への関税や，自動車・医薬品への独自規制や公共調達をめぐる非関税障壁を撤廃するよう求めている．だが日本側からみれば，日本は農産品などの一部の産品を除き全体的にEUからの輸入品に対する関税を低く抑えており，むしろEUの方が自動車や電子機器など日本からの輸入品に関税を高くかけているとして，EUに自由貿易の観点から関税撤廃を強く主張している．

　他方で，EU・中国関係について，EUと中国もまた，2013年「EU・中国協力2020戦略計画」で合意されたように，人権問題のような規範的争点のみならず，国連やG20などの多国間協力枠組，核不拡散，人道支援，気候変動といった規範的な要素を含む多様な政策領域にいたるまで，包括的な戦略的パートナーシップを拡大してきた．

　だがEUと中国もまた，日・EU関係で言及した規範をめぐる対立を同様に抱えており，これらは日・EU間以上に深刻な性質を孕んでいる．その他にもEU・中国間の規範をめぐる対立として，第1に人権や民主主義の問題が挙げられる．代表例が1989年6月の天安門事件と同月のマドリード欧州理事会による制裁措置であり，現在も対中武器禁輸措置が引き継がれ対立の火種となっている．1995年には人権や民主主義をめぐるEU・中国間の定期協議として人権対話が創設された．特にEUは，① 中国における表現・集会の自由やインターネットの情報アクセスの自由に対する制限，② EU市民も含めた人権活動家らの拘束，③ チベットや新疆ウィグル地区での少数民族の弾圧，などに懸念を示している．また人権問題は，EUの対中国新基本戦略においても「EUの対中国関与の中核であり続ける」と位置付けられている（2016年6月22日発表「Elements for a New EU Strategy on China」）．それ

に対して中国側は，EUとの人権対話は「相互尊重や内政不干渉原則に基づいて」進めるべきものであり，EUに「個別事例を使って中国の司法上の主権や内政に干渉するのをやめ，双方の人権対話と協力のため良好な雰囲気を作る」よう強く要求している（2014年4月2日発表「中国対欧盟政策文件」）．

第2に，法の支配やルールに基づく秩序の問題である．EUは南シナ海で力による一方的な現状変更をおこなう中国に対して，法の支配や航行の自由などの規範に基づき，一方的な挑発を避け平和的に解決するよう促している．だがこのようなEUの姿勢は，日米や東南アジアなどアジア太平洋に直接関与する国々と比べて従来明確なものではなく，欧州の近隣地域であるクリミア危機で同様の行動を展開したロシアに対して断固たる制裁措置を取ったのとは極めて対照的であった．だがEUも次第に態度を明確にするようになり，中国の領土的主張を否定した2016年7月12日のハーグの常設仲裁裁判所の裁定を受け容れるよう求めている．これに対して中国は，常設仲裁裁判所の正当性を否定するとともに，EUも含めて当事国以外の国々の干渉を激しく非難している．

このようなEUの対外政策における規範的要素は，普遍性の点で限界を孕んでおり，また経済など現実的利益と整合しない場合には選択的に作用することが多い．特にEU・中国関係においては，規範を優先する場合と利益を優先する場合とでEU自身も政策が首尾一貫しないことが多く，今後もこのような規範的要求と現実的利益のバランスの上で政策を模索することになるだろう．

（林　大輔）

第3章

パワーシフトのなかの日本と中国
──安全保障政策の変遷と規範状況──

今 野 茂 充

はじめに

　冷戦終結から四半世紀が経過し，東アジアの安全保障環境は大きく変容した．アメリカの動向が地域情勢に大きな影響を及ぼす構図に変わりはないが，冷戦終結直後と現在とを比較すると，少なくとも3つの重要な変化を指摘できる．
　第1に，急速な経済成長による中国の強大化である．1990年時点で日本の約7分の1にすぎなかった中国の国内総生産（GDP）は，その後の25年間で25倍以上に拡大し，2015年には日本の2.5倍以上の規模に達した[1]．軍事費についても，過去25年間で少なくとも20倍以上に増大している．ストックホルム国際平和研究所のデータによれば，中国の軍事費は2005年に日本の防衛費の水準を上回り，2015年時点で日本の5倍以上の水準にまで達している[2]．
　冷戦終焉の時点では「大きな途上国」にすぎなかった中国であるが，現在では首脳会談の場でアメリカに対して「新型大国関係」（中国版の米中G2論）を提起できるほどになっている．もちろん，アメリカの軍事的優位は今も圧倒的であり，中国が正面から挑戦できる状況ではない（Huxley and Shreer, 2015 ; Brooks and Wohlforth, 2015）．けれども，中国は近年「接近阻止・領域拒否」（A2/AD）能力を急速に整備しており，中国近海を航行する米海軍の空母や北東アジアの米軍基地への攻撃も可能な弾道ミサイルや巡航ミサイルを急速に増強している．仮に1996年の台湾海峡危機のような事態が今後生じても，当時のように2つの空母打撃群を派遣するという決断を，アメリカが簡単にはおこなうことができない状況になりつつある（フリードバーグ，2016：57-58）．

第2に，北朝鮮が新たな核保有国となったことである．冷戦終結後，中ソ両国が韓国との国交正常化に踏み切ったことで外交的に孤立した北朝鮮は，支配体制の生き残りを模索するなかで核兵器とミサイルの開発に活路を見出した．1993年3月に核拡散防止条約（NPT）からの離脱を宣言した後，北朝鮮の核保有に反対するアメリカなどの関係国と虚々実々の駆け引きを繰り広げ，2006年10月にはついに核実験を実施したのである．以来，北朝鮮は4度の核実験を実施し，現在10発弱程度の核弾頭を有していると推測されている．

　第3に，地域の安全保障に関する多国間協議の場が多数設立されたことである．もともとアジアでは，ヨーロッパと比べて多国間制度の発展が困難だとされてきたが，冷戦終結以降，1994年に設立されたASEAN地域フォーラム（ARF）を筆頭に，東アジア首脳会議，ASEAN＋3首脳会議，ASEAN国防大臣会議，アジア相互協力信頼醸成措置会議（CICA），上海協力機構（SCO）など，多数の多国間協議の場が設立された．アジア版の北大西洋条約機構（NATO）の創設が見込めるような状況にはないが，少なくとも重層的な対話の場を提供し，地域の秩序の維持に一定の役割を果たしてきたことは評価するべきであろう（湯澤，2009）．

　このように地域の安全保障環境が大きく変化するなかで，本章の分析対象である日本と中国の安全保障政策にもさまざまな変化が生じてきた．本章では，冷戦後のパワーシフトの進展が東アジアに及ぼした影響に留意しながら，日中両国の安全保障政策とそれを取り巻く規範状況の変遷について，以下の3つの点に着目しながら，比較分析を進めていくことになる．

　第1に，あるべき地域秩序をめぐる認識についてである．東アジアの秩序形成をどのような勢力が担うべきなのか．秩序の基盤となる価値や規範についてどのように認識しているのか．そして，地域秩序の安定化をはかる上で日米同盟をどのように評価するのか．こうした重要な点において，現在の日中間には大きな相違が存在しているように思われる．この問題は，今後の地域秩序を考える上でも無視できない問題である．

　第2に，国際規範の影響についてである．たとえば，「国際社会において大国は相応の責任を果たすべき」という国際規範は，冷戦終結後の日中両国にも大きな影響を及ぼしてきた．冷戦期には自衛隊の海外派遣に否定的だった日本

は，冷戦終結直後から徐々に海外での自衛隊の活動を拡大してきたし，冷戦期には発展途上国の代弁者という立場を強調していた中国は，1990年終盤以降，次第に「責任ある大国」として振る舞うことも意識するようになった．現在の中国は，国連平和維持活動（PKO）などにも積極的に人員を派遣している．

　第3に，危機認識と国内規範と安全保障政策の相互作用についてである．反軍国主義的な規範が戦後日本の安全保障政策に大きな影響を及ぼしたことは通説の1つとなっているが（Katzenstein, 1996；Berger, 1998），近年の中国についても，「国際舞台で大国らしく振る舞うべき」という国内規範の影響が対外政策の随所にみられるようになった．また，国内外のさまざまな危機が日中両国に与えた影響も無視することはできない．日本についていえば，1991年の湾岸戦争の屈辱や1995年の阪神大震災および地下鉄サリン事件，それに1998年夏の北朝鮮によるテポドン発射実験などが，政府の政策はもちろんのこと，国民の危機感や規範状況にも大きな影響を及ぼした．中国でも，天安門事件の影響は大きかったし，1996年の台湾海峡危機の際のアメリカの軍事的威嚇や，湾岸戦争や1999年のコソボ紛争の際に米軍が見せた圧倒的な軍事能力は，当局者に大きな衝撃を与え，対外政策を取り巻く国内の規範状況にも影響が及んだ．

1．冷戦終結と安全保障政策の再編

(1)「戦後平和主義」の限界と「普通の国」路線——日本——

　冷戦期の日本はある意味で幸運であった．第1に，冷戦という特殊な状況のなかで，安全保障面でアメリカへの依存を続けることが可能であった．そのため，経済優先路線——いわゆる吉田路線——を事実上の国家戦略とすることができた．第2に，米ソ対立によって国連の集団安全保障機能が機能不全に陥っていたため，世界の紛争に積極的に関与することを要請されることもなく（田中, 1997：309），日本の一国平和主義的な立場と国際協力の理念との矛盾が表面化することもなかった（田所, 2014：66）．

　こうした特殊な状況下で，憲法9条を持つ日本は「戦争をしない平和国家であるべき」で，「海外の軍事問題とも距離を置くべき」であるという国内規範を，大部分の国民が受容していた．また，「専守防衛」以外の目的に自衛隊を活用

することは厳に慎むべきことだとされていた[3]．リチャード・サミュエルズ（2009：92）は，1980年代後半の日本が「経済的巨人であり政治的小人である」と評されていたことを回顧しているが，当時の日本では，むしろ多くの人々が軽武装の平和国家（政治的小人）であることに積極的な意義を見出していたのである．

もとより，当時においても日本に対する海外からの批判がなかったわけではない．日米経済摩擦が激化していた冷戦末期には，アメリカの議会が，日本は応分の責任を負わず，アメリカが提供する安全保障に「ただ乗り」しているとの批判を強めていた．しかしながら，冷戦の論理も働き，日米両政府のレベルでは，経済と安全保障が別の問題として扱われた．日本国内では，無理に「普通の大国」にならなくても経済大国として繁栄し，国際的地位も向上していくという楽観論があふれていた．「力を持つ国が相応の責任を果たすべき」という国際規範と，「戦後平和主義」に象徴される日本の国内規範とが相反することを強く認識する機会が，幸運にも冷戦期の日本には訪れなかったのである．

こうした状況を一変させたのが冷戦終結後の国際政治の現実であった．その最初の衝撃となったのが湾岸戦争である．1990年8月2日にイラクがクウェートに軍事侵攻すると，国連安保理は同日中にイラクのクウェート侵攻を非難し，その後，複数の決議を経て，11月には実質的に武力行使を認める安保理決議678号を採択した．これに基づき，1991年1月17日にアメリカを中心とする多国籍軍がイラクに攻撃を開始した．

その間，アメリカは日本に対し，費用負担だけではなく，リスクも共に負担することを求め続けた．こうして1990年10月，臨時国会の場で，非軍事分野に活動を限定する「国連平和協力隊」の派遣の是非が議論されることになったが，協力隊が戦闘行為に巻き込まれることを忌避する世論への配慮もあり，11月に廃案となった[4]．国連中心主義を掲げていたにもかかわらず，日本は自衛隊の海外派遣に反対する国内規範にしたがい，リスクの負担を避けたのである．

結局，日本政府は多国籍軍に130億ドルの資金拠出をすることで自国の責務を果たそうとしたが，臨時増税までしたにもかかわらず，国際的地位の向上に寄与するどころか「小切手外交」だと揶揄されてしまった．この「混乱に満ちた屈辱的経験」（田所，2014：67）によって，日本の当局者はそれまでの一国平和主義的な「戦後平和主義」は国際的に通用せず，湾岸戦争のような事案に際

しては，人的貢献が重要だということを強く認識した．湾岸戦争後，日本政府は国内の反対を抑え，ペルシャ湾に海上自衛隊の掃海艇部隊を派遣することを決定している[5]．以後，「戦後平和主義」的な国内規範も根強く残る状況下で，国際的要請（国際規範）と国内規範とのギャップを埋める方法を模索することが，日本の当局者にとって大きな課題となったのである．

　その後，湾岸戦争の雪辱をPKOへの参加で果たそうとする自民・公明・民社の3党は，1991年9月に国際平和協力法案を提出した．この法案は，紛争当事者間の停戦合意の成立を要件とし，在外邦人やPKOに参加する他国の部隊を守るためであっても武器の使用を認めないなど，非常に抑制的なPKO5原則に基づくものであったが，国外では中国や韓国が批判を強め，国内でも社会党などが，自衛隊の海外派兵につながる「蟻の一穴」になるとして強硬に反対した（田中，2007：87-88；田所，2014：68）．社会党などの牛歩戦術による議事妨害もあったが，結局，1992年6月に国際平和協力法が成立し，国連カンボジア暫定行政機構（UNTAC）の活動に自衛隊の要員が派遣されることになった．なお，法案可決直後の『朝日新聞』の世論調査では，PKO参加に対する賛否は共に36％であったが，その後，賛成する人が増加し，1993年6月の『読売新聞』の世論調査では，56％がPKO参加を支持するようになっている（田中，1997：322）．

　北東アジアにおいても，日本の「戦後平和主義」の限界を示す出来事が生じた．第1に，1993年から94年の北朝鮮の第1次核危機である．危機の発端は，核開発疑惑をうけて国際原子力機関（IAEA）から特別査察を求められていた北朝鮮が，査察の受入れを拒否し，1993年3月にNPT脱退を宣言したことであった．その後，北朝鮮と関係国との駆け引きが続いたが，1994年3月の南北実務者協議の際に，北朝鮮の主席代表が「ソウルを火の海にしてやる」と発言し（船橋，1997：311），さらに北朝鮮が一方的に核燃料棒の再処理を開始したことから緊張が一気に高まり，アメリカが核施設への攻撃を検討するまでに至った．

　結局，カーター元米大統領の訪朝後，1994年10月に米朝枠組み合意が成立し，危機はひとまず収束した．問題はこの危機を通じて，朝鮮半島有事の際に日本がアメリカを支援する準備がまったく整っていないことが判明したことである（サミュエルズ，2007：88）．この危機のさなか，在日米軍は朝鮮半島有事に備え

て具体的な支援要請項目を日本側に伝えていたが，その多くが集団的自衛権に関係しており，国内的な制約から日本はアメリカ側の要請に応えることができなかったのである（船橋，1997：313）．日本から近い朝鮮半島の有事であっても共同対処ができないことへの危機感は，日米両政府の当局者に大きな影響を及ぼすことになった．

　第2は，冷戦終結後の日本の対中政策である．日本の対中政策の基本方針は，援助を中心に経済的関与を継続し，経済的相互依存のネットワークに組み入れることで，既存の欧米主導のリベラルな国際秩序に中国を適応させていくことにあった．天安門事件以降も，日本は，人権侵害という観点で中国への非難を強める欧米諸国に配慮しつつ，中国の国際的孤立を回避すべく努力していた．

　しかしながら，こうした日本の努力は，必ずしも日本にとって望ましい結果には結びつかなかった．たとえば，1995年5月の日中首脳会談の際，村山富市首相は李鵬首相に対して核実験の自制を求めたが，中国側はそれを無視し，その直後に核実験を実施している．対抗措置として，日本は対中無償資金協力の縮小を中国側に通告したが，予定されていたその後の核実験を止めることはできず，さらに無償資金協力の大部分を凍結する追加措置をとっても，中国の核実験実施を止めることができなかった（田中，2007：184）．

　1995年から96年の台湾海峡危機の際にも，日本はさまざまな形で中国に自制を促したが，結局，中国の台湾周辺海域での軍事演習やミサイル発射実験を抑えることはできなかった．こうした出来事が安全保障領域における日本の対中認識にも影響を及ぼすことになり，その後，日米間の軍事協力を強化していく大きな契機ともなった（ドリフテ，2004：86-87）．

　こうして日本の当局者が「戦後平和主義」の限界を認識するなかで，日本の安全保障政策の再編が進展することになった．1994年2月に細川護熙首相の私的諮問機関として設置された防衛問題懇談会が作成した報告書（「樋口レポート」）は，その後の日本の安全保障政策の基本的な方向性を示している．また，この報告書やアメリカの東アジア戦略の再編をうけて，防衛庁でも「防衛計画の大綱」の見直しがおこなわれ，日米の当局者は日米同盟を再定義するための準備を開始した（田中，1997：336）．一連の作業のなかで示されている基本方針のなかで，本章の関心との関係で重要なことは以下の3点である．

第1は，日米同盟の強化である．1996年4月の「日米安全保障共同宣言」でも強調されているが，日米同盟は東アジアの安定と繁栄のための基礎（公共財）として位置づけられることになった[6]．その流れのなかで，「日本周辺」の有事の際の対米後方支援のことも含め，日米同盟の体制強化が進められた．「日米防衛協力のための指針」（ガイドライン）の見直し作業もその一環である．日本は「アメリカとの関係を軸に東アジアの秩序を構築していくべき」という立場を改めて明確にしたことになる．

　第2は，東アジアにおける安全保障領域での多国間協力の推進である．もともと日本はARFなどの多国間協力に積極的な姿勢で臨んでいたが，アメリカと地域諸国との二国間関係を基軸にした上で，東アジアの地域特性も考慮しながら多国間協議を発展させていくことを提案するようになった．つまり，多国間協力のみで東アジアの安全保障を支えるという発想ではなく，アメリカを軸とする二国間同盟網を多国間協議で補完していくことを基本方針としたのである．

　第3は，国際平和協力業務や大規模災害時の災害支援を通じた国際社会への寄与である．1995年に改定された「防衛計画の大綱」にも，「主たる任務である我が国の防衛に加え，大規模な災害等への対応，国際平和協力業務の実施等により安定した安全保障環境の構築への貢献という分野においても，自衛隊の役割に対する期待が高まってきている」と書かれているが，人的貢献を含め，「国力に相応しい責任を負うべき」[7]という国際規範が意識されるようになったことを反映しているといえよう．

　以上のように，日本では1990年代序盤から安全保障政策の再編がはじまり，日米同盟を基軸として，憲法の制約の範囲内で東アジアの安定に寄与する基本路線が確認された．それに伴い，平時や「日本有事」の際の日米協力はもとより，「周辺事態」において自衛隊が米軍に対する後方支援を実施することができるように，自衛隊の役割を徐々に拡大させていくことになった．

　1997年9月に新ガイドラインが報告され，1999年5月には周辺事態安全確保法などの新ガイドライン関連法案が成立した．その間，一国平和主義を称揚する日本共産党や社民党は，この法案を「憲法違反の戦争法案」だとして強く批判していた．しかし，北朝鮮が1998年8月にテポドン発射実験を実施し，日本

上空を通過して三陸沖に着弾したことが日本国内で大きな衝撃となったことに加えて，1999年3月には北朝鮮の不審船が能登沖の領海に侵入する事件も起きており，日本の世論はかなり硬化していた（北岡，2010：135）．そのため，新ガイドライン関連法案は大きな混乱もなく成立することとなったのである．

　以上のような安全保障政策の再編の流れは，政府に先行して世論や国内規範が変化した結果ではない．むしろ，対外危機や1995年の阪神大震災や地下鉄サリン事件などの国内危機を契機に，政府主導で危機管理体制の見直しが進められ，それを後から世論が受容し，規範が一部変化したと理解すべきであろう．

　こうして冷戦期以来の一国平和主義的な国内規範に変化が生じることになったが，依然として憲法上の制約は強く残っており，各種世論調査をみても，憲法改正を望む国民は1990年代後半の時点では概ね3割以下であった．たとえば，1997年10月に実施された読売新聞社と米・ギャラップ社による共同世論調査の日本側の結果をみても，日本周辺有事の際に日本も「戦闘行動に参加すべき」と回答した人はわずか2％であり，対米協力のために「必要であれば憲法を改正する」べきと回答した人も26％にすぎなかった[8]．とはいえ，1990年代後半までに敷かれた，日本が「普通の国」へと向かい，自衛隊の役割を拡大していく路線は，2000年代以降さらに加速していくことになる．

（2）国際環境認識の変化と「韜光養晦」路線——中国——

　冷戦終結前後の時期の中国は，西側諸国が戦わずに社会主義の国家制度を転覆させることを意味する「和平演変」を強く警戒していた．1989年6月に起きた天安門事件の影響で国際的に孤立しており，その後，東欧における社会主義諸国の政権が次々に崩壊したため，対外環境に大きな不安を抱える状況で冷戦終結後の新しい時代に突入したのである[9]．

　こうして国際的に孤立するなか，鄧小平は後に「二八文字方針」と呼ばれる国家戦略構想を練りはじめた．特に「韜光養晦」（能力を隠して力を蓄える）と「有所作為」（できることをする）は，胡錦濤政権期に改めて注目を集めることになる．ともあれ，鄧小平の基本方針は「戦略的に守勢を守って，その間に経済発展をはかる」というものであった（田中，2007：49）．つまり，十分に強大になるまでは経済発展に専念し，対外的に低姿勢路線をとるという戦略である．ところ

が，当時の中国の指導部では，多極世界が到来しているという国際環境認識がある種の「規範的真理」となっていたため，実際に，経済発展を優先する低姿勢路線に転換するまでには相当な時間を要したのである．

冷戦終結によって世界の多極化が進展するという考えは，当時の中国の専門家の間にも共有されていた（Pillsbury 2000：3-4；高木，2000）．もっとも，趙穂生（Zhao, 2004：141）が指摘するように，当時の中国の多極システムに関する認識は，実証的・分析的な評価というよりも「規範的真理」であり，「世界の多極化を実現するべき」という観念的目標という側面が強い．とはいえ，冷戦終結直後の東アジアでは，実際に多極化の兆候がいくつか顕在化していた．

第1に，アジアにおける米軍の削減である．アメリカの国防総省は1990年に「東アジア戦略構想」を発表して，アジア太平洋に駐留する米軍を3段階に分けて削減する方針を示していた．また，1991年にフィリピンの上院がアメリカとの新条約の批准を否決したことにより，在比米軍が撤退することになり，1992年末までに在比米軍の撤退を完了していた．

第2に，日米経済摩擦の激化により，日米関係に亀裂が生じているようにみえたことである．当時の中国では，アメリカの相対的パワーの低下に伴い，日本の自律性が増大していくと予測する専門家が多く，日米関係の悪化は世界の多極化の前兆として理解されることが多かった（ドリフテ，2004：46-47）．

第3に，中国を含む一部の東アジア諸国が高度な経済成長を実現していたことである．「東アジアの奇跡」と称賛されることもあったが，長期的なパワーシフトの進展は，当然のことながら多極化の兆候として認識されることになった．

多極化進展の認識に加えて，当時の中国指導層は中国が大国化する兆候を明確に認識していた（岡部，2004：224）．1993年に一部改正された中国の憲法にも，「富強」の中国を実現することが国家目標として掲げられている（田中，2007：147）．こうした多極化の兆候とアメリカの相対的後退に合わせるかのように，1990年代前半の中国は攻撃的な施策を実行に移したのである．

第1に，海洋権益をめぐる施策である．1992年2月に中国は「領海及び接続水域法」を制定し，東シナ海や南シナ海の島嶼領有を一方的に宣言した．そのなかには尖閣諸島（中国名・魚釣島）やフィリピンやベトナムなどが領有権を主

張する島嶼も含まれていた．その後，1995年2月にはフィリピンが領有権を主張するミスチーフ礁を占拠し，構造物を建造した．このような中国の強硬な姿勢は，東南アジア諸国の間に中国脅威論を喚起する結果となった．

　第2に，1995年から96年の台湾海峡危機である．危機の発端は，1995年春に台湾の李登輝総統がアメリカのコーネル大学を訪問した際のビザ発給をめぐる問題であった．その後，中国は台湾独立を主張する民進党の躍進を防ぐため，1995年7月に台湾海峡でミサイル実験を実施し，12月にも台湾の立法院選挙に合わせて海軍演習を実施して，さらに1996年3月の総統選挙の直前にも台湾周辺海域で海軍演習とミサイル発射実験を強行した（田中，2007：179）．そのため緊張が一気に高まることになった．結局，アメリカが台湾周辺に2つの空母戦闘群を派遣して圧力をかけながら，「一つの中国」政策に変更がないことを中国に約束し，台湾にも自制を求めることで危機は収束することになった（キッシンジャー，2012：516）．この危機の際に中国が示した好戦的姿勢は，日本を含む周辺諸国やアメリカの対中脅威認識にも大きな影響を及ぼした．[10]

　一方，中国側もこの危機を通じて，米海軍にまったく対抗措置をとることができないことを痛感し，「力の現実」を再確認することになった．以後，多極世界の到来時期に関する認識を修正するようになり，「一超多強」時代を想定した対外政策への調整を開始することになる（Goldstein, 2005：24-26, 133）．

　その一環として，中国は1996年中盤から「新安全保障観」を推進するようになった．[11]周辺諸国の中国脅威論の払拭にも努めるようになり，東南アジア諸国との関係改善を積極的に進めた．1990年代中頃までの中国は，領土や領海の問題は「二国間協議で解決するべき」という立場を堅持し，多国間協議の場でこうした問題を議論すること自体に否定的であったが，1996年頃から，このような姿勢を修正し，それまで消極的だったARFなどの多国間協議にも積極的に関与するようになった．[12]内政不干渉原則の範囲内ではあったが，中国は多国間主義に対する姿勢を転換し，その規範を受容したのである．こうした傾向は，1997年のアジア通貨危機以降，さらに加速することになる．1996年11月には初の『国防白書』を刊行し，軍事面での透明性にも一定の配慮を示している．

　この「新安全保障観」を展開するにあたり，中国は，この概念が「冷戦思考」とは大きく異なるものであることを強調した．1999年3月のジュネーブ軍縮会

議において，江沢民国家主席は「新安全保障観の核心とは，相互信頼・互恵・平等・協力」であり，各国の主権や領土の相互尊重，相互不可侵，相互内政不干渉，平等互恵，平和共存の平和 5 原則を「国際関係における規範」とするべきだと論じている（李，2015：38）．高原明生（2005：194）によれば，「新安全保障観」は協調的安全保障と総合的安全保障の考え方を併せ持ったものであり，1990年代中盤以降の多角的で地域主義的な中国外交の理念的基盤となった．たとえば，2001年に上海協力機構へと発展する，ロシアや中央アジア諸国との上海ファイブなども「新安全保障観」の典型例といえよう．

こうした文脈で，中国は，再定義された日米同盟を「冷戦思考」を具現化したものだとして批判することになる．たとえば，1996年8月のARFの会合において，銭其琛外相は「アメリカはいつまでも東アジアの救世主面してこの地域にのさばっていないで，撤退するべきだ」と発言し（船橋，1997：458），アメリカが地域に存在する意義を否定した．当時の中国は，日米同盟が「中国封じこめ」の道具になりつつあることを強く警戒し，日米同盟は日本が主張するような公共財ではないし，アジア太平洋の安定機能も果たしていないという立場を取っていたのである（船橋，1997：458-59；青山，2013：107）．

さらに1996年以降，日米間でガイドラインの見直しが本格的に進展し，「日本周辺事態」について議論されるようになると，「日本周辺」に台湾が含まれることを強く警戒するようになった（ギル，2014：196-97）．また，日本がアメリカとの戦域ミサイル防衛システム（TMD）の共同研究に乗り出したことも，台湾にTMDが配備されることや，日本のTMDが台湾をカバーする可能性を警戒する中国にとっては大きな懸案となった．

以上のように，日米同盟が再定義された頃の中国は「日米同盟を基軸として東アジアの地域秩序の安定をはかるべき」という立場には否定的であり，日米同盟の強化が「中国封じこめ」や台湾への介入につながることを警戒していた．しかしその一方で，台湾海峡危機を契機に米中間の国力格差をより現実的に認識するようになっていたため，1996年後半以降，中国は対米関係の改善を積極的に進めている．たとえば，1997年10月に江沢民国家主席が訪米した際にも，米中間で「建設的で戦略的なパートナーシップ」を構築していくことについて，アメリカの合意を取り付けることに成功した．また，1998年6月の米中首脳会

談では，米中両国が戦略ミサイルの照準を相互に解除することで合意し，中国側は「ミサイル関連技術輸出規制レジーム」(MTCR) 加盟を検討することを約束した．大量破壊兵器の不拡散に関して，中国は既存の国際制度や規範に歩み寄りをみせたことになる．こうして1999年12月には，副総理となっていた銭其琛が，アジア太平洋の平和と繁栄にアメリカが重要な役割を担っていることを認めるようになっていた（高原，2003:71）．他方，対日関係の修復は後回しされ，1999年になってから進展をみせた．

なお，中国は1998年6月に「排他的経済水域および大陸棚法」を施行している．1996年に批准した国連海洋法条約をうけてのことであるが，注目すべきは，国際法に関する議論は「中国が享受する歴史的権利に影響を及ぼすものではない」という立場を表明していたことである（ダットン，2011:22）．前述の通り，中国は1996年以降，東南アジア諸国との関係改善を進めており，フィリピンが提起していた南シナ海における「行動規範」の策定などの案件についても協議には応じていた．しかし，一方で協議を継続しながらも，南シナ海の支配・管理を着々と進める姿勢を修正することはなく，1999年1月末頃には，フィリピン政府の抗議を無視して，ミスチーフ礁に恒久的な軍事施設と推測される建造物を建設している．

2．アメリカ一極時代とその後

20世紀末には，国際政治学者の間でアメリカ一極システムの持続性について肯定的な評価がなされるようになった（Wohlforth, 1999）．その後まもなく，欧米のメディアにもアメリカ一極時代という時代認識が普及している．

中国でも，1999年の「平和と発展」論争において，多極化の趨勢が鈍化したことやアメリカ一極状態が強化される可能性などについて，白熱した議論が展開された（フリードバーグ，2013:165）．この論争の結果，中国では1990年代中盤までとは異なり，当面アメリカ一強時代が続き，多極世界への過渡期が長期化するという見解が主流となったといわれている．このような見方は，2001年9月11日に発生した同時多発テロ事件以降，アメリカの対外政策が急速に攻撃的な単独行動主義へと転じたことで強化されることになった．

（1）「戦後平和主義」から「積極的平和主義」へ――日本――

　2001年の同時多発テロ事件を契機に一変したアメリカに対して，小泉純一郎政権がとった選択は，日米関係のさらなる強化とアメリカ主導の「対テロ戦争」への積極的な協力であった．2003年5月の日米首脳会談では，日米同盟が真にグローバルな「世界のなかの日米同盟」であることが謳われ，同盟のさらなる強化が確認された．そして，同年6月に有事関連三法を成立させた後，「対テロ戦争」を人的に支援するため，イラクやインド洋での後方支援活動を目的とする自衛隊の派遣を決定した．1990年代後半の「周辺事態」に関する議論では，マラッカ海峡あたりまでが意識されていたことを考えると，自衛隊の活動範囲が大きく拡大したことになる．それに加えて，2004年のインド洋津波などの大規模災害の際にも，小泉政権は積極的に自衛隊を海外派遣する方針をとった．

　こうした活動が国際的に評価されたことや，北朝鮮の大量破壊兵器の問題が深刻化していたことなどをうけて，日本の安全保障政策を取り巻く国内の世論や規範状況は大きく変化した．2002年12月に，アメリカの弾道ミサイル防衛（BMD）計画への参加を表明する際にも，日本の当局者は世論を懸念する必要がほとんどなくなっていた．2005年11月に読売新聞と米・ギャラップ社が合同で実施した日米世論調査では，「自衛隊のイラク派遣を評価する」と回答した人は，日本側の結果でも「大いに」と「多少は」を合わせて69％となっている[13]．

　こうして，小泉政権期には日米関係が緊密化し，自衛隊の任務がさらに広がることになった．しかし小泉首相は，全般的に，対米関係が順調であれば，他の問題は自ずと解決するという姿勢をとっていたため，中国や朝鮮半島との関係は次第に停滞することになった．また，少なくとも表面的には地域の多国間協議に積極的に参加していたが，たとえば，北朝鮮問題に関する六者協議の場で，北朝鮮の核問題よりも日本人拉致問題の解決を優先する姿勢をみせるなど，対米関係以外の面については国内事情を優先する場面も少なくなかった．

　ところで，かつての日本では，何か問題が生じても隣国を極力刺激しないことが一種の規範となっていたが，こうした姿勢にも変化が生じている．たとえば，2004年12月に公表された新しい「防衛計画の大綱」では，公式文書としては初めて，中国の潜在的脅威を名指しで指摘した（サミュエルズ，2009：101）．また，2006年の北朝鮮のミサイル実験と核実験をうけて，日本国内で「敵基地攻

撃論」の是非が公然と議論された．敵基地攻撃能力を持つべきではないという意見が優勢ではあったが，1990年代以前には，こうした問題を議論すること自体を忌避する人が多かったことを考えると，やはり大きな変化である．

　その後，第一次安倍晋三政権下の2006年11月，麻生太郎外相が民主主義，自由，人権，法の支配，市場経済などの普遍的価値を重視する「価値の外交」と，ユーラシア大陸の外周に位置する新興民主主義国との連携を強める「自由と繁栄の弧」構想を提示し，安全保障政策の領域でもリベラル規範を前面に押し出すようになった．中国の国力増大や北朝鮮の大量破壊兵器の脅威の高まりに対して，リベラルな価値を掲げ，民主主義国間の連携を強めることで対応しようとしたのである．その後も，2007年に防衛庁が防衛省に昇格し，2009年4月には，麻生政権が海賊対処を目的とするソマリア沖への海上自衛隊の派遣を決定するなど，「普通の国」へと向かう流れは継続した．

　こうした流れは，2009年夏の政権交代で，民主党の鳩山由紀夫政権が誕生したことで一時中断された．規範という観点からみると，鳩山政権にはそれまでの自公連立政権との大きな違いがみられた．鳩山政権は「対等で緊密な日米同盟」というスローガンを掲げていたが，普天間基地の移転に関する日米合意を公然と反故にする行動をとったり，アメリカ抜きの東アジア共同体構想を示したりするなど（北岡，2010：269，276-77），日米関係に打撃を与え，中国への歩み寄りをみせたのである．「アジアに位置する国家としてのアイデンティティを忘れてはならない」と言明し（鳩山，2009），「友愛」を提唱する鳩山首相は，「和諧」を掲げる中国の胡錦濤政権との関係改善をはかることが，対等で緊密な日米関係につながると考えたのかもしれない．なお，2010年5月末の日中首脳会談では，日中間のホットライン開設や海上危機管理メカニズムの早期創設で合意に至るなど（ブッシュ，2012：315），日中関係には改善の兆しがみられた．

　2010年6月に鳩山内閣が退陣すると，再びアメリカの関与を前提とする東アジア地域協力を推進する路線への軌道修正がはかられた．その矢先の2010年11月に，尖閣諸島沖で中国漁船が海上保安庁の船に衝突する事件が発生し，日中関係は急速に悪化した．この事件は日本国内で中国脅威論が定着する契機ともなった．その後，2011年3月に発生した東日本大震災への対応をめぐり，民主党政権の危機管理能力や政権担当能力にも疑問の声が上がるようになった．

なお，2010年に改訂された「防衛計画の大綱」では，抑止の観点を重視する「基盤的防衛力」から，さまざまな任務に主体的に取り組むための「動的防衛力」への転換が提唱されている．「動的防衛力」は「基盤的防衛力構想」を完全に否定するものではないが，自衛隊の活動範囲を明示的に拡大するものであり，鳩山政権においても，自衛隊の任務拡大という路線は継続されたことになる．
　2012年12月に3年余り続いた民主党政権が崩壊すると，第2次安倍政権が成立した．安倍首相は「戦後レジームからの脱却」をスローガンとしていたが，そこには「戦後平和主義」から「積極的平和主義」への転換という意味も含まれていた．就任直後の東南アジア歴訪中に，安倍首相は，自由や民主主義といった普遍的価値を強調するいわゆる安倍ドクトリンを打ち出している．
　その後，「積極的平和主義」を推進する態勢を整えるため，安全保障関連の政策の見直しや法改正が次々に実施された．まず，1957年に策定された「国防の基本方針」を改定し，2013年に「国家安全保障戦略」として発表した．1967年に策定され，段階的に解釈が変更されてきた「武器輸出3原則」についても，2014年に「防衛装備移転3原則」に改定し，一定の枠内で武器輸出が認められることになった．1999年に制定された「周辺事態安全確保法」も，範囲をさらに広げた「重要事態安全確保法」として生まれ変わっている．2015年には，それまで「有しているが行使しない」としてきた集団的自衛権について解釈を変更し，関連する法案を成立させた．
　「自由と繁栄の弧」という概念はあまり使用されなくなったが，たとえば「国家安全保障戦略」でも，領土や主権の維持や国民の生命・身体・財産の保護に加えて，「自由，民主主義，基本的人権の尊重，法の支配といった普遍的価値やルールに基づく国際秩序を維持・擁護すること」が日本の国益だと明言するなど，安倍政権は一貫してリベラルな価値を強調している．[16]
　こうした方向性に世論も追随しているようにみえる．安倍政権が掲げる「積極的平和主義」には，国際平和のための自衛隊の海外派遣など，「戦後平和主義」では否定されていたことも多く含まれているが，世論の反発はそれほど強くない．たとえば，読売新聞が2015年1月に実施した世論調査をみても，安倍首相が掲げる「積極的平和主義」という方針を「評価する」と回答した人が64％となっており，「評価しない」の27％を大きく上回っている．[17]

（2）「低姿勢外交」から「大国外交」へ——中国——

　2001年1月に発足したアメリカのブッシュ政権は，当初，中国を「戦略的競争相手」と位置づけ，いたずらに大国扱いしない方針をとっていた（春原，2012：131-32）．さらに，2001年4月の米中軍用機接触事件や，台湾問題をめぐる緊張といったこともあり，中国の戦略家は，アジアにおけるアメリカの存在感や利益の拡大が対中圧力につながることを強く警戒するようになっていた（ギル，2014：54-55）．しかし，この時期のアメリカの高圧的ともいえる姿勢にもかかわらず，中国は対米関係の強化を積極的に推進することを選択した．2001年の夏には，中国政府の高官が「中国は東アジアからアメリカを追い出すつもりはないし，アメリカの存在が地域の安定に役割を果たしていることを理解している」と伝えている（ギル，2014：55）．

　2001年9月の同時多発テロ事件を契機に，アメリカが攻撃的な単独行動主義をとるようになったことは，中国外交にとっても大きな転機となった．同年10月に上海で開催された米中首脳会談において，江沢民国家主席は「中米間に見解の相違はあるが，我々は少異を残して大同につく」と述べ，「一つの中国」政策の継続を保証することと引き替えに，アメリカの対テロ戦争への協力を約束した（春原，2012：146-47）．将来への布石を打つことを忘れていたわけではないが，当面はアメリカとの衝突を回避し，対外的に低姿勢をとり，経済発展や国内問題への対処に集中することを選択したのである．2002年の『国防白書』にも「中国が発展を続けるには，平和的な国際環境と友好的な周辺環境が必要」だと書かれている（ギル，2014：32）．

　こうした低姿勢路線は，胡錦濤政権によってわかりやすく定式化された．2003年から04年にかけて，有力指導者が「平和的台頭」の概念を提示するようになり，経済発展を継続させるため，中国は安定的な国際環境を求めているという説明をおこなうことで，中国脅威論の払拭に努めたのである．その後，「台頭」という言葉が威嚇的で他国の警戒につながる可能性があるという理由から，「平和的台頭」を公式文書で使用することをやめ，代わりに「平和的発展」が使用されるようになった（キッシンジャー，2012：543）[18]．

　その間，中国は多国間協議にますます積極的な姿勢をみせるようになった．2002年10月以降の第2次北朝鮮核危機においても，中国は「対話」を通じて「非

核化」を実現する方針を示した上で，IAEAの北朝鮮非難決議案にも賛成し，一時的ではあるが北朝鮮に対して石油禁輸を実施するなど，第1次核危機の時とは明らかに異なる毅然とした行動をとった（青山，2013：90）．また，この問題に関して中国も大きな責任を担ってほしいというブッシュ政権の要望を受けて（フリードバーグ，2013：241），2003年8月以降，中国は六者協議を主催している．一方，南シナ海の問題をめぐるASEAN諸国との協議においても，少なくとも表面上は柔軟な姿勢をみせ，2002年11月には「南シナ海行動宣言」を採択している．ベイツ・ギル（2014：62）が論じている通り，過去の中国の態度を考えれば，これは大きな進展であった．

こうして表面的には多国間主義の規範の受容を進めたようにもみえたが，「北朝鮮に対する近年の中国の対応は見せかけのみ」だと喝破したアーロン・フリードバーグ（2013：243）が論じているように，中国の行動の背後には国益に関する合理的な計算が存在していると考えるべきである．たとえば，北朝鮮問題をめぐる中国の行動をみても，たしかに表向きは核不拡散規範に基づいて行動しているようにみえるが，アメリカが北朝鮮への圧力を強めた際などには，逆に北朝鮮を支える行動をとることもあった．中国にしてみれば，中朝貿易や北朝鮮経由の海へのアクセスは東北三省の経済振興をはかる上で重要であったし（青山，2013：85），北朝鮮が崩壊して，米軍が駐留する韓国との間に緩衝地帯がなくなることも決して望んではいなかった．実際，縮小の一途をたどった日朝貿易とは対照的に，2000年代以降の中朝貿易は拡大傾向にある（Albert and Xu, 2016）．要するに，不拡散規範を受容する姿勢を示しつつ，実際には経済的利益を優先していたのである．

一方，主権にかかわる問題では，自制を働かせつつも強い反応をみせた．たとえば，2005年2月に日米安全保障協議委員会が中国の軍事力と台湾問題を懸念する共同宣言を表明した際にも，中国側は「深刻な懸念」を表明し，日米同盟の適用範囲に台湾を含めることに強い反対の意を示した（ブッシュ，2012：47；ギル，2014：55）．そして3月には，「反国家分裂法」を制定し，台湾独立を阻止するための武力行使を合法化した（サミュエルズ，2009：198）．その後，2006年頃には，中国の当局者が国益について論じる際に，「経済発展」だけではなく「国家主権」や「安全」という観点を強調するようになった（青山，2013：53）．

また，2005年4月の反日デモなどを契機に，インターネットなどを通じて表出する大衆の不満や感情も，政策決定のなかで考慮すべき要素となった．愛国的なリーダーであってもデモに参加する大衆を統制できるとは限らなかったし，大衆の敵意が中国人の「感情を害している」外国のみならず，その外国に「軟弱な政策」をとるようなことがあれば，中国共産党に向く可能性もあったからである（ブッシュ，2012：223）．こうして，大衆レベルの感情や国内規範も対外政策に影響を及ぼす要素として指導層に認識されるようになったのである．

　こうした傾向は，2007年から2008年の世界金融危機を契機に，欧米諸国の存在感が低下したことで一層加速することになった．ソマリア沖の海賊対処のために2008年から海軍を派遣するなど，「国際的な責任」を拡大することにも中国は意欲を示していたが，全般的には大国意識を強め，それが行動にも反映された．たとえば，2009年7月の第11回駐外使節会議（大使会議）では，「韜光養晦，有所作為」という従来の方針が「堅持韜光養晦，積極有所作為」という表現に変更されるなど，より積極的に対外政策を推進していく姿勢が示された（山口，2016：53）．すでに同年4月に国産空母の建造を決定しており，12月には島嶼保護法を制定して海洋権益確保の態勢を強化している．さらに2010年7月には国防動員法を制定し，「国家の主権，統一，領土の完全性及び安全が脅かされたとき」には，「全国総動員又は部分動員を決定」し，国家主席が「動員令を公布」することを国内外に再確認している（宮尾，2010：116）．

　2012年11月に習近平政権が始動すると，「韜光養晦」路線からの訣別はさらに鮮明となった．積極的で主動的な対外政策を志向する習近平国家主席は，2013年1月の中央政治局の会議で，「核心的利益の問題で取引はおこなわない」ことを明言し，主権や安全保障や発展利益にかかわる問題で中国は譲歩しないという方針を改めて強調した（青山，2016：117）．その後，2013年11月には何の前触れもなく，東シナ海に防空識別圏を設定している．さらに2014年以降，それまでにない規模で南シナ海で岩礁埋め立てや軍事施設の建設を進めており，関係国は「力による現状変更」だとして中国を非難している．中国にしてみれば主権の範囲内での行動であり，周辺国との認識のギャップは極めて大きい．

　こうして非妥協的な姿勢を強めるなか，2014年に習近平国家主席は，共同・総合・協力・持続可能な安全保障を強調する「アジア新安全保障観」を提示し

た．「アジア新安全保障観」で示された内容の多くは，平和5原則の発展型というべきものであるが，留意すべき点は「アジアの問題はアジア諸国が解決すべき」という姿勢が明確に示されたことである．2014年5月に上海で開催されたアジア相互協力信頼醸成措置会議（CICA）の席でも，習近平は「中国の平和的発展はアジアから始まり，アジアを拠り所とし，アジアに幸福をもたらす．中国国民は各国と共に努力して，長期的平和，共同発展というアジアの夢を実現することを望んでいる」と論じた上で，「アジアの安全保障はアジア人の間で議論されるべきだ」と主張している（平和安全保障研究所，2015：6）．[19]

こうして近年の中国は，明らかに低姿勢路線を修正した．このように中国が対外姿勢を転換した理由について，閻学通（Yan, 2014：156）は以下のように説明している．第1に，中国が国際的責任を果たしていないことに対する国際社会の圧力が増大し，中国が発展途上国の立場で発言することへの批判が増えたことである．その結果，中国の当局者は積極的に安全保障領域での責務を拡大しなければならないと考えるようになったと閻は論じている．第2に，2010年以降，オバマ政権がリバランス政策を採用したことである．これにより，たとえ中国が低姿勢路線を継続しても，アメリカが中国を標的にすることを変えることはできないと中国の当局者は認識を改めた．第3に，2009年以降，周辺国との海上での係争が増加したことである．中国の当局者は低姿勢路線を継続しても周辺国の融和をはかることが難しいと認識するようになったのである．

以上のように，国力増大に対応する形で対外姿勢の転換を進めた中国は，アメリカとの競争関係が避けられないとの認識を強め，「アジアの国際秩序はアジア諸国によって構築するべき」という立場を再び強調するようになったのである．

おわりに

ここまで，冷戦終結後の日本と中国の安全保障政策の変遷について，規範状況に着目しながら比較分析をおこなってきた．

冷戦終結後，国内外のさまざまな危機を経験するなかで「戦後平和主義」の限界を認識した日本は，中国の急速な軍拡や北朝鮮の核開発などの外部環境の

悪化を背景に，ゆっくりと「普通の国」に向かいつつあるようにみえる．ただし，中国の軍事費の急速な拡大にもかかわらず，日本の防衛費は円ベースではほぼ横ばいの状態が続いている．構成主義者からみれば，これは内在化された反軍国主義規範の作用ということになるのであろう．

　もっとも，反軍国主義規範の拘束力については，懐疑的な見解も少なくない．たとえば，リチャード・ブッシュ (2012：131) は，「反軍国主義的な規範の影響は過大視されるべきではない．規範が最も強いのは一部の大衆のあいだであろう」と論じている．また，デイヴィッド・ウェルチ (2014：45) が指摘しているように，内在化されているはずの反軍国主義規範は，日本がPKOに参加したり，国家建設や「対テロ戦争」の支援のための自衛隊の海外派遣を究極的には妨げていないし，社会の自衛隊に対する見方は正常になりつつある．外部環境の変化に伴い，反軍国主義規範が日本の対外政策に及ぼす影響は徐々に低下する傾向にあるとみるのが妥当であろう．

　一方，冷戦終結後の中国の安全保障政策を俯瞰すると，かなり以前から海洋権益の歴史的権利を主張してきたことや，繰り返し言及される平和5原則を含め，規範的主張があまり変化していないことが目立つ．つまり，急速な国力増大の結果として規範的主張が変わったのではなく，トーマス・クリステンセン (Christensen, 2015：99) も論じているように，中国の戦略自体が変化したというよりも，戦略を実施する能力が変化したのである．国力がそれほど充実していない1990年代と，世界第2位の経済大国となった現在とで，主張の内容に共通点が多いことには改めて注目する必要がある．

　ところで，安全保障という領域で，明らかに相違点が多い日本と中国であるが，共通点がないわけではない．第1に，日本においても，中国においても，主として政府が規範の変化を推進する役割を担ってきたことである．安全保障政策に強い影響を及ぼす規範起業家が，中国はもとより日本においても民間からあまり出現していないことは注目に値すると思われる．第2に，冷戦終結後の日本と中国が，多少の時差を伴いながら「国際的な責任」を意識するようになり，対外政策を調整してきたことである．その結果，日本は国際平和のためであれば自衛隊の海外派遣が可能な国家となり，中国は国連安全保障理事会の常任理事国のなかで最大の人員をPKOに派遣する国家となった．因果関係の

特定は困難であるが,「国際的な責任」に関する国際規範が対外政策の変化の要因の1つであることは否定できないだろう.

　本章でも検討した通り,近年の日本は,安全保障政策においてもリベラルな規範や価値観を強調するようになっている.こうした日本の姿勢が継続する限り,共産党が一党支配を続ける中国との間で,根本的な意味での規範の共有を進めることは困難なのかもしれない.チャールズ・カプチャン (2016：259) は,日本と中国が和解を進め,「やっかいな歴史問題と決別できれば,地域全体の協調的安全保障の土台をつくれるはずである」と述べているが,日中両国にとって,現実的にとりうる路線は,偶発的な軍事衝突を回避するための「行動規範」の策定など,政治的価値観とは関係ない領域で規範共有を積み重ねていくということになるのだろうか.東アジアにおけるパワーシフトの趨勢を分析することはもちろん重要であるが,将来の地域秩序再編の可能性を考えると,今後は規範状況の動向についても一層注視していく必要があると思われる.

注
1）International Monetary Fund（IMF）, World Economic Outlook Database, April 2016 edition.〈https://www.imf.org/external/pubs/ft/weo/2016/01/weodata/index.aspx〉,2016年5月8日アクセス.
2）SIPRI Military Expenditure Database 2015.〈http://milexdata.sipri.org〉,2016年5月8日アクセス.
3）「専守防衛」とは,北岡伸一（2010：303）が論じているように,「他国を侵略するのではなく専ら日本を守る,そのために必要最小限度の防衛力を整備しておくという政府の立場」を説明する際によく使用された用語である.
4）田中明彦（1997：314）によれば,当時の各種世論調査でも20-30％の国民しか「国連平和協力法案」を支持しておらず,国民の世論がこの法案の廃案の決定的要因となった.
5）イラン・イラク戦争のさなかの1987年にも,日本は掃海艇部隊の派遣を要請されたことがあるが,この時は憲法上の制約を理由に要請を断っている.
6）1997年1月の東南アジア諸国訪問の際にも橋本首相は,「日米安保体制はアメリカのプレゼンスを確保する枠組み」であり,「一種の公共財の役割を果たす」と説明している（船橋,1997：306）.
7）「平成8年度以降に係わる防衛計画の大綱」.〈http://www.mod.go.jp/j/approach/agenda/guideline/1996_taikou/dp96j.html〉,2016年3月10日アクセス.
8）『読売新聞』1997年11月24日.なお,日本周辺有事の際に日本も「戦闘行動に参加すべき」と回答したアメリカ側の回答は39％であり,日本側の回答とは大きなギャップがみられた.

9）中国政府は「和平演変」を強く警戒していたが，対外政策を遂行する上で，国内世論や民衆レベルの国内規範の影響はあまりなかったと思われる．
10）人民解放軍の情報部門の責任者が，危機のさなかに訪中したアメリカ人に，「台湾防衛のためにロサンゼルスを犠牲にする覚悟があるのか」と脅しをかけた逸話は専門家の間でよく知られている（フリードバーグ，2013：123）．
11）「新安全保障観」の詳細については，高木（2003）を参照．
12）北朝鮮の第1次核危機の際，中国は米朝間の二国間交渉には反対しなかったが，国連が北朝鮮に制裁を実施することには反対を示している（青山，2013：87）．また，米朝枠組み合意の結果，日米韓などによって北朝鮮に軽水炉を提供する朝鮮半島エネルギー開発機構（KEDO）が設立されたが，中国は参加を見送った（ギル，2014：86）．
13）『読売新聞』2005年12月15日．アメリカ側の結果は86％であった．
14）2006年8月の読売新聞の世論調査では，日本へのミサイル攻撃に対して「日本は敵の発射基地を攻撃できる能力を持つべきだ」という意見が39％で，「そうは思わない」が55％であった．また，アメリカと協力してミサイル防衛システムの整備を急ぐべきかという設問には，62％の人が「そう思う」と，33％の人が「そう思わない」と回答している．『読売新聞』2006年8月13日．
15）麻生太郎「『自由と繁栄の弧』をつくる」日本国際問題研究所セミナー講演（2006年11月30日）．〈http://www.mofa.go.jp/mofaj/press/enzetsu/18/easo_1130.html〉，2016年6月29日アクセス．
16）「国家安全保障戦略」（2013年12月17日）．〈http://www.cas.go.jp/jp/siryou/131217anzenhoshou/nss-j.pdf〉，2016年3月24日アクセス．
17）『読売新聞』2015年1月12日．
18）その後，「和諧世界」という表現も使用されるようになった．なお，「平和的台頭」・「平和的発展」・「和諧世界」という概念は，ベイツ・ギル（2014：29）によれば「言葉こそ違うが意味する内容は同じ」である．
19）『人民網日本語版』2014年05月22日．〈http://j.people.com.cn/n/2014/0522/c94474-8731026.html〉，2016年4月12日アクセス．

引用文献

Albert, Eleanor and Beina Xu（2016）"The China-North Korea Relationship," *CFR Backgrounders*. 〈http://www.cfr.org/china/china-north-korea-relationship/p11097〉，2016年4月11日アクセス．

Berger, Thomas U.（1998）*Cultures of Antimilitarism : National Security in Germany and Japan*, Johns Hopkins University Press.

Brooks, Stephen G. and William C. Wohlforth（2015）"The Rise and Fall of the Great Powers in the Twenty-First Century : China's Rise and the Fate of America's Global Position," *International Security* 40（3）: 7-53.

Christensen, Thomas J.（2015）*The China Challenge : Shaping the Choices of a Rising Power*, W.W. Norton.

Goldstein, Avery（2005）*Rising to the Challenge : China's Grand Strategy and International Security*, Stanford University Press.

Huxley, Tim and Benjamin Schreer (2015) "Standing up to China," *Survival* 57（6）: 127-44.
Katzenstein, Peter J. (1996) *Cultural Norms and National Security : Police and Military in Postwar Japan*, Cornell University Press.（ピーター・J・カッツェンスタイン『文化と国防――戦後日本の警察と軍隊――』有賀誠訳，日本経済評論社，2007年）
Pillsbury, Michael (2000) *China Debates the Future Security Environment*, National Defense University Press.
Wohlforth, William C. (1999) "The Stability of a Unipolar World," *International Security* 24（1）: 5-41.
Zhao, Suisheng (2004) "Beijing's Perception of the International System and Foreign Policy Adjustment after the Tiananmen Incident," in Suisheng Zhao, ed., *Chinese Foreign Policy : Pragmatism and Strategic Behavior*, M.E. Sharp.

青山瑠妙（2013）『中国のアジア外交』東京大学出版会．
――――（2016）「台頭を目指す中国の対外戦略」『国際政治』183：116-30．
岡部達味（2002）『中国の対外戦略』東京大学出版会．
カプチャン，チャールズ（2016）『ポスト西洋世界はどこに向かうのか――「多様な近代」への大転換――』坪内淳監訳，勁草書房．
北岡伸一（2010）『グローバルプレイヤーとしての日本』NTT出版．
キッシンジャー，ヘンリー・A（2012）『キッシンジャー回想録　中国』下巻，塚越敏彦ほか訳，岩波書店．
ギル，ベイツ（2014）『巨龍・中国の新外交戦略――日本はどう向き合うべきか――』進藤榮一監訳，柏書房．
サミュエルズ，リチャード・J（2009）『日本防衛の大戦略――富国強兵からゴルディロックス・コンセンサスまで――』白石隆監訳，日本経済新聞出版社．
春原剛（2012）『米中百年戦争――新・冷戦構造と日本の命運――』新潮社．
高木誠一郎（2000）「脱冷戦期における中国の対外認識――『和平演変』論から「過渡期終了」論まで――」高木誠一郎編『脱冷戦期の中国外交とアジア・太平洋』日本国際問題研究所．
――――（2003）「中国の『新安全保障観』」『防衛研究所紀要』5（2）：68-89．
高原明生（2003）「東アジアの多国間主義――日本と中国の地域主義政策――」『国際政治』133：58-75．
――――（2005）「新安全保障観と地域政策――1990年代後半以降の新展開――」五十嵐暁郎，佐々木寛，高原明生（編）『東アジア安全保障の新展開』明石書店．
ダットン，ピーター・A（2011）「中国の視点から見た南シナ海の管轄権」吉川尚徳訳，『海幹校戦略研究』1（1）増刊：19-27．
田所昌幸「日本人の対外意識における連続と不連続」添谷芳秀，田所昌幸，デイヴィッド・A・ウェルチ（編）『「普通」の国日本』千倉書房，2014年．
田中明彦（1997）『安全保障――戦後50年の模索――』読売新聞社．
――――（2007）『アジアのなかの日本』NTT出版．
ドリフテ，ラインハルト（2004）『冷戦後の日中安全保障――関与政策のダイナミクス――』

坂井定雄訳，ミネルヴァ書房．
鳩山由紀夫（2009）「私の政治哲学――祖父・一郎に学んだ『友愛』の旗印――」『Voice』381：132-41．
船橋洋一（1997）『同盟漂流』岩波書店．
ブッシュ，リチャード・C（2012）『日中危機はなぜ起こるのか――アメリカが恐れるシナリオ――』森山尚美・西恭之訳，柏書房．
フリードバーグ，アーロン（2013）『支配への競争――米中対立の構図とアジアの将来――』佐橋亮監訳，日本評論社．
────（2016）『アメリカの対中軍事戦略――エアシー・バトルの先にあるもの――』平山茂敏監訳，芙蓉書房出版．
平和安全保障研究所編（2015）『対立深まる南シナ海 進む日米越比協力――年報「アジアの安全保障」〈2015-2016〉――』朝雲新聞社．
宮尾恵美（2010）「中国国防動員法の制定」『外国の立法』246，102-24．
山口信治（2016）「中国の国際秩序認識の基礎と変化」『防衛研究所紀要』18（2）：45-63．
湯澤武（2009）「東アジアの多国間制度と地域秩序の展望」『国際政治』158：10-24．
李景治（2015）『中国による平和――新たなるパックス・シニカへ向けて――』林永健訳，日本僑報社．

COLUMN 2　国際海洋レジームの変容と日中関係

　2010年の尖閣周辺海域における漁船衝突事件や2012年の尖閣諸島国有化をめぐる中国との対立は，多くの日本人にとって記憶に残る出来事であったに違いない．その後，南シナ海における中国の軍事活動が活発化するなか，2016年7月にハーグの常設仲裁裁判所が同海域における中国の行動は国際法に違反するとの判決を下した．言論NPOが2015年におこなった日中共同世論調査の結果によれば，日本人が中国に対して悪い印象を持つ理由として，「国際ルールを守らないこと」とともに「尖閣問題」が上位を占めていた．海を挟んで中国と向き合う日本に，海洋における中国の行動はますます懸念すべき対象となっているのである．
　しかし，海洋における日中関係が常に対立と衝突に彩られてきたわけではない．1980年代には，渤海湾の海底石油開発を日中が協力して推進した実績があり，2008年には東シナ海ガス田の共同開発をめぐる合意がなされるなど，日中協調の道も模索され

ていた．果たして海洋をめぐる日中間の複雑な関係をどのように理解するべきなのか．

　海洋における冷戦後の日中関係を理解するためには，海洋秩序をめぐる規範の変化とその規範を受容するアクター自身の変化という2つの要因に注目する必要がある．

　第1に，海洋秩序をめぐる規範の変化は，1970年代以降生じた国際海洋レジームの変容と密接に関連している．クラズナーの言うように，レジームとはある領域において参加者の期待が収斂する原則，規範，ルール，決定過程の集合体であり，国際海洋レジームは海洋領域において国家間の期待が収斂する規範やルールから成る制度であると言える（Stephen Krasner ed., *International Regimes*, Ithaca : Cornell University Press, 1993）．それまで海洋における行動の自由を最大限保障していた国際海洋レジームは，新興独立国の発言力の高まりを受け，1970年代以降，海への主権行使を拡大する方向へと変化し始めた．この動きを新たなレジームの形成に導いたのが第3次国連海洋法会議（1973-82年）であり，その結果として成立した国連海洋法条約（1994年発効，日中ともに1996年批准）は，冷戦後の海洋レジームの根幹を成している．

　技術の進歩と第三世界の発言権の拡大を背景に形成された新たなレジームは，海洋をめぐる2つの異なる規範が交差する地点に位置付けられた．その1つは海洋空間を沿岸国の管轄権によって区分し管理するという考え方であり，もう1つは海洋空間を国際社会の共通利益実現の場として捉える考え方である（田中嘉文「国連海洋法条約体制の現代的課題と展望」『国際問題』No.617）．再構築された規範を反映し，中国政府は1992年の第14回共産党大会で初めて「海洋権益」の保護を強調した後，1996年に発表した「中国海洋21世紀議程（中国海洋アジェンダ21）」においては海洋問題のグローバルな側面と国際協調の必要性を重視する姿勢を示した．

　第2に，冷戦終結後に生じた日中両国の変化，とりわけ中国の高度経済成長と日本経済の相対的停滞も重要な背景となっている．中国の高度経済成長と軌を一にして，2000年に1兆元を下回っていた中国の海洋総生産は，2010年に3.8兆元，2015年は6.5兆元と爆発的に増大した．他方，冷戦終結に伴う国際政治の構造変化により，日中両国の安全保障環境も大きく変化した．ソ連（ロシア）の脅威が減少する反面，北朝鮮の核開発問題によっ

てあらわになった不安定な地域情勢は，日米同盟の強化につながった．中国にとっては，海上輸送規模の拡大とともに沿岸防衛の相対的重要性が増大した．

　上記の2つの規範のうち，後者，すなわち海洋における国際社会の共通利益を追求する取り組みは複数の分野にわたって展開されている．環境の面では，国連環境計画（UNEP）傘下の北西太平洋環境保全計画（NOWPAP）に日本と中国が韓国，ロシアとともに参加し，海洋環境保護に取り組んでいる．海賊問題においては，2000年代半ば，日本主導で採択されたアジア海賊対策地域協力協定（ReCCAP）に中国も加盟し，周辺諸国と協力体制を構築している．最近注目を集めている北極問題においても，日中両国は北極評議会にオブザーバーとして参加している．

　一方，沿岸国の管轄権拡大を旨とする規範は，日中両国が海洋をめぐって衝突する要因となっている．対立する主な領域には，① 島の領有権，② 大陸棚，③ 排他的経済水域（EEZ）が挙げられるが，これらの問題からは共通した規範の変化を見出すことができる．前述したように，新たな国際海洋レジームは，国家の管轄権の拡大とともに航行の自由という伝統規範の両立を図ったものであった．しかし，規範が拡散していく過程で後者の規範は弱体化し，領海のみならず，大陸棚やEEZ，接続水域までを領土のように捉える傾向が強くなったのである（Bernard H. Oxman, "The Territorial Temptation : A Siren Song at Sea," *The American Journal of International Law*, Vol.100, No.4, 2006）．

　海洋をめぐる日中関係は，以上のように交差する規範のなかで揺れ動いている．島の領有権をめぐる紛争のエスカレーションが両国のナショナリズムの高まりによるものだとすれば，その接続水域における航行が問題になるのは，まさに変化した規範の影響によるものだといえよう．また，2000年代に浮上した東シナ海大陸棚をめぐる対立も，大陸棚そのものを領土として捉える傾向が強まっていることと関連している．排他的経済水域における両国の活動も，相手の行動を主権侵害と捉える見方により深刻化している．

　このように，海洋をめぐる日中関係は，国際社会の規範変化のなかで展開されているのである．沿岸国の管理権を拡大する規範は海を取り囲もうとするインセンティブを生み出し，海洋における日中対立を深刻化させる要因となっているが，必ずしも解決の道が見えないわけではない．たとえば，東シナ海ガス田の共同開

発に関する合意は，そうした規範に基づくナショナリズムから離れた二国間交渉による成果である．また，海洋をめぐる日中関係が悪化した2012年から，両国は日中高級事務レベル海洋協議を毎年開催し，海上協力の道を模索している．海における共通利益の実現を重視する規範と，それに基づく地道な外交努力こそ，海洋をめぐる日中衝突の回避につながるだろう．

(許　元寧)

第4章

日中両国の対外援助規範の比較

徐　顕芬

はじめに

　日本の対外援助は，1954年のコロンボ・プランへの参加を嚆矢とする．敗戦後の占領期を経て，独立国家として再出発してまもない時期のことであった．以後，日本は60年以上にわたり対外援助を実施してきた．日本の対外援助は冷戦期を通じて，量的にも質的にも順調に拡大し，1989年には，ついに長年にわたり対外援助供与額で世界一を占めていたアメリカを抜いて世界一の座につき，しかもその地位を1991年から10年間も守り続けた．20世紀終盤の日本は，名実ともに援助大国であった．しかし21世紀に入ると，次第に順位が下がり，ついにアメリカ，イギリス，ドイツ，フランスに次ぐ第5位になり，国内の議論からも援助疲労現象がみられるようになった．

　中国は，昨今「新興ドナー（emerging donors）[1]」といわれている．それは，21世紀に入り対外援助額が急増し，特にアフリカおよびアジアに対する援助の増加ぶりに目覚ましいものがあるからである．ただし中国は，建国翌年の1950年には近隣の社会主義国に対する援助を開始している．実は日本より長い対外援助の歴史を持っているのである．中国の対外援助の内容は時間の経過とともに大きく変化しており，冷戦時代のものと冷戦後のものとでは大きな違いがある．特に21世紀に入ってから，中国の対外援助は国際社会から異質なものとして注目されている．これまで中国は非DAC（経済協力開発機構（OECD）の開発援助委員会）ドナーとして独自に対外援助を展開してきたため，中国の対外援助は援助規範や原理・原則の面において主流とされるDACの国際援助レジームとか

なりかけ離れていると思われるからである．

こうして中国の対外援助における異質性が，昨今，中国の対外援助をめぐる議論の1つの焦点となっている．2) もう1つの焦点は，中国と日本との競争関係にある．たとえば，東南アジア向けの援助におけるインフラ建設プロジェクトの獲得競争や，対アフリカ援助におけるインフラ建設および農村開発などでの競争関係である．

果たして，中国の対外援助は規範の観点からみて異質なものなのだろうか．日本の対外援助とどこが違うのか．日中の対外援助の競争関係は援助規範の相違に由来するものなのか．本章では，こうした問いに答えていきたい．

結論からいえば，日中の対外援助をめぐる規範は，共通するものもあれば相違するものもある．共通するものにも相違するものが含まれていて，相違するものにも共通するものがみられる．対外援助の目標に関する認識は非常に似ているし（自助努力とウィンウィン原則），援助を実施する方式（援助・投資・貿易の三位一体，政治的コンディショナリティをつけないという「内政不干渉」）もよく似ている．相違点としては，援助実施の際に環境規範を重視するかどうかという点もよく指摘されているが，この点については本書のコラム3が取り上げているので，本章では軍事援助問題を取り上げながら比較分析をおこなうこととする．

1．日中の対外援助の実態

第二次世界大戦の終了後まもない1945年12月，戦後の世界の復興と開発を目的に国際通貨基金（IMF）と国際復興開発銀行（IBRD，通称「世界銀行」）が設立された．1947年6月には欧州復興計画（マーシャル・プラン）が発表された．こうして始まった政府開発援助（以下，ODA）はすでに70年近くの歴史がある．日本は，敗戦後米軍の占領から独立を回復した2年後の1954年に，コロンボ・プランに参加している．翌年には政府ベースの技術協力を開始した．1954年11月に締結されたビルマ連邦との平和条約（この条約において賠償支払いとともに経済協力が規定される）は，資金協力の始まりとされ，無償資金協力の端緒となった．賠償と無関係な無償資金協力は，1969年にベトナムに対して難民用住宅を供与したのが始まりである．円借款は，1958年にインドに対して，電力，船舶，プ

ラント設備などを対象に50万ドルを供与したことが始まりである．
　一方，上述したように，1949年に建国した中華人民共和国は，その翌年から対外援助を実施しており，すでに60年以上の対外援助の歴史がある．

(1) 日本の対外援助史

　日本のODAの歴史は，4つの時期に分けてみることができる．第1は，1954年から1976年までの賠償と関連する経済協力の時期である．この時期，技術協力，無償資金協力，有償資金協力を3つの柱とする援助方式が形成され，援助体制も整備された．1954年に技術協力の実施機関として設立されたアジア協会が，1974年には国際協力事業団に改組された．日本のODAは貿易振興の目的と結びつけられていたが，1972年に円借款のアンタイド化が決定され，1980年以降は，ほぼ100％のアンタイド化が実現した．供与額は，1964年の約1.15億ドルから，1976年には約11.05億ドルに増え，DAC諸国中第4位となった．

　第2は，1977年から1991年までの計画的拡充期である．1978年に日本政府はODA第1次中期目標を設定して3カ年倍増を目指した．その後ODA金額は急増し，1989年には，実行額が89.65億ドルに達し，アメリカを抜いて世界一の援助大国となった．日本は1990年を除いて2000年までこの地位に座り続けた．

　第3は，1992年から2002年までの政策・理念充実期である．1992年，日本政府は援助の基本理念を明確にしたODA大綱を閣議決定した．1999年にはODA中期政策を策定して，人間中心の開発，ソフト面での協力を重視する方針を打ち出した．一方で，透明性の確保，国民参加，効率性向上を求めるODA改革の動きが強まった．

　第4は，2003年から現在までの新たな時代に対応する改革期とする．2003年8月に日本政府は新ODA大綱を策定し，2015年に『開発協力大綱』に改訂した．この時期，1990年代の世界一の援助大国に一種の援助疲労現象がみられた．ODA供与額でみれば，日本はアメリカ，イギリス，ドイツ，フランスに次ぐ第5位となっている．また，対外援助の目的として国内の状況（日本経済の回復の支え）がより重要視され，実施する際に民間との協力がより強調されるようになった．

　日本のODAは，貸付（円借款）と贈与（無償資金協力，技術協力）からなる二国

間援助と，贈与，出資・拠出，貸付からなる多国間援助とから構成されている．そして財源としては，ODA一般会計と，財政投融資，出資国債，特別会計等から構成されている．

　ここで2013年版『ODA白書』から，2012年の国際比較データを用いて日本のODAの特色をみてみたい．2012年の日本のODA実績（支出純額，東欧および卒業国向け援助を除く）[3]は，106.05億ドルで，前年に比べ約2.1％減少しており，DAC加盟国における順位は，アメリカ，イギリス，ドイツ，フランスに次いで，2011年と変わらず第5位となっていた．しかし，支出総額ベースで見れば，186.62億ドルとなり，順位も前年と同様，アメリカに次ぎ第2位となる．DAC諸国全体に占める割合は8.5％である．

　2012年ODA実績（支出純額）の内訳は，国際機関向け拠出・出資等が，42.02億ドル，22.5％で，二国間ODAは，67.5％である．開発途上国との協議の上で実施される二国間ODAは，日本と被援助国との関係強化に貢献することが期待される．一方，国際機関に対するODAでは国際機関の専門的知識や政治的中立性を活用でき，さらに二国間援助が届きにくい国・地域への支援が可能であるとされる．

　二国間ODAの総額144.60億ドルのうち，政府貸し付け実行額は，77.01億ドルで53.26％，無償資金協力は31.17億ドルで21.56％，技術協力は36.41億ドルで25.18％となる．援助受入国の返済が必要となる円借款の比率が高いことは，日本の対外援助の1つの特徴である．もう1つ重要な特徴として，支出純額で見れば，政府貸付は約 −3.56億ドル（約 −284億円）となり，貸付けなどの回収額が供与額を上回っている．

　一方，対国民総所得（GNI）比は0.19％で，国連の目標である0.7％に遠く及ばず，またDAC加盟国平均の0.29にも及ばず，加盟27カ国中20位である．また，2012／2013年平均のODA全体に占める贈与比率は，DAC平均の83.7％に対して46.6％であり，28カ国中最下位．金利や償還期間などを基に算出される援助条件の緩やかさの指標であるグラント・エレメントは，DAC平均94.9％に対して88.8％で，27カ国中第24位となっている．贈与比率およびグラント・エレメントの低さは，日本の対外援助の質の低さを示すことになる．

　これらの特徴は，日本の対外援助の多くが，開発型のアジアに向けられてき

たことと関連している．

(2) 中国の対外援助史

　中国の対外援助にも60年以上の歴史がある．政策に基づき，計画的に推進されてきた日本の対外援助とは対照的に，中国の対外援助は，内外環境が激動するなかで，大きく変化してきた．以下，3つの時期に分けてみたい．

　第1期は，1950年から1978年までの30年間で，対外援助がイデオロギー闘争の有効な道具とされた時期である．中国の対外援助は元をたどると，朝鮮戦争やベトナム戦争において，北朝鮮や北ベトナムといった近隣の社会主義諸国が帝国主義勢力と戦うことを支援することから始まった．戦争が終わってからも，戦後復興と社会主義建設を支援するために援助を続けた．また，中国は，アジア・アフリカ諸国を中心とする第三世界に対しても，民族解放運動の支援，超大国に対する牽制，または自らの影響力の拡大を意図して，幅広く援助を提供した．

　1964年には，中国政府が「対外経済技術援助の8原則」(以下「対外援助8原則」)を発表し，平等互恵の原則，被援助国への主権尊重，自力更生支援などの原則に基づいた対外援助方針を表明した．アフリカに対する援助は，1956年にエジプトに援助を提供したのが始まりであったが，この8原則の表明後，アフリカへの援助がより積極的に実施されるようになった．中国からの援助を受けていたアフリカの国家は1963年末時点では6カ国にすぎなかったが，1977年までには36カ国に増加した．

　「対外援助8原則」が発表されたとはいえ，この時期の中国は，援助がいかに被援助国の経済発展に役立つかという発想よりも，社会主義国家同士の相互援助と第三世界諸国との「団結」を図り，中国の影響力を拡大することを重視していた．イデオロギー闘争のツールとして対外援助を膨張させ，自国を犠牲にしてまでおこない，70年代に入ってからは国力で負担できないほど大規模な援助になっていった（徐，2016：131）．中国は1975年から対外援助の縮小方針を打ち出し，ついに1978年には，最も重要な対象国であるベトナムに対する援助を停止した．

　第2期は，1979年から1994年までの対外援助政策の調整期である．1978年12

月に，中国は改革開放政策を打ち出し，外国政府からの借款や外国企業による投資を受け入れるようになる．中国の限られた財政資金を経済成長のために集中的に投入する必要性から，対外援助も大幅に見直された．以後，中国の対外援助は，中国経済の発展にもつながる形で実施すべきものとされるようになり，1983年1月にアフリカ訪問中の趙紫陽総理は「経済技術協力4原則」として，「平等互恵，実効第一，形態多様化，共同発展」を発表した．中国の援助はDAC諸国による途上国への片務的な便益や恩恵の供与とは異なり，援助をすることで中国も被援助国も便益を得るという互恵性が強調されるようになった．

　第3期は，1995年から現在までであり，対外援助が経済戦略の実現手段とされた時期である．1990年代には一連の援助制度改革がおこなわれた．1994年には政府系金融機関として中国輸出入銀行が創設され，翌1995年から中国輸出入銀行が担当する政府利息補填優遇借款（以下，優遇借款）が本格的に実施されるようになった．これは中長期の低利貸付であるが，その名にある通り，中国政府が中国輸出入銀行に対して貸付利息の一部を補填する．そのため，被援助国政府に対しては優遇レートでの貸付となる仕組みである．以後，中国の対外援助は，無償援助，無利子借款，優遇借款など3つの方式が中心となり，とりわけ優遇借款が積極的に奨励されている．

　中国の対外援助は，供与額からみれば，1990年代半ばから顕著な増加を見せ，21世紀に入るとその勢いがさらに加速した（渡辺，2009：41）．2011年版『対外援助白書』によれば，2004年から2009年までの年平均伸び率は29.4％に達した（中華人民共和国国務院，2011）．中国にとって，対外援助はすでに自国の経済戦略と切り離すことのできない重要な手段であるとともに，中国外交の貴重な道具の1つとなっている．

　前述したように，中国の対外援助には優遇借款，無利子借款，無償援助など3つの形式がある．2014年版中国の『対外援助白書』によれば，2010年から2012年まで，中国の対外援助金額が893.4億人民元（141.5億ドル，2012年平均為替相場1ドル＝6.3125人民元で換算，以下同様）となり，無償援助は323.2億元（51.2億ドル）で36.2％を占め，無利子借款は72.6億元（11.5億ドル）で8.1％を占め，優遇借款は497.6（78.8億ドル）億元で55.7％を占めている（中華人民共和国国務院，2014）．中国の対外援助も，援助受入国の返済が必要となる貸付の比率が高いのである．

(3) ODA配分の地域的な偏重

主要ドナーの地域別援助実績を見ると，ドナーにより地域的な偏重があることがわかる（**表4-1**）．たとえば，イギリス・フランスはアフリカへの支援が多く，日本はアジア向けが圧倒的である．アメリカの援助対象地域は中東，中南米，アフリカと一見比較的にバランスが取れているようだが，実際アメリカが重要と考える特定の国（たとえば，中東ではイスラエルとエジプト）に偏る傾向が強い．

一方，国際機関についていえば，世界銀行（IBRD）は中南米中心，世銀の最貧国向け基金である国際開発協会（IDA）はアフリカ・南アジア中心であり，こうしたグローバルな国際機関であっても，援助対象に地域的な偏りはある．

表4-1　地域別援助実績に占める主要DAC援助国のシェア（2013年）

(単位：％)

	アジア		中南米		サブサハラ・アフリカ		中東・北アフリカ		大洋州		欧州	
1位	日本	47.4	アメリカ	25.2	アメリカ	29.5	アメリカ	34.1	オーストラリア	58.3	アメリカ	24.2
2位	ドイツ	12.2	ドイツ	20.8	イギリス	13.7	ドイツ	14.6	ニュージーランド	12.5	ドイツ	24.0
3位	アメリカ	9.5	フランス	11.8	日本	9.7	日本	14.3	アメリカ	12.2	スイス	10.7
4位	オーストラリア	7.7	カナダ	11.3	フランス	9.3	フランス	11.0	日本	7.9	フランス	8.5
その他		25.0		31.0		37.9		26.0		9.1		32.5

注：数字はいずれも2013 歴年ベース．
出所：外務省『ODA 国別データブック』2015年，587頁．

日本が二国間ODA実績を有する国・地域数は計190となり（うち国数169），2012年には計167カ国・地域（うち国数161）にODAを供与した．そのうち，アジアは29（うち国数28），中東・アフリカは70（うち国数69），大洋州は17（うち国数13），中南米は32カ国，欧州は19カ国となる．

中国は，2010年から2012年までの3年間において121カ国に援助を提供した．そのうち，アジアは30カ国，アフリカは51カ国，大洋州は9カ国，中南米は19カ国，欧州は12カ国となる．

二国間ODA実績の地域別配分（支出総額ベース）においては，日本のODAのうちアジア向けが約81億5694万ドル（56.2％），中東・北アフリカ向けは約22億4045万ドル（15.4％），サブサハラ・アフリカ向けは約18億4385万ドル（12.7％），中南米向けは約4億7494万ドル（3.3％），大洋州向けは約1億5241万ドル（1.1％），欧州向けは約9390万ドル（0.6％）となっている．アジア向けは，支出純額が約

16億1203万ドルで，回収額がすでに65億4491万ドルに達している．

日本政府は，2015年の『開発協力大綱』のなかで，「日本と緊密な関係を有し，日本の安全と繁栄にとり重要な地域」であるアジア地域，「特に東南アジア諸国連合（ASEAN）地域」，「とりわけメコン地域」への支援を強化する方針を明らかにしている．アフリカ，中近東，中南米，東欧および大洋州などの地域に対しては，「国力に相応しい協力をおこなっていく」とされた．

一方，中国の対外援助は，アフリカとアジア向けがそれぞれ51.8％，30.5％で全体の8割以上を占め，ラテンアメリカ・カリブが8.4％，大洋州が4.2％と続いている（中華人民共和国国務院，2014）．

日本と中国はともに，アジアとアフリカを重要な援助対象地域としている．ゆえに，この2つの地域は，しばしば日中両国の対外援助が競合する場となっている．

2．ウィンウィン原則

そもそも援助とは，被援助国の経済開発や福祉の向上を目的として，援助国が被援助国に片務的に金銭やサービスなどの便益を提供することである．「片務的」という文言は，片方からもう一方への恩を施すことを連想させる．なぜそのようなことをおこなうのかを説明する際，「人道主義」がよく挙げられる．そもそも人間には同情心があり，弱い人，貧しい人を助けようとする感情に理由を求める．そのため，その「報い」を求めないのが美徳だとみられる．ゆえに，援助は無償で提供すべきものだとみられがちである．

しかし，日本の対外援助は，受入国の「自助努力」を求め，それを支援するため援助を提供するという方針を掲げている．一方，中国の対外援助は「南南協力」の原則を掲げている．相手国に同情するからだけではなく，相手国が努力していることに敬意を表し，その発展を手助けて，またそれによって援助国の自分自身も発展する，ということを目標としているのである．

(1) 日本の「自助努力」

日本のODAは，途上国が外部からの援助に頼らずに，生活条件の改善を自

己資金でファイナンスできる経済的自立の状態（「卒業」）を，開発あるいは援助の最終目標として考えてきた．

2015年の『開発協力大綱』の基本方針「ウ」項では，「自助努力支援」を標榜している．ここで「自助努力支援」の精神とは，「相手国の自主性，意思および固有性を尊重しつつ，現場主義にのっとり，対話と協働により相手国に合ったものを共に創り上げていく精神，さらには共に学び合い，開発途上国と日本が相互に成長し発展する双方向の関係を築いていく姿勢」であるという．また，これは「開発途上国の自助努力を後押しし，将来における自立的発展を目指してきた日本の開発協力の良き伝統である」という．

相手国の自立的発展を促すには，人づくりや経済社会インフラ整備，法・制度構築など，自助努力や自立的発展の基礎の構築を重視することとなり，したがって援助対象領域も決まってくる．かつて，日本は，基本的生活ベースへの支援が少ないと，欧米諸国を中心とする援助コミュニティから批判されていた．日本は，むしろ経済社会インフラ整備への援助の合理性を主張してきたのである．

また，かつて日本は「要請主義」，すなわち相手国からの要請を援助提供の前提としてきた．ODA規模で世界1位となってから日本は，「要請主義」に拘ると援助国としての自主性が制限されることに気づき，プロジェクト案件の形成について日本から積極的に提案をおこなう方向へシフトしつつある．2015年『大綱』では，「相手国からの要請を待つだけでなく，相手国の開発政策や開発計画，制度を十分踏まえた上で我が国から積極的に提案をおこなうことも含め，当該国の政府や地域機関を含むさまざまな主体との対話・協働を重視する」方針が示された．こうして，日本は「要請主義」に拘らず，自国から積極的に提案をおこない，その際，日本自身の利益も追求することが可能となったのである．

(2) 中国の「南南協力」

一方，中国は，自国を世界最大の発展途上国と位置づけてきた．発展の過程において，中国は自国民の利益を各国国民の共通利益と結びつけて，「南南協力」という枠組みで他の発展途上国に援助を提供するという（中華人民共和国国務院，2014）[4]．

中国は自らも途上国であるため，平等互恵の原則の下，援助される側だけではなく，援助をすることで中国も当然利益を得る必要があると考えている．そのため「互恵・ウィンウィン」が中国の対外援助の1つの基本原則となっている．その結果，対外援助と経済協力を結びつけ，両者の違いを必ずしも厳密に区分はしない．

前述したように，1964年に発表され，いまも堅持されている「対外援助8原則」には，「平等互恵の原則，被援助国の主権尊重，自力更生支援（自力で経済建設をおこなえるように支援すること）」などが謳われている．ここで注目すべき点は，被援助国側の自力更生が重視されていることである．これは中ソ対立の一因となったソ連の中国に対する経済・技術，軍事援助の停止という苦い経験を反映するもので，そのころから中国は社会主義建設，民族経済発展における自力更生路線を強く打出していたのである．

2010年8月に開催された「第9回全国対外援助工作会議」において，温家宝総理は「受入国の自主発展能力を強化すること」を中国の対外援助の基本指針の1つだとした（『人民日報』2010年8月15日）．翌2011年に発表された2011年版『対外援助白書』でも，「被援助国の自主的な発展能力の増強」という表現が多用された．なお，『白書』では「互恵，ウィンウィン」の方針も強調されている．

しかしながら，国際援助コミュニティの関心は，必ずしもそうではない．特に1990年代以降貧困への取り組みを重要視する潮流が着実に広がる，いわゆる「貧困の主流化」のなかで，国際援助コミュニティの関心はもっぱら貧困削減に向けられ，深刻な貧困を克服した後の開発・援助の目標をめぐる「ポスト貧困緩和」の政策論議は少ないのである．こうしたなかで，日本も中国も一貫して援助受入国の自立への支援を重視する立場をとってきたのである．

日本の場合，開発途上国と日本が相互に成長し発展する双方向関係を築いていくため，また中国の場合は「ウィンウィン」の関係を築いていくために，援助を投資，貿易と組み合わせて促進し，それによって援助の受入国との経済関係を深めていき，相互依存関係を作り上げることを企図してきた．いわば，日本と中国は，自立達成の道筋のカギが，援助，投資，貿易の相乗効果にあるという基本認識を共有しているのである．

3．援助・投資・貿易の三位一体

　援助の最終目標として「途上国の自立」を掲げているため，自立実現のカギを握る援助，投資，貿易の相乗効果が重視されており，プロジェクト援助はそのための有効な手段として位置付けられてきた．国際援助コミュニティが，ドナーの協調による「財政支援（budget support）」に重きを置いているなか，日本や中国が，プロジェクト援助を重視していることが論議を呼んでいる．

　中国では，1990年代後半から日本の対外援助に関する研究が急速に盛んになり，中国の経済発展に対して大きく貢献した点，またASEAN諸国の輸出主導型発展を可能にした点から，日本の対外援助が高く評価されている．王平（2012: 81-92）によれば，日本の通産省が1980年代半ばに提示した「三位一体」協力アプローチの概念が，中国では援助，投資，貿易の相乗効果を象徴する用語として理解され，また同アプローチが，援助受入国（中国あるいはASEAN諸国）と援助供与国（日本）の双方にメリットのある「ウィンウィンのアプローチ」として認識されたという．

（1）日本の「援助・投資・貿易の三位一体」

　援助・投資・貿易が三位一体となった協力パッケージは，1987年田村元通産大臣がタイのバンコクで表明したものである．相手国による投資環境整備の自助努力を前提としつつ，日本の民間企業による直接投資，日本への輸入という民間ベースの協力と，これらの基盤を整備するためのハード，ソフト，資金などの多面的な政府ベースの援助とを，総合的・計画的に連携しながら進めていくプランである[6]．

　ここでは，援助を提供する政府だけではなく，民間部門との連携が強調されている．貿易・投資に関する協力は，活動の主体が民間企業であることから，民間企業による貿易活動や直接投資を促進するための環境整備を進めるといった観点で，援助がおこなわれる．1992年に策定された「ODA大綱」や，1999年に策定された「ODAに関する中期政策」においては，ODAと民間の直接投資，貿易が有機的連関を保ちつつ実施されることで，総体として開発途上国の発展

を促進するよう努める旨が強調されている．加えてODA以外の政府資金（Other Official Flow：OOF）との連携強化も強調されるのである．

「ODAに関する中期政策」では，とりわけ以下の点が掲げられている．① 開発の効果を高めるためには，開発途上国，先進国，国際機関，民間部門，民間援助団体（NGO）など，あらゆる主体の持つ利用可能な資源との役割分担と連帯を図る包括的取り組みが必要であること．② 特に近年はアジアや中南米をはじめ開発途上国の開発における貿易や投資等民間部門の役割が増していることを踏まえ，民間活動の促進と民間資金の流入が促されるよう環境整備を図るとともに，公正かつ効率的な資源配分や格差是正等に留意し，民間資金が流入しにくい部分への支援を重視すること，などである．

援助，投資，貿易の相乗効果は，具体的にどのような形で援助受入国の自立に寄与するのだろうか．下村恭民は日本の対ASEAN援助を例に，その経路を次のように説明している（下村，2012：135-37）．

経済的自立とは「国民の生活条件の改善を自己資金でファイナンスできる状態」を指すが，途上国の国づくり人づくりに必要な物資や技術の輸入のためには，輸入をファイナンスするための外貨の確保が不可欠となる．途上国にとって必要な外貨を確保する方法は，基本的にモノや（IT技術などの）サービスの輸出であり，したがって国際競争力のある産業の育成が急務となる．

輸出を担う産業を育成するためには，投資家の眼から見た投資環境の整備が不可欠である．途上国が海外からの直接投資を引きつけるための条件として特に重要なのは，以下の4点であると考えられる．

① 社会的安定，治安の安定
② 信頼できる現地パートナー
③ 十分に整備されたインフラストラクチャー
④ 投資手続きに関する優遇措置と制度の効率性

日本の対ASEAN援助の特徴は，上記の①と③に焦点を当てた農村開発とインフラ建設の並行的な実施である．農村開発とインフラ建設への支援を両輪とした自立（卒業）への援助の道である．

日本のODAが東アジア諸国の経済成長に果たした役割は高く評価されてお

り，その結果としてこれら地域で貧困削減が進んだという事実から，日本は従来から援助，投資，貿易の相乗効果による援助受入国の自立への支援により重きを置いている．また，モンテレイ国連開発資金国際会議（2002年3月）や，2002年8月の持続可能な開発に関する世界首脳会議（World Summit on Sustainable Development：WSSD）における議論からも，これまでに比べ，貧困削減のためにも貿易，投資などの成長志向の協力を重視する傾向がうかがえる．近年，貧困削減を実現するためには成長志向型協力が有効であるとの認識が広まりつつある．この成長志向型協力と言われる援助・投資・貿易の三位一体協力アプローチは，中国の対外援助の特徴ともなっている．

（2）中国の「三位一体」型援助

1995年以降の中国の対外援助は，インフラ整備を重視していることが大きな特徴となっている．経済インフラ整備が44.8％，社会インフラが27.6％となっている．そして中国が経済インフラ建設を積極的に推進することが，肯定的な評価を博しつつある．たとえば，サブサハラ諸国において，中国が経済インフラの建設を積極的におこなっていることが，これらの国での経済成長のための基盤づくりと投資環境の整備につながっており，その結果，国際援助コミュニティによる支援だけでは不十分なインフラ投資を「補完」する役割を果たしているといわれる．

第1節で述べたように，中国の対外援助で大きな比率を占めるのは1995年から始まった優遇借款である．近年，中国政府は，中国企業の海外進出や中国製品の輸出振興，石油や天然ガスなど資源の安定確保のための手段として，この優遇借款を積極的に活用している[7]．

だが，中国の優遇借款がよく批判されることもある．その理由は，同借款がタイド，すなわち「ひも付き」であるという点にある．ひも付きであるため，優遇借款の対象となるプロジェクトに使われる資機材や技術・サービスなどかなりの部分は中国から調達される．被援助国での援助プロジェクトの建設に中国人労働者が多く従事していることから，現地との摩擦も起こっている．コスト削減を徹底する中国企業の現地での行動が，場合によっては，中国の対外援助活動と国家イメージを悪化させる一因となっている．

4．政治的コンディショナリティ

　援助を手段とする内政干渉は，ドナーの望む方向への途上国の政治行動に対する好意的な援助供与，ドナーが望まない方向に対する抑制的な援助運用を意味する「政治的コンディショナリティ」という形をとる（下村・中川・齋藤，1999：110）．援助を条件付きで提供すべきか否かは，ある意味哲学的な問題でもある．中国政府は，2011年版『対外援助白書』のなかで，改めて「対外援助8原則」(1964年) を確認し，「いかなる政治的条件も付けないことを堅持」し，「決して援助を他国の内政に干渉し政治的特権を図る手段にしない」姿勢を強調した．中国に比べて，日本の状況はやや複雑である．特に，政治的コンディショナリティに対する日本の姿勢が，時代とともに大きく変化してきたことに留意する必要がある．

(1) 日本の対外援助における政治的コンディショナリティ

　途上国の主体性を最大限尊重しようとする日本の援助は，伝統的にその「非政治性」を特色とし，援助に政治的条件をつけることを「内政不干渉の見地より差し控えてきた」（外務省経済協力局，1990：26）．しかしDAC援助レジームの下では，援助する際に被援助国に対して，貿易の自由化や民営化，ガバナンスの改善といった条件を付することが多い．そのため，日本の対外援助はしばしば「理念なき援助」として批判されてきた（下村・中川・齋藤，1999：62）．また日本は対外援助を提供する際，貿易促進，資源の獲得など経済利益しか考えず，受け入れ国の政治状況などに無関心だとも批判された．

　1991年湾岸戦争時の多額の財政支援が全く評価されなかったという挫折感が引き金となり，日本国内からも，援助理念を明示すべきとの声が高まったことを受け，日本政府は1992年6月に『ODA大綱』を閣議決定した．このODA大綱には，「原則」という政治的コンディショナリティが明確に導入されたため，国際的には，国際規範との調和を志向したものとして受け止められた（Pharr, 1994：168-69；オアー，1993：ii-iii；下村・中川・齋藤，1999：45）．

　1990年代は，日本政府が比較的積極的に政治的コンディショナリティを発動

した時期である．その代表例は，中国の核実験に対する無償資金協力の停止（1995年）や，インドとパキスタンの核実験に対する新規円借款の停止（1998年）などであった．[8]

しかしながら，その後は政治的コンディショナリティの運用が抑制的となり，特に『ODA大綱』の改定（2003年8月）後は，主要な援助対象国に対する「政治状況を理由とする援助の停止・減額」（ネガティブ・リンケージと呼ばれる）はおこなわれていない．その理由として，援助規範をめぐる内外条件が変化したこと（イラク侵攻後の国際社会における「介入主義」の顕著な後退，日本の長期不況に伴う「外圧」の大幅な低下など），援助政策に対する日本国内の見方が再び非政治的となり，内政不干渉の原点に回帰しつつあることが指摘できよう．

(2) 中国の内政不干渉主義

中国は対外援助を提供する際，いかなる政治的条件もつけないことを原則とする．援助受入国の内政に干渉せず，受入国が自主的に発展の道を選択する権利を尊重すべきだとする．したがって中国は，国際援助レジームにおける政治的コンディショナリティを批判する立場をとっている．

しかし，中国の「内政不干渉」は，国際社会からの批判にさらされている．中国が，被援助国の政権の正統性，民主化，人権保護や環境保全の状況といった国内事情を問わずに，援助を提供しているため，国内ガバナンス上深刻な問題を抱える被援助国の政権からすれば，中国から援助を受けた方が国内の政策面での自由度が高く，したがって欧米ドナーの援助より中国の援助を好むこととなる．こうして中国から援助を受けるという選択肢の存在が，被援助国の政権に「抜け道」を提供することになり，被援助国において本来必要な改革の停滞，時には「ならず者国家」の体制の維持や強化にもつながると批判されるのである．

なお，中国は被援助国に「一つの中国」原則を遵守することを求めているが，これが中国の対外援助の実質的な政治的条件となっている．

5．軍事援助の是非

(1) 日本の立場

「軍事協力をおこなわない」ことは日本の対外援助政策における重要な規範として強調されてきた．1979年対中国ODA供与を開始した時も，日本政府は「軍事協力をおこなわない」ことを対中経済協力3原則の1つとし，再三中国側に強調していた（徐，2011：40-43）．

1992年の『ODA大綱』には援助実施における4つの原則を規定しているが，そのうちの2番目と3番目の原則は軍事に関するものである．

二　軍事的用途及び国際紛争助長への使用を回避する．
三　国際平和と安定を維持・強化するとともに，開発途上国はその国内資源を自国の経済社会開発のために適正かつ優先的に配分すべきであるとの観点から，開発途上国の軍事支出，大量破壊兵器・ミサイルの開発・製造，武器の輸出入などの動向に十分注意を払う．

『ODA大綱』は，2003年に改訂された後，2015年に再度改訂され，名称も『開発協力大綱』に変更された．1992年の援助実施上の原則は，2003年の『大綱』ではほぼ変更なしで踏襲されたが，2015年『大綱』では，やや複雑な説明となっている．(1)「効果的・効率的な開発協力推進のための原則」と(2)「開発協力の適正性確保のための原則」の2つの原則に分けられ，従来の4原則は8カ条から構成される(2)のなかに含まれている．そのうち，軍事関係に関するものは第2条と第3条である．

② 軍事的用途及び国際紛争助長への使用の回避．開発協力の実施に当たっては，軍事的用途及び国際紛争助長への使用を回避する．民生目的，災害救助等非軍事目的の開発協力に相手国の軍又は軍籍を有する者が関係する場合には，その実質的意義に着目し，個別具体的に検討する．（傍点は筆者追加）

③ 軍事支出，大量破壊兵器・ミサイルの開発製造，武器の輸出入等の状況．

テロや大量破壊兵器の拡散を防止する等，国際社会の平和と安定を維持・強化するとともに，開発途上国はその国内資源を自国の経済社会開発のために適正かつ優先的に配分すべきであるとの観点から，当該国の軍事支出，大量破壊兵器・ミサイルの開発・製造，武器の輸出入等の動向に十分注意を払う．

微妙な変化は（2）の②から読み取ることができる．「軍事的用途及び国際紛争助長への使用を回避する」ことは踏襲されたが，その続きの説明文は「民生目的，災害救助等非軍事目的の開発協力に相手国の軍又は軍籍を有する者が関係する場合には，その実質的意義に着目し，個別具体的に検討する」となっている．ここには，条件次第で，他国の軍または軍籍を有するものへの支援をおこなう可能性が示されている．

従来の大綱では「軍事的用途及び国際紛争助長への使用を回避する」ことを掲げ，軍が関わる支援は軍管轄の病院の改修支援などの一部の例を除いて避けてきた．新大綱では同方針を踏襲した上で，上記の傍点をつけた文言を新たに加えたことで，他国軍へのODA支援も認める方針を明記し，支援に道を開いたのである．災害時の救助活動や復興，物資の提供といった人道支援において軍の役割は無視できないと判断したと言われるが，原則として避けてきた他国の軍への支援が可能になったことは，安倍政権が掲げる「積極的平和主義」や，2013年に閣議決定した「国家安全保障戦略」の内容を反映したものであろう．[9]

2015年『開発協力大綱』では，「非軍事的協力による平和と繁栄への貢献」が基本方針の1つとして依然強調されている．「非軍事的協力によって，世界の平和と繁栄に貢献してきた我が国の開発協力は，戦後一貫して平和国家としての道を歩んできた我が国に最もふさわしい国際貢献の1つであり，国際社会の平和と繁栄を誠実に希求する我が国のあり方を体現するものとして国際社会の高い評価を得てきた．我が国は今後もこの方針を堅持し，開発協力の軍事的用途及び国際紛争助長への使用を回避するとの原則を遵守しつつ，国際社会の平和と安定及び繁栄の確保に積極的に貢献する」という．だが援助原則における上述した微妙な変化はやはり議論を呼んでいる．

たとえば，中国外交学院の周永生は，2015年『大綱』の次の点に注目している．第1に，従来の『大綱』には軍事援助の内容がまったくなかったのに，軍

事援助に係る内容が追加された．第2に，他の国の軍隊および軍人に援助をおこなうことが可能であると規定した．第3に，軍事と関係ある領域，たとえば，海洋，宇宙空間，サイバー空間，反テロ，地雷・不発弾除去などに援助をおこなうことができる．第4に，ODAを使用する際，戦略的要素をより多く考慮し，より効率的に資金を使用し，日本の「国家利益」を確保する（周，2015）．

周はまた，日本政府が対外軍事援助のテンポを速めているとの見方を示している．他国軍への支援の解禁を，武器輸出解禁，集団自衛権解禁とともに，安倍政権の新安保政策の「3つの矢」とみているのである．大綱では「軍事用途の回避」という方針を旗に掲げているが，実は一種の文字遊びに過ぎず，軍事援助をおこなう実をとることに本当の狙いがあると判断する．さらにODA政策は，日本政府の南シナ海の事態に介入する有力なテコと手段であると批判する．このように日本の平和国家像そのものに疑問を投げかけているのである（周，2015）．

たしかに，判断の基準が「その実質的意義に着目し，個別具体的に検討する」とし，災害救助など「非軍事的目的」領域を対象とするとはいえ，援助の対象が，他の国の軍事，軍隊まで拡大される可能性が出てきたことはやはり大きな変化といえよう．むろん，こうした変化がただちに軍事援助につながることはないだろうが，日本のODA政策に対する懸念を引き起こしているのも実情である．

日本の対外援助が，軍事領域への転用の可能性が懸念されるとはいえ，「軍事的用途と及び国際紛争助長への使用を回避する」原則は，依然明確に掲げられている．しかし，中国の対外援助に目を向けると，これまで軍事援助は当たり前のようにおこなわれていた．

（2）中国の軍事援助

中国の対外援助は資料の制限で不明な点が多い．特に軍事援助は国家秘密として長年公開されてない．インターネット上では，「中国の対外軍事援助の秘密を明かす」といった文章が乱飛しているが，真相はまだベールに包まれたままである．

前述したように，対外援助の歴史を3つの段階，すなわち1950年から1978年

まで，1979年から1994年まで，1995年以降に分ければ，少なくとも，第1段階における中国の対外援助の多くは，軍事援助，あるいは軍事関連援助であったと推測される．

2011年6月，軍事科学出版社より刊行された『中国人民解放軍軍史』第6巻には，次のような一節がある．「1978年まで，中国の無償軍事援助を求めた国家はすでに60カ国以上に達し，中国から提供される武器装備の種類および数量も，銃420万丁，大砲9万門余り，戦車3620台，飛行機1430機余り，艦船352隻，ミサイルシステム15基，ミサイル449発，各種銃弾43億発余り，砲弾5130万発と，大幅に増加した」（『中国人民解放軍軍史』編写組，第6巻，2011：86）．

中国の軍事援助はとりわけベトナムとアルバニアに対して集中的におこなわれた．1964年から1978年までベトナムに対して，銃177万丁余り，火砲3万門余り，戦車810台，飛行機165機，艦船117隻，車1.5万台余り，地対空ミサイルシステム3基，ミサイル180発，レーダー260部，重機4834台，ポンツーン15セット，各種銃弾10.4億発，砲弾1660万発，地雷19万個，爆薬1.5万トン等々を含め，40億元相当の武器装備を提供したという（軍事科学院軍事歴史研究所編，2005：630）．

アルバニアに対しては，1961年から1978年までの18年間，銃75.2万丁，火砲1.1万門余り，タンク装甲車が890台，飛行機が180機のほか，地対空ミサイル，爆薬，通信および重機などを無償で提供した（軍事科学院軍事歴史研究所編，2005：631）．

1978年以降の中国の対外軍事援助の詳細はさらに不明であるが，大まかな状況は次のようである．北朝鮮，パキスタン，バングラデシュ，タンザニア，ザイール，ジンバブエ，ルワンダ，ソマリアなどの40数カ国に，引き続き軍事援助を提供したほか，あらたにモーリタニア，ナイジェリア，カーボベルデ，レソト，オマーン，タイ，ブルキナファソなど10数カ国に軍事援助を開始した．そのうち，無償援助方式が適用されたのが30数カ国，その他の20数カ国には他の援助方式が適用された．また，バーター方式をとることもあったという（軍事科学院軍事歴史研究所編，2005：629）．

軍事援助の内容に関しては，1978年までの第1段階のように武器装備を無償で提供するやり方を見直し，軍事訓練と研修を中心にするようになったと思われる．軍事訓練の方式には，専門家を被援助国に派遣して現地で軍事訓練をお

こなうことと，被援助国の研修生が中国で訓練を受けることなど2通りがあるが，前者のほうが多かったようである．1979年から1987年まで，人民解放軍が外国に派遣した軍事専門家は，2800人余り，受け入れた外国の軍事研修員が2600人余りにそれぞれ達した（軍事科学院軍事歴史研究所編，2005：627）．

中国では対外軍事援助が忌避されないばかりか，対外軍事交流の1つの形式，外交活動の重要な構成部分，そして国防および軍隊の近代化建設に寄与するものと位置づけられている．近年の特徴としては，トップレベルの軍事交流の増加，一部重点国家との接触が多い点，多角的な軍事外交の展開，専門的な技術交流が多いこと，などが挙げられる．こうした変化は，中国の軍事外交が改革開放以前のような無償軍事援助から，軍事交流に重きを置くようになったことを示す．

1995年以降の中国の対外援助に対しては，経済利益中心のイメージが定着しているが，裏を返せば軍事援助はかつてのようにはおこなっていないことを示唆するのかもしれない．ただ，清華大学の閻学通のように，「中国は対外軍事援助を増やし，対外経済援助を減らすべきだ」と主張する識者も存在する．その理由について，閻は「軍事援助は国家間の戦略的関係を直接的に増進させることができるが，経済援助はそれができない」と説明している（閻学通，2016）．

おわりに——日中間の規範の競合と協働——

中国がDACに属さない有力ドナーとして注目されるなか，「はじめに」でも指摘したように，「異質」な中国が国際援助コミュニティの援助規範に及ぼす影響については，懐疑的な意見が多い．また，国際援助コミュニティにおける「伝統的な援助大国」であり，アジア地域の最大ドナーである日本との競争関係にも関心が高まっている．

こうしたなか，下村恭民（2011：131-45）が画期的な議論を展開している．中国と日本を「アジアドナー」と位置づけ，日中がともに（インドも）「アジア型援助モデル」を形成しているという．さらに「新興ドナー」の中国が「伝統ドナー」の日本を助けて，開発途上国や国際援助コミュニティに貢献しているというのである．この「アジア型援助モデル」を構成する2つの規範は，第1に，

「内政不干渉」原則あるいは内政干渉に対する慎重姿勢であり，第2に，「援助，投資，貿易の相乗効果」の重視である．

　下村によれば，日中両国がともに当事国である「アジア型援助モデル」は，2つの経路で開発途上国や国際援助コミュニティに対して貢献することができるという．1つは補完の経路である．貧困や不公正と戦う上で，DACが「西欧型の慈善モデル」と名付ける伝統的ドナーの援助アプローチと，「ポスト貧困緩和」の段階で，自立に向けた途上国の努力を支援するアジアドナーの援助アプローチとは，異なった発展段階の異なった基本ニーズに対応し，有効な補完関係が意味を持つ．もう1つは競合の経路である．「アジア型援助モデル」に基づいた処方箋が，国際援助コミュニティの正統的な処方箋に対する「代替案」として提示され，異なった処方箋が提示されれば，途上国が主体的に最適と考える案を選択することができるという．

　また，下村は，中国の台頭が日本の援助にとって3つの新しい機会を提示していると論じている．日本がアジア型援助モデルの基底部の設計者であるとともに，古くからのDACメンバーであるから，第1に，2つの代替的な援助モデルの双方に深く関与している唯一のドナーであることから，有利な立場を活用して，日本独自の貢献をすることができる．第2に，アジア・ドナーの援助アプローチが真剣な分析の対象となりつつあるなかで，アジアに対する日本の援助経験，特にインフラ建設を中心とする援助効果が見直されている．日本の援助経験が知的資産として今後に活用されうる．第3に，日本の中国に対する知識移転の可能性に注目するべきである．中国の援助アプローチの原型が日本の援助である，との認識が広く共有されているからである（Saidi and Wolf, 2011：9；Nissanke and Soderberg, 2011：14）．

　しかし，「アジア型援助モデル」として一括りされる日本と中国の援助には，大きな相違があることも忘れてはいけないだろう．政治的コンディショナリティをつけるかどうかについて，日中ともに内政干渉には慎重な姿勢を保っているのはたしかであるが，実態は大きく異なっている．日本は，1992年の『ODA大綱』制定以来，「環境と開発の両立」をある種の条件として援助実施の際に要求している．これに対して，中国の援助は現地の環境に対する配慮が足らず，環境破壊をもたらしていると指摘されている．もう1つは，2015年『大綱』は

「開発協力の適正性確保のための原則」として，最初に「当該国における民主化，法の支配及び基本的人権の保障をめぐる状況に十分注意を払う」を掲げていることである．実際この原則がどこまで厳格に執行されているか疑問がなくもないが，原則として掲げられていること自体は間違いない．これに対し，中国は自分自身がこうした問題を抱えているわけだから対外援助の条件とすることはないだろう．

軍事援助に関しては，日中間に明瞭な違いが存在する．日本の場合，2015年の『大綱』から微妙な変化を読み取ることはできるが，依然として「軍事的援助をおこなわない」ことを原則としている．これに対し，中国では軍事的援助自体の正当性はまったく問題にされず，議論は単に対外戦略にどう活用するかに焦点が当てられている．

他方，援助の目標，方式，対象，経路などをめぐる規範が非常に似ていることから，日中両国は共通の問題に直面している．たとえば，第1に，地域的にアジアを重視するのか，それともアフリカも含めた貧困国支援を重視するのかの問題である．これは，借款による中所得支援に重点を置くか，グラントによる貧困国支援に重点を置くかの選択でもある．これまで円借款を中心にODAを供与してきた日本にとって深刻な課題である．円借款を担当する国際協力銀行（JBIC）は，多くの国が重債務貧困国（HIPCs）で債務返済が困難なアフリカの現状を踏まえ，アジアを業務の中心としている．そのため無償援助を主として担当する国際協力機構（JICA）と外務省は，貧困国中心の援助によりシフトしていかざるを得ない．中国も，優遇借款とインフラプロジェクトを重視している現状においては，返済可能な国々に優先的に援助を提供せざるをえない．そのため日本と同様に，最貧困国により多くの無償援助をおこなうべきとする国際社会からの要請に如何に対応していくか，という課題に直面している．

第2に，かつて日本は，援助に「政治的コンディショナリティ」を付けるかどうかの問題で，異質だと批判された．また，欧米ドナーが強調する人道主義と異なり，日本のODAは「援助・投資・貿易」三位一体の経済主義に基づいていると批判されたこともある．他方，中国の対外援助は，かつては「政治至上主義」に基づいていたが，1990年代半ば以降は，「援助・投資・貿易」の三位一体による援助を急展開している．国際援助レジームにおける，日中両国の

共通点が顕在化している.「経済主義」に基づいた対外援助をおこなうことでいいかという疑問に日中とも直面している.

　国際援助レジームが,国際開発援助機関,ドナー国と受入国,民間団体などによるマルチステークホルダーのパートナーシップ体制を全体として強めているなかで,日本も中国も,独自のスタンスで被援助国の開発に関わることは現実には困難になってきている.多様なアクターを交えて,現地でおこなわれているさまざまなセクター会合や議論に参画し,そこで説得力のある議論を展開し,政策を形成していくことが求められている.こうした新しい開発の潮流のなかで,少なからぬ開発規範を共有する日中両国が協働する場面が今後増えていくかもしれない.

　付記　本章は,中国国家社会科学基金特別委託プロジェクト「中国周辺国家の対中関係に関するアーカイブ収集及び歴史研究」(15@zh009)の研究成果の一部である.

注
1) 「新興ドナー」は広く使用されている用語であるが,きわめて多義的な概念で,その範囲や属性は非常に曖昧である.また,中国,インド,アラブドナーなど古くからのドナーが含まれていることを考慮すると,新興ドナーという表現は適切とはいえないかもしれない.本章では便宜上,「DACに属さない有力ドナー」を「新興ドナー」とする.
2) たとえば,小林(2012:22)は次のように指摘している.「これは,中国の『ふるまい』が伝統ドナーとはまったく異なるように見え,その差異が伝統ドナーが長年にかけて構築してきた「規範」や「基準」と抵触するからに他ならない」.
3) OECDのDACの基準では,1人当たり総国民所得(GNI)が7000ドルを超えると経済援助対象国から卒業移行国になり,ODA総額にはカウントされない.
4) 毛小菁(2010)は,中国の対外援助は今後も長い間「南南協力」に立脚点を置くべきと論じている.
5) 本章でいう国際援助コミュニティとは,経済開発にかかわる国連,世界銀行など国際機関と,OECD/DACの主要ドナー国を指す.
6) 金(2000)は,「援助・投資・貿易の三位一体」の日本型援助アプローチは東南アジアをはじめとするアジア諸国向けのODAが実施されるなかで次第に確立されたと論じる.張(1994)は,経済援助は民間企業の直接投資を誘い出す「呼び水」の役割を果たすと論じる.
7) 優遇借款の発展の経緯や現状,今後の見通しなどについては,黄梅波(2010)が詳しい.
8) 下村,中川,齋藤(1999)第3章が詳しい.

9 ）2013年12月 4 日に国家安全保障会議設置法が改正され，外交・防衛を中心とした安全保障の司令塔である国家安全保障会議が設置された．会議の運営方針として審議されたのが「国家安全保障戦略」であり，「積極的平和主義」はこの戦略における基本理念と明示された．国家安全保障戦略は，同年12月17日に，第二次世界大戦後初めてとなる国家戦略として，国家安全保障会議および第二次安倍内閣の閣議で決定された．同戦略では，「国際政治経済の主要プレーヤーとして，国際協調主義に基づく積極的平和主義の立場から，我が国の安全及びアジア太平洋地域の平和と安定を実現しつつ，国際社会の平和と安定及び繁栄の確保にこれまで以上に積極的に寄与していく」指針が表明された．

引用文献

Dagman Saidi, Myriam and Christina Wolf (2011) "Recalibrating Development Co-operation : How Can African Countries Benefit from Emerging Partner?" *OECD Development Centre Working Paper*, No.302.

Nissanke, Machiko and Marie Soderberg (2011) *The Changing Landscape in Aid Rrelationships in Africa : Can China's Engagement Make a Difference to African Development?* The Swedish Institute of International Affairs.

Pharr, Susan (1994) "Japanese Aid in the New World Order", in Craig Garby and Mary Bullock eds., *Japan : A New Kind of Superpower?* John Hopkins/Woodrow Wilson Center Press : 160-72.

Sato, Jin, Hiroaki Shiga, Takaaki Kobayashi and Hisanori Kondoh (2011) "'Emerging Donors' from a Recipient Perspective : An Institutional Analysis of Foreign Aid in Cambodia," *World Development*, Vol.39 (12) : 2091-2104.

王平（2012）「中国人研究者による日本のODAの研究」日本国際問題研究所編『中国の対外援助』日本国際問題研究所．

外務省（2004）『ODA白書 2004年版 日本のODA50年の成果と歩み』．

外務省経済協力局（1990）『我が国のODA』（1990年版），上巻．

金熙徳（2000）『日本政府開発援助』社会科学文献出版社．

黄梅波（2010）「中国政府対外優恵貸款的発展歴程与前景」『国際経済合作』2010年第11期：47-53．

小林誉明（2012）「中国援助に関する『通説』の再検討――伝統ドナーからの乖離と途上国への開発効果――」日本国際問題研究所（編）『中国の対外援助』日本国際問題研究所．

下村恭民（2012）「中国の対外援助の台頭と日本の活路――『代替案』としての『アジア型援助モデル』――」日本国際問題研究所（編）『中国の対外援助』日本国際問題研究所．

下村恭民・中川淳司・齋藤淳（1999）『ODA大綱の政治経済学――運用と援助理念――』有斐閣．

JICA研究所（2011）『開発援助研究レビュー』No.9．

徐顕芬（2011）『日本の対中ODA外交――利益・パワー・価値のダイナミズム――』勁草書房．

―――（2016）「1970年代の対ベトナム援助をめぐる日米中の対応」菅英輝編『冷戦変容と歴史認識』晃洋書房．

張光（1994）「三位一体の日本の援助，貿易及び投資政策」『東北アジア研究』1994年第2期：46-51.
ロバート・オアー（1993）『日本の政策決定過程――対外援助と外圧――』東洋経済新報社．
渡辺紫乃（2009）「中国の対外援助政策――その変遷，現状と課題――」『中国研究論叢』（9）：31-57.

閻学通（2016）「中国応増加対外軍事援助，減少対外経済援助」〈http://ex.cssn.cn/jsx/zjgd_jsx/201601/t20160118_2832144.shtml〉，2016年6月15日アクセス．
軍事科学院軍事歴史研究所編（2005）『中華人民共和国軍事史要』軍事科学出版社．
周永生（2015）「日本将軍事援助引入合作開発大綱意欲何為？」『北京週報網』（2015年2月15日）．〈http://www.beijingreview.com.cn/2009news/tegao/2015-02/25/content_670325.htm〉，2016年6月15日アクセス．
中華人民共和国国務院（2011）『中国的対外援助白書（2011）』．
―――（2014）『中国的対外援助白書（2014）』．
『中国人民解放軍軍史』編写組編（2011）『中国人民解放軍軍史』第6巻，軍事科学出版社．
毛小菁（2010）「国際援助構造の変遷の趨勢と中国の対外援助の位置付け」『国際経済合作』2010年第9期：58-60.

COLUMN 3　開発援助にみる日中の環境規範の変容

　2015年12月25日，アジアインフラ投資銀行（AIIB）が57カ国を創設メンバーとして発足した．本部を中国の首都北京市に置き，中国人の総裁を据えてスタートした．中国主導の援助機関の誕生である．その念頭にあるのは，アメリカが主導権を握る世界銀行や日本の影響力が強いアジア開発銀行であり，アジアおよび世界の開発援助をめぐる規範における影響力争いである．現に日米両国がAIIBへの参加を見送る一方で，中国はさまざまな国に対して参加を働きかけてきた．今後さらに30カ国がAIIBへの参加を検討しているという．

　以上のように中国は近年，開発援助の分野において，まずはアジアにおける規範の形成に関して主導権を握ろうとしている．では，中国が開発援助分野において，アジアで形成しようとしている規範の特徴はどのようなものなのか．そしてその規範は，日本の開発援助政策にどのような影響を与えているのだろうか．

　中国は近年，資源の確保と市場拡大をねらって積極的に開発援助を行っている．なかでもアジアに対する援助額の割合が40％と大きく，25％のアフリカや13％の南米と比較して重視してい

る姿勢が窺える．とりわけメコン河流域諸国に対する中国の援助の増大は著しい．このように影響力を増す中国の援助に対しては，「援助規範や原理・原則，手法の点で，欧米先進国のそれとは異なっている点が多い」，「NGOは中国の海外における開発モデルに，透明性や環境影響の観点から懸念を強めている」などといった批判も多い．このような批判や相違点は，総じて言えば，貿易・投資・狭義の援助の間で境界が曖昧で，かつ官と民の境界も曖昧であることから来るものである．

　ここで，従来の開発援助の考え方について整理しておきたい．DAC（開発援助委員会，経済協力開発機構傘下の委員会の1つ）によれば，政府開発援助（以下ODA）は，政府機関などによって供与される開発途上国の経済開発や福祉の促進に資するものを指し，最低でも25％のグラント・エレメントを確保する譲許性の高い資金である．実際には，先進国によるODAはパリ宣言（2005年）およびアクラ行動宣言（2008年）で合意された国際規範に基づいて実施されている．具体的には，① 受入国による開発戦略の策定，② 供与国による受入国の開発戦略の支援，③ 受入国における供与国の努力の合理化，④ 結果の監視，⑤ 開発目標達成のための相互の責任という5つの原則によるものである．

　これに対して，中国による援助は「走出去」と呼ばれる戦略に基づいて行われている．走出去戦略は，貿易・投資・援助・経済合作（工事請負と労務協力）の四位一体体制のもとで，対外直接投資や資源確保戦略，中国企業の国際化などを推進するものとして位置づけられている．つまり，走出去戦略がいわゆるひもつき援助と資源確保を関連付けており，ウィン・ウィンの原則に基づいた援助の展開をねらっていることがわかる．さらには，中国の対外援助の主役は中央政府ではなく民間企業や国有企業集団であって，国家機関は必要に応じてそれらを支援する役割であることが窺える．このことは見方を変えれば，それらの企業の利益追求にとっては制約となる環境への配慮は，十分には担保されないと推察されるのである．

　その背景にある考え方として，1954年に定められた平和共存5原則がある．このなかの1つに相互内政不干渉の原則が含まれている点に注目したい．さらに1964年には対外援助8原則が策定されており，その第2原則には「中国政府は対外援助を提供する際，被援助国の主権を厳格に尊重し，決していかなる条件および特権も求めない」との記載がある．これらが示唆するとこ

ろは，中国による対外援助においては，開発の際に環境保全を条件付けることは内政干渉にあたるため，これを受入国側に求めることはしないという点である．

　一方日本では，先に挙げたDACの5原則に則り，1992年に閣議決定されたODA大綱で4つの原則を定めていて，そのなかに「環境と開発の両立」が掲げられている．このような日本の環境規範意識は，たとえばメコン河流域諸国に対する援助において，日本・メコン地域連携プログラム（2007）や日メコン首脳会議（2009年以降毎年）で合意された3つの重点課題のうち，必ず1項目は環境や持続可能性に関する内容が盛り込まれている点に表れていると言える．

　その日本も，1980年代にかけて，ひもつき援助や国益重視の姿勢が諸外国から批判されたことを受けて，その後，人道的・道義的観点を考慮する理念が追加されてきた経緯を持つ．同様に中国も，近年の諸外国からの批判を受けて，大国としての責任を果たすべく，最小限ではあるが既存の国際的な援助規範を受容する姿勢を見せ始めている．たとえばメコン河上流域では植林や森林保護のプロジェクトに関与するようになった．

　他方で中国は，援助受入国に対して内政干渉の可能性のある環境保全を条件付けるなどの施策は拒否し続けている．この点に関して，審査プロセスや縛りが少なくスピードが早い中国援助は受入側の途上国政府にとって都合がよく，欧米ドナーよりも歓迎されるのだが，その反面，援助による恩恵を受けられない地域社会や住民，環境への影響が目立ち始めている．

　このような現状を受けて，日本政府はODA大綱を見直し，途上国への武器援助解禁やインフラ輸出の一環として原子力発電所建設を売り込むなど，国益増進と結びつけた姿勢に転換した．このような変化は，中国の開発援助における環境規範意識が日本の対外援助政策に影響を及ぼし始めているということができる．一方で，日本が2012年までの8年間，環境分野に対する援助において欧米ドナーを大幅に上回る実績額を供与してきた功績は，実は途上国の地域住民における親日感情につながっている．この点を慎重に考慮し，自国の国益を重視した短期的な利益を追求する中国型の援助規範に接近していくのか，それとも，これまでと同様に環境と開発の両立の観点から受入国の地域的，社会的，文化的文脈をふまえた長期的な視点での援助を続けていくのか，日本としての援助規範を熟議する時期を迎えている．

（濱崎宏則）

第5章

日本と中国の国際平和協力活動
―― 国際規範と国内規範の相克 ――

畠山京子

はじめに

　冷戦終結後,国際安全保障環境は大きく変化を遂げた.非国家主体がアクターである民族・地域紛争が目立つようになり,紛争解決や治安安定にむけて国際連合（国連）が果たす役割が拡大した.これらの紛争の中には,ユーゴスラビアで起こった「民族浄化」やルワンダの「ジェノサイド」に象徴されるように人権擁護の観点から国際社会が看過することができないほど状況が悪化するものもあった.こうした状況を受け,国連平和維持活動（PKO）の設立件数も急増し,PKOが果たす役割も高まっていった.冷戦終結直後の数年間に,主要国を含め49カ国がPKOに参加を開始したことからも国際社会がPKOを支持していることがうかがえる（たとえば,中国は1989年,アメリカ,ロシアおよびドイツは1991年に参加を開始）[1].国際社会の一員として,主要国はもちろん,各国が平和と安定のために人的貢献をおこなうことを受け入れたのである.

　ある1つの概念が国際社会で国際規範として受容されるには,第1に多くの国が受け入れること,第2にその規範にとって重要な国が受け入れることの2点が必要である（Finnemore and Sikkink, 1998：901）.PKOの場合,冷戦終結後,これまで財政・物質支援のみだった国連安全保障理事会（安保理）常任理事国や主要国が参加を開始した.また直接的な利害関係がなくとも多くの国連加盟国がPKOに参加している.このことから,国際社会は「国際社会の一員として平和と安定に（人的）貢献をすべき」という国際規範を受容しているといえよう.国連の下でおこなわれているPKOは,この国際規範を具現化した1つ

の形態なのである (Dobson, 2003: 161 ; Findlay, 1996: 1-8). PKOだけではなく，国連の承認を得た国際平和支援活動も国際規範が具現化された形態だといえるだろう (青井, 2007). では，日中両国はこうした国際規範を受容しているのだろうか.

　国連平和維持活動と一口に言ってもその目的や目的達成方法は多種多様である. 特に，冷戦終結後は，内戦や民族・地域紛争に対応すべくPKOの形態や役割は大きく変化を遂げた. 冷戦時代に設立された伝統的なPKOは，① すべての紛争当事者からの同意を得ること，② 中立であること，③ 武器使用の目的は自衛のみという3原則の下でおこなわれていた. 主に国家間紛争の再発防止を目的として設立されたPKOでは，この3原則の下で実施されるPKOで十分に役割を果たすことができた. しかし，冷戦後の内戦や紛争では，停戦合意に至るまでの時間が長く，市民の犠牲も急増した. また，一旦停戦を実現しても紛争が再発するケースも多発した. さまざまな面で制約のある伝統的PKOでは冷戦後増加した内戦型紛争の被害を抑えたり再発防止に取り組んだりするには効果的ではなかったのである.

　こうした事態を受け，ブトロス＝ガリ国連事務総長による報告書『平和への課題』では (Boutros-Ghali, 1992)，「絶対的かつ排他的な」国家主権規範の時代は過ぎ去ったとの認識のもと，予防外交や平和構築の重要性を訴えると同時に，武力行使を限定的ながらも認める「平和創造」が提案された. こうして，武力を用いて平和を強制する「平和強制型」PKO（第3世代）や紛争停止後の平和構築を重視する「複合的」PKO（第2世代）も登場するようになった（本章ではこの2つをまとめて非伝統的型PKOと呼ぶ）. 「平和強制型」PKOでは人権保護の名のもとに武力介入がおこなわれる.「複合型」PKOでは，自由・人権・民主主義などのいわゆる「リベラル規範」に基づき選挙支援や法整備支援などがおこなわれ，国連主導のもとで新たな「国造り」がおこなわれる. しかし，こうしたPKOはカンボジアでは成功を収めたものの，武力介入をおこなったソマリアでは失敗してしまい，国連による平和強制活動の限界が露呈する結果となってしまった.

　また，ボスニアでの虐殺やルワンダでの「ジェノサイド」を国連が防ぐことができなかったことにより，PKOの実効性の限界も明らかになった. PKOの

改革機運が高まるなか，2000年に発表された「ブラヒミ報告」では，平和維持と平和構築を一体化しておこなう重要性やマンデート（国連安保理から委託された権限）の下明示された任務遂行のため，実力行使を含め是々非々の対応をする必要性，つまり「公平」である必要性が提言された．これまでの「中立性（neutrality）」から「公平性（impartiality）」への転換である[2]．また，安全保障の概念が広がり，人間を中心としたアプローチ（「人間の安全保障」概念）の重要性が指摘されるようになり，平和構築と「人間の安全保障」の確保が密接に関わるようになった（上杉，2012：28-29）．つまり，平和構築の重要性が高まると同時により強力で能動的なPKOの設立が求められるようになったのである．

しかしながら，こうした国際的な流れがアジアで定着しているか否かは疑問である．人権尊重や軍事介入などを是とする新たな潮流は，国家主権規範に対する挑戦だからだ（吉川，2007：202-206）．たとえばASEANでは，全会一致を基本とし内政不干渉を重んじている．そのため，軍事政権を非難することも，人権や民主主義状況をお互いに批判することもない．そもそも，こうした議題を国際政治の俎上に載せることを嫌う．PKOで積極的な役割を果たしているアフリカ連合とは異なり，地域版PKOの創設にも否定的である．国際規範化した人権規範や民主主義規範とは異なる「アジア的方法（Asian Way）」――国家安定のために経済発展や開発を優先するやり方――があることを主張している（吉川，2007：185）．アジアでは，PKOに関してはアチャリア（Acharya, 2011：123-24）が言うような「規範の障害」が存在しているのかもしれない[3]．

アジアの大国である日本と中国は，冷戦時代はPKOと距離を置いていたものの，冷戦後はともに積極的にPKOに関与し始めた．2016年時点でのPKOへの派遣人数は，中国は世界第8位，日本は第55位である（UN, 2016）．中国の国連PKOの分担金は，10.29％でアメリカに次ぎ2位であり，日本は第3位である．こうした日中両国の関与は，「国際貢献」規範のみならず「リベラル規範」や軍事介入も是とする規範も内面化していることの表れなのだろうか．規範のライフサイクル論では，国際規範は規範起業家によって持ち込まれ徐々に浸透するが，ある時点で「カスケード」現象が起こり，規範が内面化すると論じられている（Finnemore and Sikkink, 1998）．こうしたカスケード現象が日中両国でも起こり，既存の国内規範との交代が起こったのだろうか．あるいは，交代で

はなく新旧両規範の複合化が起こったのだろうか．

この章では，日中両国のPKO政策を分析することで，両国の国際規範の受容状況と規範受容の障害となっている要因について明らかにする．冷戦後のPKOは変容を遂げ，さまざまな規範が複雑に絡み合うようになった．ここでは，便宜的にPKOに関連する国際規範を以下の3つのカテゴリーに分類して考察する．

① 国際社会の一員として，PKOなどへの人的貢献をおこなうべきであるとする「国際貢献規範」
② 人権や民主主義などを尊重すべきだとする「リベラル規範」
③ 人権擁護のためには武力介入もすべきであるという「武力介入規範」

まず，日中両国の政策の変化を概観することで，国内規範と上記3つの国際規範の相克を明らかにする．次に事例として，両国がともに参加した東チモールPKOの例を通して，3つの国際規範と国内規範との相克を考察する．東チモールPKOは，武力介入を伴うPKOであると同時に複合型PKOでもあった．人権擁護よりも内政不干渉を重んじ，民主主義よりも経済成長を通じた安定を求めるアジアで設立された非伝統的PKOに対し，日中両国はどのように対応したのだろうか．本章では，これらの考察を通して，日中両国の国際規範に対する態度を明らかにすると同時に規範受容の制約要因は何かを明らかにする．

1．日本と国際平和協力活動

(1) 国内規範と国際規範の相克

戦後の日本の国際貢献は，長期にわたり経済的手段に限られていた．日米同盟と自衛隊の存在を憲法違反だと主張する社会党が一定の影響力を持つ状況の中，安全保障分野で軍事的な貢献をすることが選択肢にはなかったといっても過言ではない．国連のもとでおこなうPKOについても同様だった．1954年の「海外派兵反対」決議を覆し，国際貢献のためとはいえ自衛隊を派兵するために新たな法案を採択すること，あるいは自衛隊法を改正することは困難な状況であった．軍事的なもの全てを忌諱する反軍国主義的な規範やアイデンティティ

が，安全保障政策の制約となっていたのだった（Katzenstein and Okawara, 1993；Berger, 1998）．政府もまた経済的援助をおこなうことで国際社会の一員としての責任は果たしていると考えていた．

　こうした状態に風穴を開けたのが1991年の湾岸戦争であった．日本は130億ドルという莫大な資金援助をおこなったが，経済援助のみで人的貢献はしない日本の行動は「適切」ではないと国際的な批判を受けた．多くの資金援助にもかかわらず国際社会から批判された結果，PKO参加などの人的貢献の是非も幅広く国内で議論された．その頃，著名なジャーナリストである船橋洋一が提唱した「シビリアンパワー論」や政治家小沢一郎が提唱した「普通の国」の概念を巡る議論も，過去の経済支援に限定した国際貢献ではなく，自衛隊派遣などを通じた「人的な国際貢献」という新たな規範が伝播するのに大きな影響を及ぼした（Hatakeyama and Freedman, 2010：212；Singh, 2010）．新たな規範を巡り全国民的な議論を通じて「国際貢献規範」に対する理解が深まる中，1992年政府は国際平和協力法（PKO協力法）を採択した．しかし，採択したからといって，反軍国主義的な国内規範が国際規範と交替したわけではなかった．公明党の躊躇や社会党の強い反対により，競合する反軍国主義的な国内規範も含むPKO5原則が制度化されたのであった．政府は旧規範との調整をおこない，新旧両規範に整合する形で制度化することで，国際貢献を可能にしたのであった．ただし，現在もPKOを巡る法改正が議論されており，自衛以外の武力行使は一切しない「日本型国際貢献」というような調整された規範[4]，あるいは国内規範と国際規範が複合的に合わさった複合化規範[5]が定着しているとは現時点で判断できない．

　PKO協力法採択により自衛隊の参加が可能となったが，冷戦後は，紛争当事者間の停戦成立をもってPKOが設立されても必ずしも治安が良好とは言えず，武器使用の可能性を完全に排除することが困難になってきている．政府は，こうした変化に対応すべく，1998年，2001年にPKO協力法を改正し，武器使用や自衛隊任務に対する厳格な制限を緩和した．2007年には，それまで自衛隊の付随的任務であったPKOを本来任務へと格上げし，自衛隊中央即応集団に国際活動協力隊を設立した．2015年には，「平和安全法制」の一環としてPKO協力法が改正され，他国のPKO要員及び文民に対する保護（いわゆる駆けつけ警護）

や，国連関連施設の防護のための武器使用が可能となった．このように，数度の法改正により防衛の範囲内での武器使用の基準が緩和され，自衛隊員の任務の幅は広がった．とはいえ，憲法9条があるため防衛を超えた武力行使は困難であり，武力行使を伴う可能性のあるPKOには参加していない．

　一方，近年重要性が高まってきた平和構築では大きな役割を果たしている．復興分野では「リベラルな規範」に基づいて支援がおこなわれるが，同規範を欧米諸国と基本的に共有している日本は，経済開発，法整備支援や行政支援，人材育成などを通じて復興・開発分野で積極的に関与している．こうした支援は武力行使を非とする国内規範と衝突することもない．

　しかし，2001年以降に注目を浴びるようになった治安部門改革（Security Sector Reform：SSR）や武装解除・動員解除・社会復帰（Disarmament, Demobilization, Reintegration：DDR）は日本に新たな課題を突き付けた．経済復興の分野では役割を果たせても，日本独自の厳格な安全基準や武器使用に対する制約のため，こうした軍事分野では役割を果たすことができないと考えられたからである．また，軍事分野への支援はODA大綱にも反していた．しかし，日本は，「人間の安全保障」概念を再構築および拡大解釈することで，平和構築における軍事支援と国内規範の整合性を図った．

　日本は，1997年ごろより，暴力や紛争などの「恐怖からの自由」，飢餓や貧困などの「欠乏からの自由」を訴え，国家ではなく飢餓や貧困など生存の恐怖に苦しむ人々を救うことに注力する「人間の安全保障」を外交の柱として積極的に促進してきた[6]．当初は，アジア通貨危機により苦難を強いられた社会的弱者への支援といった経済的側面を強調していたが，森喜朗首相の提案を受けて「人間の安全保障委員会」が2001年に国連で設立され国際社会での注目度が高まると，紛争後の平和構築支援に次第に目を向けるようになった．2003年に改訂されたODA大綱では，経済的支援を利用しながら平和構築に関与していく姿勢を鮮明にし，国連平和構築委員会（2005年に設立）でも議長も務めるなど積極的な役割を果たし始めた．安全保障分野における国際貢献を通じて何とかプレゼンスを確保したかった外務省にとって平和構築支援は恰好の分野であったのである（伊勢崎，2008：77-78）．

　一見，軍事力の行使を含まず個人の生存や生活に焦点を当てる「人間の安全

保障」概念は，平和構築における軍事支援（SSRやDDRなど）とは共通点がないように見える．しかし，個人の安全や生存を確保するためには，国内の治安や正義を確保することが前提である．つまり，SSRやDDRなどにより治安を確保してはじめて「人間の安全保障」に取り組むことが可能となるのである．日本は当初狭義に解釈していた「人間の安全保障」概念を拡大し，個人と国の安全保障と結びつけることにより平和構築における役割を拡大していった（Honna, 2012 : 102-103）．「『人間の安全保障』という側面はSSRの中でとりわけ重要」（外務省，2007）という言葉からも，日本が人間と国の安全保障を関連付け，「人間の安全保障」の側面を強調することにより軍事分野への支援も深めていることが明らかであろう[7]．憲法上の制約から軍事的手段を行使できない日本にとって，安全保障分野で貢献することは簡単ではない．しかし，「人間の安全保障」を確保するために，「国内の安全保障」と「人間の安全保障」の2つの側面を持つ包括的任務（吉崎，2012 : 63）をおこなうことは，支援の拡大にもなり，規範を逸脱することもない．このように，日本は冷戦後変化するPKOの規範を全面的に受容せずとも，国内規範との調整をうまくおこなっているといえよう．

では，実際のケースではどのような関与をおこなったのだろうか．次の節では，カンボジアに次ぎ2回目の大規模な自衛隊参加となった東チモールの事例を考察する[8]．日本は2002年，東チモールの独立後に自衛隊を派遣した．東チモールPKOもカンボジア同様，伝統的なPKOではなかった．初期段階では，治安安定のため武力行使も任務に含む多国籍軍（INTERFET）が展開され，治安安定後に「国造り」支援がおこなわれたケースであった．日本は東チモールPKOに自衛隊を派遣し，インフラ修理を中心に貢献したが，派遣を決定するまでに時間を要した．なぜだろうか．国内規範が制約となったのだろうか．

（2）日本と非伝統的PKO――東チモールを事例として――

1976年，インドネシアは東チモールを併合した．国連は併合を承認しなかったものの，日本，オーストラリア，イギリスはアメリカに追随し事実上併合を黙認した．この頃は，1977年の「福田ドクトリン」に象徴されるように日本がASEAN諸国を対アジア外交の柱として重視し始めたころでもあった．ASEANのリーダー格であるインドネシアがおこなった併合を黙認すること

は，冷戦の文脈からもアジア外交という意味からも自然なことであった．しかし，インドネシアの弾圧は激しく，1998年以降，東チモールでは独立派武装組織とインドネシアへの統合を希望する統合派武装組織の間で武力紛争が激しくなった．1999年頃には，治安状況は更に悪化し，両派の間で衝突が頻繁に勃発するようになった．こうした状況を受け，1999年6月，国連東チモール・ミッション（UNAMET）が設立され，8月には東チモールの拡大自治提案に対する民意を確認するため直接投票が実施された．日本は，国連から要請を受けたが，治安が悪かったためUNAMETに3名の文民警察要員を派遣しただけであった．

住民による直接投票の結果は，78.5％の賛成を得た独立派の勝利だった．しかし，インドネシアとの統合を求める武装集団（民兵）は結果を受け入れず，独立派住民の殺害，放火など犯罪行為を繰り返したため，東チモールの治安は住民投票以前より悪化した．インドネシアが国軍を投入したにもかかわらず悪化する治安状況を受け，オーストラリアは武力介入を提案するなど積極的に関与する姿勢を見せた．東チモールの状況悪化は国際的な関心を集め，同年9月に開催されたアジア太平洋経済協力会議（APEC）でも，東チモールへの国際社会の介入の必要性について議論された．同月，国連は国連決議1264を採択し，国連憲章7章の下，治安回復，人道支援促進のため，武力行使が許可された多国籍軍を設立した．日本は受け入れ国であるインドネシアの同意がない状態で武力介入をおこなうことには反対であった．[9]1991年のサンタクルス虐殺事件（インドネシア国軍が東チモールのデモ行進に発砲し300人が死亡）の際も，調査団派遣決議案にインドネシアへの配慮から棄権していた．しかし，インドネシアが国際社会の介入に同意した後は，非軍事分野での貢献を積極的におこなった．たとえば，1999年11月，自衛隊輸送部隊を派遣して輸送協力をおこない，翌月には，援助国会議を開催し支援国中最大の1億ドルの復興支援と3000万ドルの人道支援を表明した．さらに，多国籍軍に参加しているASEAN諸国の財政負担を軽減するため1億ドルの援助を実行した．

オーストラリア主導の多国籍軍の介入により東チモールの治安は大幅に改善された．その結果，2000年2月，国連平和維持部隊が多国籍軍から任務を引き継ぎ，立法・司法・行政の全権を委託されたという点で史上初となる東チモー

ル暫定行政機構（UNTAET）が発足した．国連軍が多国籍軍から任務を引き継いだ2000年２月以降は，法律上は自衛隊派遣による任務遂行の余地はあった[10]．2001年３月には，PKO5原則は満たされ，活動内容も平和的であると考えられた[11]．治安は一時的に再度悪化したが，同年10月の武装勢力掃討作戦以降は大幅に改善していた．民間に空港の警備が任されるほどだった（UNTAET, 2001）．国連軍ですら漸次的に撤退していた[12]．しかし，日本政府は，民兵が国連軍および国境付近や西チモール難民キャンプへの攻撃を再度開始したことを危惧した．政府は，紛争当事者の停戦合意というPKO5原則を満たしていないという理由により，自衛隊の参加を見送ったのだった．

日本がこの時点で自衛隊派遣に消極的だったのは，武力行使に巻き込まれる可能性を完全に排除できなかったからであった．外務省は積極的に関与しようとしたが，警察はカンボジアPKOで死傷者を出した経験から，人員の安全が完全に確保されない状態で文民警察官を派遣することには及び腰であった[13]．防衛庁も治安が完全に安定していない地域への派遣は反対であった（Zisk, 2001: 31-32）．死傷者が出た場合あるいは紛争に巻き込まれ武器を使用した場合，マスコミや国民が過剰に反応することは容易に予想できたので，不測の事態により自衛隊の国際貢献が一気に後退することは避けたかったのである[14]．武器使用に厳格な制限があるPKO5原則がある以上，武器使用の可能性が完全に排除できない状況下でPKOに参加することは困難であった（関，落合，杉之尾，2004: 154-58）．しかも，治安が大幅に改善されたとはいえ，UNTAETの主要任務は治安維持であった．こうしたPKOへの参加は，たとえ５原則を厳守していたとしても武力行使を非とする国内規範に沿うものではなかった．

しかし，2001年６月，中谷元防衛庁長官は，東チモールの正式な独立後，UNMISET（UNTAETの後継PKO）に対し自衛隊を派遣する意図を明らかにした[15]．東チモールは独立へ向けて着々と体制を整えつつあり，2001年８月には憲法制定議会議員選挙も実施された．同月には受入国ともいえるインドネシア（独立後は，受入国は東チモールとなるが）も日本の自衛隊派遣に合意した[16]．そして2002年３月，日本は，東チモールの復興促進のため，過去最大の自衛隊施設部隊を派遣した．任務の内容は，カンボジアPKOと同様に破壊された橋，道路などインフラの修理や輸送支援などであった．言うまでもなく独立後のPKOの任

務内容は，PKO5原則に象徴される国内規範を満たしていた．施設部隊による道路，橋などのインフラ修復は，武器使用を忌憚する国内規範に合致するものであり，不測の事態への心配もなかった．こうして日本は，2002年から2004年までの間に延べ2287人の自衛官を派遣した．

日本の関与は自衛隊派遣だけではなかった．ODAの主要ドナーとして，人材育成，農業支援，開発・復興支援（主にインフラ支援）を通じた東チモールの国造りにも積極的に関与した．一般的に日本の緊急人道支援は，NGOや国際機関を通しておこなわれることが多い．しかし，紛争停止後の平和構築支援では，ODAと自衛隊による援助という2つの枠組みの下，政府機能の強化，社会・経済インフラの整備が集中しておこなわれる．農業支援などはJICAを中心におこなわれる．東チモールでもこうした傾向は同様であった．ODAによるインフラ復旧・建設などの復興支援，農業支援，人材育成支援，自衛隊の国連PKO活動への参加，軍事分野での平和構築支援（たとえば元兵士の社会復帰支援や警察官研修など）を通じた包括的な取り組みがおこなわれた．[17]

2．中国と国際平和協力活動

(1) 国内規範と国際規範の相克

中国が国際社会にデビューするのは，中華民国（台湾）に代わり国連安全保障理事会常任理事国としての席を得た1971年といえよう．安保理のメンバーになったとはいえ，中国は，西洋諸国によるイデオロギーの押し付けは新帝国主義にほかならず（Fravel, 1996），PKOについてもアメリカやソ連の帝国主義拡張の道具の1つであるとみなしていた（Suzuki, 2011：271）．1955年のバンドン会議で示された平和共存5原則（領土主権の相互尊重，相互不可侵，相互内政不干渉，平等互恵，平和共存）は，こうした中国の主権に対する考え方を反映したものであった．1982年に中華人民共和国憲法にも盛り込まれた平和5原則は，中国の政策決定に多大なる影響を及ぼしている．

国際社会の一員として，中国は「国家主権」規範を欧米諸国と共有している．しかし，国家主権・内政不干渉を絶対視する姿勢は他国とは異なっている．これは，中国の歴史と無関係ではない．広大な土地と人口を抱える中国は，常に

外部からの侵略を心配しなくてはならなかった．特に19世紀半ば以降，清国が西洋国際社会や日本から受けた屈辱的な取り決め——治外法権や不平等条約——や侵略，戦争などの苦難の歴史は，中国にとっては「百年の国辱」であった．帝国主義の餌食となった不幸な歴史に鑑みると，中国が過度に領土の保全や主権の順守に敏感になるのも無理はない．中国では，社会的な安定と秩序を確保することで統治が正統化される．国内秩序を維持するために政府が力を行使することは正当だと考えられていた（ギル，2014：146-47）．しかし，外国による介入は，たとえ国連の下でおこなわれるPKOといえども，主権を侵害あるいは弱体化させる可能性を帯びた懸念すべき活動だと考えられた．そのため，中国は，国連の安保理メンバーとなった当初，PKOに関する国連決議には参加せず否定的な態度をとり続けていた．中国にとって，PKOは大国のパワー・ポリティックスの道具に過ぎなかったのである（Langteigne, 2011：316）．

　しかし，中国は1981年，キプロスPKOの延長に賛成票を投じるなど柔軟性を見せ始めた．翌年には財政支援もおこなった（Gill and Huang, 2009：2）．80年代後半には，国連が国際平和と安定に果たしている役割を評価し，自国もPKOに参加することで国際平和に貢献する姿勢を見せた（増田，2011：4-5）．湾岸戦争時には国連決議678を棄権するなど，多国籍軍による武力介入には反対の立場であったものの，1989年以降は，PKO3原則（① 紛争当事者の同意，② 中立，③ 自衛以外の武力行使は禁止）にのっとった伝統的なPKOには基本的には賛成するようになった．3原則に基づく伝統的PKOは，主権の侵害や内政干渉につながる可能性が限りなく低かったからである．国連を仲介者として紛争の当事者間合意があるなど，国家主権が尊重される限り中国型の国家主権規範と衝突することもなかった．しかも，中国が革命の輸出を目指していた冷戦時代と異なり，冷戦後は東西対立も消滅した．こうした国際社会の変化を考慮にいれた国際社会の一員としての行動であった（Fravel, 1996：1109）．一方，武力行使を伴う可能性のある部隊派遣については，主権侵害につながる可能性があるとして慎重な姿勢を示した．たとえば，1992年3月，銭其琛外交部長はドイツ紙によるインタビューのなかで，PKF部隊に参加する可能性を否定していた（増田，2011：6）．中国は，冷戦の終結と同時期にPKOに参加し始めたものの，警察要員や工兵の派遣にとどまったのだった．

中国の国際貢献規範の受容は，さまざまな制度化にも表れている．中国は，2000年にPKO警察官の訓練所を開設し，2001年12月には，国連PKOへの参加を調整・管理する平和維持弁公室を新設した．2002年1月，国連待機制度（UNSAS）への参加を正式決定し，提供可能な要員を国連事務局に登録した．こうした変化は，中国の派遣人数にも如実に表れている．2003年頃から2009年にかけて飛躍的に派遣人数が増大し，2004年には国連安保理常任理事国のなかで最大の要員派遣国となった．

　こうした変化は，1996年に表明された新安全保障観と無関係ではない．中国は，新安全保障外交の下，中国の台頭を脅威と捉える近隣諸国の不安を取り除き緊張緩和をめざすため，地域安全保障機構へ積極的に関与し始めた（ギル，2014）．1997年のアジア通貨危機後は，自らを「責任ある大国」と呼び[18]，2000年代初頭には自国の台頭を「平和的発展」や「平和的台頭」と位置付けるようになった（ギル，2014:26）．PKOへの参加は，「国際規範を尊重する中国」といった肯定的なイメージを形成するのに有用である上に（Gill and Huang, 2009：26），急激な経済成長を背景に囁かれだした「中国脅威論」を鎮めるにも適していた．中国の台頭にまつわる否定的なイメージを払拭するためにも国際社会で規範にそった行動をとることが大切だった．2000年代には，「責任」と国連PKOを関連付けた記事数も急増した（増田，2011：14）．つまり，PKOに参加して破綻国家を「啓蒙する」「責任ある国家」というイメージを作ることが重要になってきたのだった（Suzuki, 2011：201）．こうした動きに戦略的計算が全くなかったとは言えない．しかし，積極的な関与や制度化は，国際社会の平和と安定に貢献するといった国際貢献規範を受け入れていることの証左でもあろう．また，国際貢献規範を尊重する国家としての意識の高まりは，中国が国連決議と台湾問題を結びつけなくなったことからも明らかである[19]．

　とはいえ，中国は，伝統的PKOは受け入れても，冷戦後任務が多様化した非伝統的PKOを全面的に支持しているわけではない．現段階では用心深く関与している（Lei, 2011）．理由は3つある．第1に，民族自決の拡大が中国型の国家主権規範と衝突するからである．第2次世界大戦後，中国共産党は反植民地運動としての民族自決を支持してきた．しかし，ユーゴスラビアでの熾烈な地域・民族紛争に象徴されるように，ソ連崩壊後，民族自決の動きが高まるに

つれ中国の態度も変化した．チベットや新疆ウイグル自治区の民族自決運動に波及することを恐れたからである．欧米列強により多大な苦難と試練を強いられたとの思いが強い中国にとって，植民地支配を脱し国家を建設する動きは支持できても，民族自決による「分離」は許容しがたい．「一つの中国」政策に象徴される台湾問題を考えれば，なおさら容認は不可能である．分離独立を許容しない中国型の国家主権規範は，民族自決紛争の結果設立されたPKOと立場を異にするのである[20]．

　第2に，冷戦後に重要性を増した平和構築は，中国が受容していない「リベラルな規範」をもとに進められるからである．国家対国家の戦争や紛争後に設立された伝統的PKOと違い，民族・地域紛争後の地域では，紛争後の国家建設を請け負う正統なアクターがいない場合が多い．また，国家建設を推進するだけの十分なリソースもなく，新たな「国造り」が進まず紛争が再発することも多かった．こうした状況を受け，包括的なアプローチをとる必要性が認識されるようになり，公正な選挙の実施，治安部門改革，復興開発支援，人権擁護，正統性のある政府を樹立することなどが非伝統的PKOの重要な任務の1つとなった．しかし，こうした任務は中国にとっては主権の侵害にうつった．自由・民主主義・人権などのいわゆる「リベラルな規範」の押し付けに見えたのである．経済，社会，人道的支援など包括的支援が紛争再発防止に有効であることは認めつつも，国連がリベラル規範に基づいて国家を建設することに反対していたのだった（Stähle, 2008：650）．たとえば，2000年の国防白書では，力のある国が覇権主義のみならず，自国の政治制度や思想を押し付けることに反対を表明している．江沢民は，2000年の国連ミレニアム・サミットで，人権に関しても，国家主権，文化，宗教，文明の多様性を尊重することを呼び掛けた[21]．平和構築の必要性は受け入れても，国連が西洋型統治を押し付けることにはきっぱりと異を唱えたのだった（Stähle, 2008：650）．

　民主主義に基づく統治や法の支配を進めている欧米諸国と異なり，中国型の平和構築は，経済発展の推進に焦点を当てている（China Military Online, 2014）．中国は，平和構築を進めるためには，国際社会が注力する人権，法の支配，治安部門改革ではなく，社会・経済発展が優先されるべきであると考えている．国際社会は，西洋型モデルを押し付けるのではなく当該国の文化を尊重すべき

であり，援助をおこなうにあたっても条件を付けるべきではないと考えているのである（Permanent mission of the People's republic of China to the UN, 2013）．こうした意見の違いから，現在では，中国のPKOでの貢献は，輸送，医療，技術支援，橋の補修や建造，道路の整備などに限られている．しかし，中国政府は，今後は中国独自の規範に基づき，人民解放軍が積極的に平和構築にかかわる意図を明らかにしている．経済開発と内政不干渉を重んじる中国型規範は，欧米のリベラルな規範に異を唱える「アジア的方法」の1つの形態でもある．

　第3に，人権擁護を理由に武力介入をおこなうことは，中国型国家主権規範と両立しないからである．中国は，欧米諸国が人権擁護を理由に武力介入をおこなうことに懸念を感じていた．象徴的な例が，（PKOではないが）ユーゴスラビア空爆に対する中国の反対である．1999年のNATO軍によるユーゴスラビア空爆に対し，中国は，国家主権の尊重，内政不干渉，武力不行使という規範を持ち出し，軍事力行使に反対した．NATOによるコソボ空爆は，西洋の人権規範を口実に国家主権をないがしろにする覇権主義だと映ったのであった．強制介入は，中国が最も重要だと考える主権の侵害につながるのである．

　以上の考察から，中国は国際貢献規範を受容しているが，「リベラル規範」や「武力介入規範」については立場を異にすることが明らかになった．次節では，東チモールPKOを事例として中国の関与を考察する．アジアで設立された最初のカンボジアPKOについては，当初中国は，伝統的なPKOから非伝統的PKOに任務を変更することに反対していた（Wang, 2005：166）．しかし，最終的にはカンボジア暫定統治機構に，人民解放軍工兵800名を派遣した．アジアで2件目となる東チモールの非伝統的PKOに対してはどのような態度をとったのだろうか．国内規範との軋轢はなかったのだろうか．

（2）中国と非伝統的PKO──東チモールを事例として──

　中国は，インドネシアが1976年に東チモールを併合した後も，東チモールの独立運動を財政的に支援し，武器も提供しようと試みるなど積極的に民族自決運動を支援していた（Storey, 2007）．ところが，東チモールの民族自決への支持は維持しつつも，積極的な支援は1970年代末には姿を消した．「反帝国主義，反植民地主義民族解放闘争」から全方位外交へと転換していったのである（青

山・天児，2015：18-29)．冷戦後は，インドネシアと国交を正常化し (1990年)，東チモールの独立運動からは距離を置くようになった．民族自決を求めた紛争が世界各地で起こる中，チベットや新疆ウイグル自治区が民族自決の名のもとに独立を求めることを恐れたからだった．

　1999年の独立紛争では，中国は，東チモールの独立運動を支持するどころか，インドネシアに対して配慮を見せた．たとえば，インドネシア政府の同意なしに，事態鎮静化のためとはいえ武力行使が許された多国籍軍を投入することに反対した．同年に開催されたAPECでは，アメリカやオーストラリアが東チモールの治安悪化と国連の武力介入を議題に載せることに対し不快感を示した．東チモール独立問題への国際社会の介入は，インドネシアの主権侵害，ひいては台湾の分離独立問題にも発展しうる危険性をはらんでいたからであった．

　しかし，当初多国籍軍の展開を拒んでいたインドネシア政府も，アメリカをはじめとする各国からの説得を拒否し続けることができなかった．同年9月，インドネシアは国連平和維持軍の展開に同意し，続いて中国も多国籍軍の設立を認めた国連決議1264を支持した．中国が初めて棄権することなく国連の武力行使を認めたケースであった (Stähle, 2008：648)．決議がおこなわれた翌日には，中国は警察官を派遣することを表明した (207名の警察官を派遣)．10月の安全保障理事会でも，国連東チモール暫定行政機構 (UNTAET) の設立に賛成票を投じた．UNTAETも武力行使も含め必要な手段を遂行することが許されていた．また，民主主義に基づいた行政，司法支援も任務に含むUNTAETは，西欧型の規範を持ち込んだ非伝統的PKOでもあった (山田，2015：214)．言うまでもなく，UNTAETの設立は，中国の国内規範とは相いれないが，なぜ中国は賛成したのだろうか．

　中国の支持は，中国が，リベラルな規範を受容したことを示すわけではない．中国は，UNTAET設立の国連決議の際，東チモールにおける人権侵害尋問委員会の設置に反対した．インドネシアに対する配慮と人権に対する意識の違いからである．そのため，決議は，全ての関係者が調査に協力するという玉虫色の言葉で落ち着いた (Wren, 1999)．とはいえ，中国のエリート達は，国際社会では新たな規範が広がっていることに気付いていた．西洋国家体系に基づく「ウエストファリア体制」は変化せずとも，冷戦後，時と場合によっては国家主権

規範が限定的となり，人権などの他の規範が優先されることもあることを認識し始めていたのである (Carlson, 2004：21-22).

また，1999年のコソボ空爆は，中国の介入に対する考え方に影響を与えた．コソボ空爆直後に起こった東チモール危機では，インドネシアの同意後は反対一辺倒ではなく多国籍軍の介入を支持することで，関与することを選んだ．受け入れ国の同意がある以上は主権侵害にはならない．また，国連主導の介入に関与することで，アメリカやNATO主導の秩序や国際介入を正当化する新たな規範が伝播することを防ぐことができるからであった．新安全保障外交の下，国連や地域機構が主導する多国間安全保障メカニズムを受け入れ始めていた中国にとっては，関与することで一定の影響力を維持するほうが賢明であった（ギル，2014：184-185）．しかも，この頃には，「中国脅威論」が巷で囁かれるほど中国の経済発展は勢いがあり，中国自身も「責任ある大国」としての自信を深めていた．国連の介入を支持したからといって，それが中国の主権侵害やチベットや台湾などの分離独立運動を容認することにはならないことも理解し始めていたのだった（Langstein, 2011：318）．

おわりに

日本と中国は，冷戦後，それまで距離を置いていたPKOに参加し始めた．日本にとって自衛隊の派遣は，反軍国主義的な国内規範と対立するように見えた．しかし，政府は自衛隊派遣を国際貢献と位置付け，参加に制約をつけることにより，国際規範と国内規範の整合性をはかった．国家主権規範を重んじる中国も，冷戦後，主権規範と対立することのない伝統的PKOには全面的に賛成するようになった．この点においては両国とも国際貢献規範を受け入れているといえよう．

しかし，冷戦後，PKOの任務は徐々に変化を遂げている．冷戦中及び冷戦後を通じて，国家主権規範は依然として国際社会における根本的且つ重要な規範であることに変わりはない．しかし，人権に対する意識の高まりと比例するかのように，武力介入が容認されるようになり，主権規範の解釈も限定的になりつつある．同時に，民主主義規範に基づく形での平和構築の重要性も高まっ

た．こうした冷戦後の「リベラルな規範」や「武力介入規範」の重要性や正当性が高まるにつれ，日中の国内規範との軋轢が生じるようにもなっている．

日本の場合，国内規範と対立しているのは「武力介入規範」である．憲法9条により武力行使は容認されない．3度のPKO協力法の改正により，自衛隊の活動範囲は国際的なスタンダードに近づきつつある．とはいえ，可能となった任務は，文民保護などあくまで防衛的な任務にとどまり，欧米諸国並みに貢献することはない．一方，冷戦後重要性を増している「リベラルな規範」に基づいた平和構築分野では，人間の安全保障を強調することで国内規範との衝突を上手く避け積極的に関与している．東チモールでは，人権よりもASEANのリーダーであるインドネシアへの配慮が優先される場面（つまり内政不干渉）も見受けられたが，法整備支援などの知的支援，経済支援，治安分野での支援をはじめさまざまな形で「国造り」に参加した．国連カンボジア暫定統治機構（UNTAC）人権担当官であった佐藤安信東京大学教授が「法整備・司法支援は，暴力に代わる紛争処理システムであり，人権・民主主義のインフラ整備として位置づけられる」と述べているように，規範を共有している日本の得意分野ともなっている（外務省，2008）．

中国は，国際貢献規範を受容し，国連安全保障理事国の中で最大派遣国となった．しかし，冷戦後急増した非伝統的なPKO任務に付随する人権や民主主義といった西洋的な規範や「武力介入規範」を受容したわけではない．そもそも「リベラルな規範」の下で推進される平和構築の重要性と紛争再発防止における有効性は認めても，共産主義国家である中国が，日本のように民主主義に基づく選挙制度の支援や法整備支援などの知的支援をおこなうことは困難である．東チモールの問題は，中国にとって，「武力介入規範」と「リベラルな規範」に基づく平和構築という二重の障害が存在する問題であった．インドネシアの同意後は，介入支持へと態度を変化させたが，人民解放軍は派遣せずに文民警察官を派遣するにとどまった．また，平和構築の分野でも，経済支援を通じたインフラ整備支援にとどまった．紛争後の国家建設問題は規範の問題であり，「リベラルな規範」を内面化していない中国が国家建設に積極的に携わることは難しいのである．しかし，インフラ整備により経済復興・開発を進めることが平和構築の第一歩であると考える中国が復興・開発の分野で今後役割を拡大

することが予想される.[23]

　日中両国の国内規範は必ずしも国際規範と一致しない．規範の不一致が時として制約要因となり積極的な関与を妨げている．とはいえ，国内規範を国際規範に沿うように調整や再解釈することにより国際平和協力活動に関与し，国際社会での「役割」を果たそうという姿勢も垣間見える．その変化は「規範のライフサイクル」で議論されているようなカスケード現象による受容というよりは，国内規範との調整を徐々におこなうことで「役割」を果たす「スロースタイル」であるといえよう．

注
1) アメリカは1991年以前もPKOに関与はしていたが地上軍を派遣していない．もっぱら技術または物資援助であった（Findlay, 1996：4）．
2) たとえば，サッカーの審判が「中立性」に反するからという理由で相手のルール違反を見逃すことはない．つまり，和平合意違反などのルール違反には，武力行使を厭わず対処するのが「公平」である．
3) 人権は1993年のウィーン会議で国際規範となった（吉川，2015：184）．
4) 規範の「地域化」については（Acharya, 2004）を参照．
5) 新旧両規範の複合化規範については（三浦，2005）を参照．
6) たとえば，森喜朗首相は，ミレニアム・サミットで「人間の安全保障」は日本外交の柱である旨述べている（Ministry of Foreign Affairs, 2000）．
7) たとえば，PKOの枠内ではないが，アフガニスタンでのDDRが代表的な例である．
8) 東チモールの事例については，畠山（2012）も参照．
9) 1989年から2002年までのインドネシアへの投資は1361件，1兆6318億円であった．中国への投資（4141件，2兆1058億円）よりは少ないが，経済関係の結びつきが深いことがうかがえる．件数と金額については財務省の統計より計算した．財務省「対外及び対内直接投資状況」平成元年度～16年度．〈www.mof.go.jp/international_policy/reference/itn_transactions_in_securities/fdi/index.htm〉2006年10月アクセス．
10) UNTAETが設立された1999年10月の時点で，両当事者による停戦合意の確認が容易ではなかったものの自衛隊による業務がおこなえる余地はあったとの報告有．国際平和協力懇談会「国際平和協力懇談会」報告書，2002年12月18日〈www.kantei.go.jp/jp/singi/kokusai/kettei/021218houkoku.html〉，2003年3月アクセス．
11) 中谷元自民党総括政務次官の言葉．「第151回衆議院安全保障委員会3号」2001年2月27日，4頁．
12) 伊勢崎賢治（前国連東チモール暫定統治機構コバリマ県知事）へのインタビュー（2009年6月）．
13) 同上．
14) 自衛官2名（匿名）へのインタビュー（2010年）．

15) *The Japan Times*, "SDF may help in East Timor", June 23, 2001.
16) 『読売新聞』2001年8月18日.
17) 詳しくは以下参照. 外務省「第6章事例研究：東ティモールにおける日本の平和構築支援」.〈http://www.mofa.go.jp/mofaj/gaiko/oda/shiryo/hyouka/kunibetu/gai/easttimor/pdfs/hs10_06_01.pdf〉, 2016年5月29日アクセス.
18) 中国政府が人民元の切り下げをおこなわない決定をしたことに対し，世界各国は称賛の意を表した．以降，中国政府はこの言葉を公に使用するようになった（ギル，2014：26）．
19) 外交関係を樹立している国に関する決議の場合，中国は拒否権を行使することが多かった．たとえば，ハイチ，グアテマラ，マケドニアに対してである．しかし，2004年のハイチへのPKO決議では賛成するなど，現在では台湾問題との関連性は見られない．
20) 中国は，国家主権規範は受容しているが，PKOに関しては欧米とは異なる理解をしている．中国の国家主権規範は平和共存5原則に集約されているといえよう（Hirono and Lanteigne, 2011：248）．
21) 『人民日報』2000年9月7日.「国連ミレニアム・サミットでの江沢民主席による演説（摘要）」〈http://j.people.com.cn/2000/09/07/newfiles/a1020.html〉，2016年4月1日アクセス.
22) 中国は，国連憲章第7章による武力行使には反対である．しかし，2008年頃より部隊の派遣も検討し始め，2013年に初めて武力行使をマンデートに持つ部隊をマリに派遣するなど変化がみられる．強制を伴う任務であってもPKOの基本原則や安保理のマンデートに縛られるケースでは，国家主権の侵害にならないため柔軟に対応している（Permanent Mission of the People's Republic of China to the UN, 2014）.
23) 以下参照, "Remarks by Vice Foreign Minister He Yafei at the Opening Ceremony of the International Symposium on Peacekeeping Operations," Ministry of Foreign Affairs of the People's Republic of China (19 November, 2009).〈http://www.fmprc.gov.cn/mfa_eng/wjdt_665385/zyjh_665391/t631646.shtml〉, 2016年4月1日アクセス.

引用文献

Acharya, Amitav (2004) "How Ideas Spread : Whose Norms Matter? Norm Localization and Institutional Change in Asian Regionalism," *International Organization* 58 : 239-275.

──── (2011) "Conclusion : Asian Norms and Practices in UN Peace Operations," *International Peacekeeping* 12 (1) : 121-125.

Gill, Bates and Huang Chin-Hao (2009) *China's expanding role in peacekeeping : Prospects and Policy Implications*, SIPRI Policy papers, 25.

Berger, Thomas U. (1998) *Cultures of Anti-Militarism : National Security in Germany and Japan*, Johns Hopkins University Press.

Boutros-Ghali, Boutros (1992) "An agenda for peace : Preventive Diplomacy, peacemaking and peacekeeping," UN doc. A/47/277-S/24111. 17 Jun.

Carlson, Allen (2004) "Helping to Keep the Peace (Albeit Reluctantly) : China's Recent Stance on Sovereignty and Multilateral Intervention," *Pacific Affairs* 77 (1) : 9-27.

China Military Online (2014) "Chinese peacekeeping style focuses on 'peace building'" 〈http://eng.chinamil.com.cn/news-channels/china-military-news/2014-10/11/content_6174960.htm〉, 2016年4月10日アクセス.

Dobson, Hugo (2003) *Japan and United Nations Peacekeeping*, Routledge Curson.

Finnemore, Martha and Kathryn Sikkink (1998) "International Norm Dynamics and Political Change," *International Organization* 52 (4) : 887-917.

Findlay, Trevor (1996) *Challenge for the New Peacekeepers*, Oxford University Press.

Fravel, M. Taylor (1996) "China's Attitude toward U.N. Peacekeeping Operations since 1989," *Asian Survey* 36 (11) : 1102-21.

Hatakeyama, Kyoko and Craig Freedman (2010) *Snow on the Pine : Japan's quest for a leadership role in Asia*, World Scientific.

Hirono, Miwa and M. Lanteigne (2011) "Introduction : China and UN Peacekeeping," *International Peacekeeping* 18 (3) : 243-56.

Honna, Jun (2012) "Japan and the Responsibility to Protect : Coping with human security diplomacy," *Pacific Review* 25 (1) : 95-112.

Katzenstein, Peter J. and Nobuo Okawara (1993) "Japan's National Security : Structures, Norms, Policies," *International Security*, 17 (4) : 84-118.

Lanteigne, Marc (2011) "A change in Perspective : China's Engagement in the East Timor UN Peacekeeping Operations," *International Peacekeeping* 18 (3) : 313-27.

Lei, Z. (2011) "Two Pillars of China's Global Peace Engagement Strategy : UN Peacekeeping and International Peacebuilding," *International Peacekeeping*, 18 (3) : 344-62.

Ministry of Foreign Affairs (2000) "Statement by H.E. Mr. Yoshiro Mori Prime Minister of Japan at the Millennium Summit of the United Nations," 7 September 2000. 〈http://www.mofa.go.jp/policy/un/summit2000/pmstate.html〉, 2016年4月1日アクセス.

Permanent mission of the People's republic of China to the UN. (2013) "Statement by Ambassador Wang Min at the Security Council Open Debate on the Post-Conflict Peacebuilding,"30 April 〈http://www.china-un.org/eng/chinaandun/securitycouncil/thematicissues/peacebuilding/t1036388.htm〉, 2016年4月1日アクセス.

────── (2014) "Statement by Ambassador Liu Jieyi, Permanent Representative of China to the United Nations at Security Council Open Debate on the United Nations and Regional Partnerships in Peacekeeping Operations,"28 July 〈http://www.china-un.org/eng/chinaandun/securitycouncil/thematicissues/peacekeeping/t1186941.htm〉, 2016年4月1日アクセス.

Singh, Bhubhindar (2010) "Peacekeeping in Japanese Security Policy : International-Domestic Contexts Interaction," *European Journal of International Relations* 7 (3) : 429-51.

Stähle, Stefan (2008) "China's Shifting Attitude Towards United Nations Peacekeeping Operations," *The China Quarterly* 195 : 631-55.

Storey, Ian (2007) "China and East Timor : Good, But Not Best Friends," China Brief, 6

(14).〈http://www.jamestown.org/single/?tx_ttnews%5Btt_news%5D=3961#.Vxw7N49OL8〉，2016年4月1日アクセス．
Suzuki, Shogo（2011）"Why does China participate in intrusive peacekeeping? Understanding paternalistic Chinese discourses on development and intervention," *International Peacekeeping* 18（3）: 271-85.
The United Nations（2016）"Ranking of police and military contributions to the UN operations,"〈https://www.un.org/en/peacekeeping/contributors/2016/feb16_2.pdf〉，2016年3月25日アクセス．
UNTAET（2001）"UN Peacekeepers Hand over Control of Airport to Private Company,"〈www.un.org/en/peacekeeping/missions/past/etimor/news/01mar01.htm〉，2016年4月1日アクセス．
Wang, Jiawei（2005）"China's Multilateral Diplomacy in the New millennium," Yong Deng and Fei-Ling Wang eds., *China Rising*, Rowman & Littlefield Publishers.
Wren, Christopher S.（1999）"U.N. Creates an Authority To Start Governing East Timor," *New York Times*, 26 October.
Zisk, Kimberley Marten（2001）"Japan's United Nations Peacekeeping Dilemma," *Asia-Pacific Review*, 8（1）: 31-32.

青井千由紀（2007）「平和の維持から支援へ──ドクトリンから見た平和支援活動の生成と制度化──」『軍事史学』42（3/4）: 205-32.
青山瑠沙，天児慧（2015）『超大国・中国のゆくえ──外交と国際秩序──』東京大学出版会．
伊勢崎賢治（2008）「紛争地の現実と自衛隊派遣」伊勢崎賢治編『日本の国際協力に武力はどこまで必要か』高文研．
上杉勇司（2012）「SSRの概念整理と分析枠組み」上杉勇司，藤重博美，吉崎知典編『平和構築における治安部門改革』国際書院．
外務省（2007）「治安部門改革を支援する上での安保理の役割」安保理公開討論における神余国連代表部大使ステートメント，2月20日．〈http://www.mofa.go.jp/mofaj/press/enzetsu/19/un_0220.html〉，2016年4月24日アクセス．
────（2008）「シンポジウム「日本の人権・民主主義外交の課題と展望」（概要）」．〈http://www.mofa.go.jp/mofaj/gaiko/jinken/minshu/sy_080201_gai.html〉，2016年4月1日アクセス．
吉川元（2007）『国家安全保障論──戦争と平和，そして人間の安全保障の軌跡──』有斐閣．
────（2015）「グローバル化と安全保障パラダイム転換──ガバナンスを問う安全保障観の形成過程──」初瀬龍平・松田哲編『人間存在の国際関係論──グローバル化のなかで考える──』法政大学出版局．
ギル，ベイツ（2014）『巨龍・中国の新外交戦略──日本はどう向き合うべきか──』進藤榮一監訳，古澤嘉朗・畠山京子訳，柏書房（Gill, Bates, *Rising Star: China's New Security Diplomacy*, The Brookings Institution, 2007）．
関はじめ，落合畯，杉之尾宜生（2004）『PKOの真実』経済界．

畠山京子（2012）「日本の国際平和協力とロールプレイ——東チモールを事例として——」『国際安全保障』40（2）：93-108.

増田雅之（2011）「中国の国連PKO政策と兵員・部隊派遣をめぐる文脈変遷——国際貢献・責任論の萌芽と政策展開——」『防衛研究所紀要』13（2）：1-24.

三浦聡（2005）「複合化規範の分散改革——オープンソースとしての企業の社会的責任（CSR）——」『国際政治』143：92-105.

山田満（2015）「平和構築と紛争予防ガバナンス——東ティモールの治安部門改革（SSR）を事例として——」初瀬龍平，松田哲編『人間存在の国際関係論——グローバル化のなかで考える——』法政大学出版局.

吉崎知典（2012）「平和構築における治安部門改革」『防衛研究所紀要』14（2）：49-64.

第6章

東アジア地域統合をめぐる日中のアイディア
―― 日本経済界と規範形成の視点から ――

李　彦　銘

はじめに

　本章では，2000年以降の東アジア地域統合をめぐる日中のアイディア（「東アジア共同体」の推進）の形成と変化の過程を考察対象とする．

　アジアにおける地域統合の展開は，ヨーロッパに比べ大きく遅れをとっていたが，世紀の変わり頃から活発化し，地域統合をめぐるアイディアが多数打ち出された．その結果，アジア太平洋を範囲とするAPEC（1989年）や東南アジアを範囲とするASEAN（1967年）に加えて，「ASEAN＋3（日本，中国，韓国）」（1997年）や日中韓3カ国協力（1999年），東アジアサミット（EAS, 2005年），さまざまな自由貿易協定（Free Trade Agreement, FTA）などが新たに成立し，多層的な地域制度が形成された（大庭，2014：3）．ただし最近では，日米中の競争が統合を遅らせる要因であることや（寺田，2013），地域制度のスパゲッティボール現象が阻害要因として指摘されるなど（李巍，2011），地域統合の停滞ぶりが注目を浴びるようになっている．

　とりわけ「東アジア共同体」[1]に関する議論は，アジア金融危機の発生と日中韓3カ国協調の前進を受けて一時的に急展開を見せていたが，中国のパワー増大を背景に，日中の競合を最も反映するアイディアとなってしまい，さらに日中政治関係が硬直化するに伴い，いまはほとんど提起されなくなっている．

　それでも，東アジアにおけるアイディアの競争や多様な議論によって「補完の言説」，つまり「複数の地域レジーム間の補完，相互強化」の言説が形成されたことが，構成主義の立場から指摘されている（大矢根，2013：88）．そしてさ

まざまな場で「補完の言説」の確認が繰り返し確認され,それが規範となって地域レジームの動揺を防ぎ,地域制度を安定化する効果をもたらしたという.しかし,地域統合の阻害要因や東アジアにおける地域統合の停滞,キー・アクターである日中両国と地域統合の進展の相関関係などについては,構成主義のアプローチからまだ十分に説明できていない.

そこで本章では,規範的アプローチを用いて,「東アジア共同体」というアイディアとそれにかかわる規範の形成および変化過程について再考してみたい.特に注目するのは,東アジア共同体の実現を最も積極的に要望し,推進してきた日本の経済界(日本経団連,経済同友会をその代表とする)の言説とその変化である.規範の伝播過程におけるエージェント(第1章を参照)としての経済界のアイディアがいかなる変化を辿ってきたかを追跡する.さらに日中両国政府のアイディアとの比較も視野に入れながら,第1に,3者のアイディアの共通点とアイディアが内包する規範の相違を明らかにし[2],第2に,「東アジア共同体」という地域統合アイディアの推進要因と阻害要因,とりわけ日中政治外交関係の変化が及ぼした影響を浮き彫りにすることを本章の目的とする.

結論として本章は,日本経済界と中国政府が打ち出したアイディアには規範の相違・対立が存在するが,こうした規範面の相違は地域統合の真の阻害要因ではなく,経済の発展と経済的相互依存の深化に伴い歩み寄ることができること,政治的な対立こそ地域統合の主な障害であることを主張する.

1. 2000年代初頭の3つのアイディア

(1) 日本経済界の主張──ASEAN＋3──

戦後,特に1970年代以降,日本の経済界は対外経済政策におけるアイディアを創出し,政策に影響を及ぼすことに何度も成功した.その典型例として,70年代のプラント輸出戦略や二国間枠組みとしての日中長期貿易取決めなどが挙げられよう(李彦銘, 2016).

地域統合に関して,早くも1990年代初頭に,経済界は政府と足並みを揃える形で「アジアの一員」としてのアイデンティティを打ち出していた(李彦銘, 2016:231-34).経団連が「東アジア」という言葉を公式に使い始めたのは,

1994年にオーストラリア国立大学豪日研究センターと東アジアの発展を基本テーマとしたセミナーを開催した時のことである．ただ，2000年までの各種提言書のなかには，「アジア」と「東アジア」の混用が多く，経団連が東アジアを１つの共同体として明確に提起したのは2001年になってからである．

　2001年，旧経団連は前年11月のASEAN＋3首脳会談において東アジア自由貿易・投資地域構想が検討されたことを受けて，東アジアで市場統合を目指すべきと初めて提起した（経団連，2001）．翌年には旧経団連と日経連が合併し，日本経団連が発足した．その直後，日本経団連（以下，本章では経団連と略す）は初めての長期ビジョン「活力と魅力溢れる日本をめざして」（奥田ビジョン）を打ち出し，今後日本経済の４つの支柱の１つとして東アジア自由経済圏の実現を正式に提案した．奥田ビジョンは中国を念頭に，同地域の国々の台頭を脅威としてではなく，パートナーシップを構築する機会と捉え，日本のイニシアチブを発揮していくべきと呼び掛けた．同ビジョンは「アジア自由経済圏」構想という言葉を打出しながらも，それを「東アジア自由経済圏」にすりかえ，さらに「東アジア自由経済圏」の基本範囲を「日本，中国，韓国，ASEAN諸国からなる13カ国」と規定した．

　経済同友会（以下，同友会）も「東アジア」地域をASEAN＋3を核に香港・台湾を加えた範囲としながら，中国との対話を深める必要があると強調した（『keizaidoyu』2003年6月）．2004年度の日本・ASEAN経営者会議では（1974年以降，同友会が主催），同年11月に開催予定のASEAN＋3首脳会議に向けて「東アジア共同体の設立を」と題する共同声明を採択し，韓国，中国を含めた東アジア共同体を早急に構築することを強く要請した（『keizaidoyu』2004年12月）．

　ここで注目すべきことは，第1に，これらの提言は繰り返し中国との協力関係を強調している点である．中国のWTO加盟を契機に日中両国の経済的相互依存関係が深まる一方で，当時日本の世論のみならず，経済界においても中国経済脅威論の声が上がっていた（李彦銘，2011）．それに対し，日本経団連初代会長になった奥田碩（2003）は，「いたずらに中国脅威論をふりかざすのではなく，中国を含めた東アジア諸国が，手を取り合って『自由経済圏』を構築し，世界の重要な三極の１つを形成していくのが正しい方向」と説き，日中韓3カ国の協力を強調したのである．

第2に，経団連と同友会の用語に微妙な違いがある点である．実際経団連が公式に「東アジア(経済)共同体」を提言書のなかに盛り込んだのは2007年であった．しかし，両者の主張を細かく見ると，ほとんど差はないといえる．参加会員は経営者個人であり，設立時から自らの「革新」や「先進」性を訴えてきた同友会は，政府と異なる提起を容易にできるのに対し，参加会員が企業である経団連は政府の公式立場(拡大東アジア，後述)を常に気にかけ，真っ向からの対立を避ける傾向を持ち，用語選びに慎重にならなければならなかったのである．他方，経産省の用語(後述)も，経団連と極めて類似していた．次項では，日本政府が打ち出したアイディアと経済界の主張との関係について詳しく論ずることとする．

(2) 小泉政権の拡大東アジア志向

　戦後日本の地域外交あるいは対アジア外交は，基本的に首相＝外相＝外務省の主導の下でおこなわれてきたが(保城，2008；大庭，2004)，その最も大きな成果であるAPECは，通産省主導で展開されていた(大矢根，2012)．2000年の政府組織改革により通産省が経産省に改編された後も，経産省は引き続き対外経済政策の視点から，日本の対アジア外交の政策アイディアを練っていた(宮城，2015)．

　2001年11月，今井敬(経団連会長・新日鉄会長)，牛尾治朗(同友会代表幹事・ウシオ電機会長)，奥田碩(経団連副会長・トヨタ自動車会長)など，経団連と同友会のリーダでもある大企業の経営者を主要メンバーとする産業競争力戦略会議が，平沼赳夫経産相の私的懇談会として設置された．2002年に同会議は「産業競争力戦略会議報告」を発表し，「東アジア自由ビジネス圏」の形成を提起し，積極的にFTAを推進することを主張した．この用語は，経団連が提起した「東アジア自由経済圏」を吸収したものであった．翌年11月には経団連，日本貿易振興機構(ジェトロ)，経産省が「東アジア自由ビジネス経済圏形成に向けて」をテーマとするシンポジウムを共催し，地域統合の道筋・可能性について議論した．

　経産省は2006年4月，さらに「グローバル経済戦略」を発表し，東アジアEPA(経済連携協定)[3]構想とそのロードマップ，東アジアOECD構想などについて提案した(経産省，2006：184)．これは最終的に「グローバル戦略」という名

称で，首相を議長とする経済財政諮問会議により承認されたが，その後の政権交代によって実現することはなかった.

　一方，外務省もまた東アジアにおける地域統合の構想を練っていた．このように構想が平行しておこなわれた背景には，1997年のアジア通貨危機以降，日本が地域協力推進のイニシアチブをとることをASEAN諸国から要請されたことがあった．

　2002年1月に東南アジア諸国を訪問した小泉純一郎首相は，シンガポールで「東アジアのなかの日本とASEAN――率直なパートナーシップを求めて――」と題する演説を発表した．ここで小泉は，「共に歩み共に進む」共同体を実現するためにASEAN＋3を最大限活用すべきとしながら，オーストラリア，ニュージーランドも中心的なメンバーになっていくこと，つまり，「拡大東アジア」に対する期待を明らかにしたのである．

　この演説を起草したのは外務省であり，そのねらいは中国の影響を相対化することであったという．実はこの提案を先立ち，2001年11月には中国・ASEAN自由貿易圏構想が打ち出されていた．そして2004年，中国政府が東アジア共同体の形成はASEAN＋3を範囲とすべきと提案すると，日本側は翌年12月の第1回東アジア首脳会議でASEAN＋6（ASEAN＋3＋オーストラリア・ニュージーランド・インド）を提案した．さらに2006年8月，日本はこの16カ国を範囲とする「東アジア包括的経済連携（Comprehensive Economic Partnership in East Asia：CEPEA）」の民間共同研究を新たに提案し，翌年から研究会合が開かれるようになった．このように日本の外交イニチアチブは，地域における中国とのリーダーシップ競争を強く意識しておこなわれた．

　他方，経団連は前述のように日中協力の必要性やASEAN＋3の枠組を訴え続けた．たとえば，経団連の中国委員会企画部会は，2005年になっても，日本と中国が共同でリーダーシップを発揮することを強調する提言書を発表した（日本経団連，2005）．経団連の加盟企業などを対象に2006年に実施したアンケート調査では，今後の東アジア経済圏について「ASEAN＋3を目指すべき」と答えた企業が17％（3位），「まずASEAN＋3を完成させた上で，ASEAN＋6へ展開すべき」と答えたのは38％（1位）という結果となり，ASEAN＋3に対する圧倒的な支持が浮き彫りになった（日本経団連，2006a 資料：25）．

この時期，東アジア共同体の実現手段についても，外務省独自の提起が目立つようになった．とりわけどの二国間FTAを優先的に推進するかについて，外務省と経団連の主張がはっきり異なっていた．経団連（2003a）が東アジア特に中韓とのFTAの実現を要望していたのに対し，外務省はEPAを主要手段と規定し，東アジア地域でのEPA／FTAが日本にとって最も優先順位が高いとしながらも，「先ずは韓国およびASEANとのEPA／FTAを追求し」，中長期的にはそうした土台の上に，中国を含む他の東アジア諸国・地域とのEPA／FTAにも取り組んでいくことが適切である」と主張した（外務省，2002）．

　このように経産省は経団連の主張する「東アジア自由経済圏」概念に近いアイディアを，外務省は「拡大東アジア」をそれぞれ打ち出していた．他方，2000年の政府組織改革以降，経済財政諮問会議を主な政策決定機関として活用することによって，官邸主導の政策決定が強化されていた（竹中，2006；石黒，2015）．それにもかかわらず政府内で用語の統一がなされなかったことから，首相自身がこのテーマに対して一貫した関心がなかったことが窺える[6]．それに加えて，当時は首相の靖国神社参拝問題をめぐって日中関係が難航していた．したがって，東アジア共同体の推進は，小泉政権期においては時期尚早のテーマであったと言わざるを得ない．

（3）規範の齟齬

　前述の中国政府による2004年の提案は，中国が正式に「東アジア共同体」構築に動き出したシンボルでもあった（東アジア共同体評議会，2010）．中国側提案は，ASEAN＋3を東アジア共同体の中軸とすること，そして日中の協力が重要であるという点では，日本経済界の要望と一致していたが，ここで注意しなければならないのは，東アジア共同体の実現手段として位置づけられたFTAに対する認識とその背後にある規範の相違である．

　中国は2000年代以降，積極的にFTA交渉に取り組むようになったが，その嚆矢となったのは前述のASEANとの自由貿易圏構想であった．同構想は中国政府が2000年に提起したものであり，2002年11月に「中国・ASEAN全面的経済協力に関する枠組み合意書」が調印された．その後具体的な交渉が始まり，2004年に「中国・ASEAN貨物貿易協定」が結ばれた．同年11月に，チリとも

FTA交渉開始に合意し，わずか1年で協定が結ばれている．さらに中韓FTAの交渉も2004年から始まっていた．

このように，2000年代前半中国は積極的にFTA交渉を推進していたが，公式に「自由貿易区戦略」を提起したのは2007年とかなり遅い（後述）．ASEANとの自由貿易圏構想も，そもそもは東南アジア諸国における中国経済脅威論を払拭しながら，ASEANを取り込む戦略というべきものであった（青山，2013：107-109）．東アジア共同体の形成については，主導権を競う意志はなく，ASEANの主導下で日中が協力して実現していくべきとの姿勢を当時示していた（王，2004など）．そのため中国が東アジア共同体構築に乗り出したことについては，多国間外交や周辺外交を重視する外交方針に基づいてとった具体的行動（青山，2013：51-52）と理解するほうが妥当である．

その結果，FTAの締結自体が外交成果として受け止められた．少なくとも2010年まで，中国はFTA交渉に際して実際の経済効果より，数量を重視する傾向が強かった．FTA交渉はトップダウン式で決められ，まず首脳会談で合意した後，国家発展改革委員会，商務部を中心に具体的な研究・交渉がおこなわれることが多かった．交渉過程もほとんど公開されず，国内における反対・推進の構図は観察しにくい[7]．こうして2010年までには，ASEAN，パキスタン，チリ，シンガポール，ニュージーランド，ペルー，コスタリカ，並びに中国香港，マカオ，台湾地区との間で自由貿易協定が結ばれた．基本的に発展途上国や経済規模の小さい先進国・地域を対象としたため，交渉は比較的スムーズに妥結した．

2011年までの中国のFTA交渉原則については，「開放性，実質性，平等性，漸進性，包容性」と要約することができる（趙，2011：20）．特に最後の2つの原則では，「易しいことから難しいことへと漸進的に推進する方式」，「異なる経済体の特殊性を配慮し，発展レベルの低い経済体と小国に対して一定の柔軟性のある段取りを認める」ことが強調された．

一方，日本では従来官民ともに多角的貿易枠組みを重視するスタンスをとっていたが，2000年代以降FTAへの関心が急速に高まった．アメリカによるFTAの推進が日本の政策転換の引き金となったと説明されることが多いが，しかしもう1つ見逃してはならない点は，WTOが日本企業のニーズを十分に

満たすことができなくなったため，WTOより高度なFTAへの取組みを強化する必要が出てきたということである．1999年のWTOシアトル閣僚会議に向けて，旧経団連は「鉱工業品の関税引下げ，アンチ・ダンピング[8)]の規律強化，電子商取引の取扱いの明確化，知的財産権の保護強化，国際的投資ルールの整備，紛争処理手続の強化」を次のラウンドで取り上げてほしい優先課題として挙げていた（経団連，1999）．しかし，シアトル会議は発展途上国と先進国の激しい対立，さらにNGOや環境保護団体の大規模なデモに見舞われ，ラウンドの立ち上げに失敗した．その後，経済界の要望の大部分は，東アジアのFTA交渉において日本側が追求する条項となり，特に後者の3点が強く要求された．

　紛争処理手続の強化が重要になったのは，WTO成立後，WTOへの提訴を通じて貿易紛争の解決が図られるようになったものの，各国が貿易摩擦と無関係の分野において報復措置を取ることが増えてきた（鈴木，2013：5-6）からである．日中間でも2001年にいわゆるセーフガード問題が発生した．日本政府が大量に流入した中国産のネギ，シイタケ，イグサに対し暫定的セーフガードを発動したことに対し，中国政府は日本産自動車，携帯端末，エアコンに100％の関税を課す報復措置を一時的に取った（兪，2015）．

　企業にとって死活的な問題になりうる紛争処理のルールは，どのようなルール・理念に基づいて貿易をおこなうべきかという規範的な考えを反映している．日本政府・企業はアメリカとの貿易摩擦の解決方法として，1970年代，80年代を通して輸出自主規制をおこない，アメリカの報復措置を回避してきた．しかし1990年代の日米自動車協議（1993-1995）では，官民ともに数量規制は自由貿易主義に反する「管理貿易」であると批判し，政府が市場に介入すべきではないと主張していた．その結果，アメリカの譲歩を引き出したのである（小尾，2009：177-239）．この日米交渉において，日本側が貫いた戦略は自由貿易主義の尊重，つまり「政府責任の範囲」を主張することであった（小尾，2009：253）．その後，日本では「政府が市場に介入すべきではない」との規範がさらに浸透し，規範の内在化が進んだと考えられる．経団連が繰り返し要望した「紛争処理の透明化」や「アンチ・ダンピング措置の保護主義的な発動を防止」などもこうした規範を反映するものであり，日本政府も貿易報復措置に対し非常に否定的な姿勢をとっていた．

紛争処理のほか，日本企業が東アジアの経済統合問題において主に求めたのは「知的財産権の保護」と「国際的投資ルールの整備」であった．21世紀に入ってから浮上してきたこのような新しい問題は，企業の経済活動のグローバルな展開，2000年以降日本企業の対東アジア（対中）投資活動の急速な拡大と緊密に関連していた（図6-1を参考）．そのなか，知的財産権問題は2000年代以降喫緊のテーマとなった．経済界の要望を受けた日本政府は迅速に動き出し，2002年には首相の諮問機関である知的財産戦略会議を設置し，知的財産基本法案を策定した．東アジア諸国とのEPAについても，知的財産権の保護を成果として期待する企業が多く，ASEANとのEPAに対しては3番目，韓国と中国のEPAに対しは2番目に期待される成果となった（日本経団連，2006a）．

　紛争処理手続きの透明化と知的財産権の保護のほか，「先進的投資ルールの採用」も繰り返し強調された（たとえば，日本経団連，2004）．このような主張は，「WTOによる多角的な自由化・ルールつくりを補完・促進するもの」，「WTOでは実現が難しい高水準かつ広範囲の自由化や連携の強化を図る観点から」重要であるとされた（宮原，2005：16）．こうした経済界のFTA構想は，いわゆる「WTOプラス」であり，WTO以上の法化と自由貿易主義の貫徹を意味していた．経団連も明言しているように，経済界の最終目標は「将来的に，域内において原則としてすべての関税の撤廃を目指す」（日本経団連，2007）ことであった．

　しかし中国が結んだFTAは，決して日本経済界が望むWTOプラス，自由貿易主義の貫徹ではなく，「質の低い」FTA，法制化程度の低いものだと評価されている（ソリース・スターリングス・片田，2010：105）．WTO加盟後，中国政府が経済運営に対する介入を自粛し，国際経済秩序の受容が進んだとはいえ，他方では地方政府の権限が拡大し，重要企業・産業を保護する手段も増えた結果，実質的には「断片的な自由化」が進んでいるに過ぎないと指摘されるように(Oh, 2013)，中国での投資，企業運営は政府の介入から完全に解放されることはなかった．

　このように，政府と企業の関係という規範的な問題をめぐって，日本経済界と中国政府は明らかに立場を異にしていた．たが，規範の相違が存在するから両者が必然的に対立し，地域統合の阻害要因となると断じることも事実にそぐわない．第3節で論じるようにその後日中双方の急速な歩み寄りが見られたか

らである.

2. 日中の歩み寄り

2006年以降,日本の政権交代や日中政治関係の改善に伴い,東アジア共同体を推進する機運が高まり,経済界と政府を含めて日中のスタンスも一時急接近していった.

(1) 中国側の微妙な変化

2006年の政権交代後,安倍晋三首相が初の外遊先として中国を訪問したことを転機に,日中関係は劇的に改善していくことになった.2007年4月には温家宝総理が訪日し,双方は日中ハイレベル経済対話の開催に合意した.1回目の経済対話では,日本企業のかねてからの要望であった知的財産保護のほか,環境保護・エネルギー分野における協力についても合意がなされた(外務省,2007).同年11月の第3回東アジアサミットでは,東アジア・ASEAN経済研究センター(ERIA)を設立するという日本側の提案に中国を含むすべての加盟国首脳が賛成し,翌年6月にERIAが成立された.同サミットの議長声明では,「東アジアにおける地域統合,連携強化のため,具体的な政策提言に向けたセンターの研究に期待する」旨が表明された.

中国ではこのセンターの成立自体ほとんど報道されなかったが,実際のところ中国社会科学院学部委員の張蘊嶺氏を理事として送り込み,その後も中国社会科学院にセンターの研究活動に関与させている.こうした動きは,それまでのASEAN+6に対する批判的なスタンスからの(たとえば,『上海証券報』2006年8月25日),小さくない転換であると評価できる.ただし中国側が公式にASEAN+6を推進する立場を示すようになるのは2012年,環太平洋経済連携協定(TPP)交渉が本格化した後である(後述).

(2) 日本側の動き

2006年8月,小泉内閣の二階俊博経済産業大臣がASEAN+3経済大臣会合で,ASEAN+6を範囲とする広域EPAを提案した[9].その後,第一次安倍政権

が「アジア・ゲートウェイ構想」という総合的な対外経済戦略を打ち出し，東アジア経済統合を推進するスタンスを受け継いだ．

　こうした政府の動きに経済界も積極的に同調した．前述のERIAの設立には，経団連が最初から関与し，奥田碩（当時は日本経団連名誉会長）が日本の初代代表に就任した．2007年1月に経団連は新ビジョン「希望の国，日本」を公表し，広域東アジアにおけるEPAの実現を通じて，「日本のリーダーシップの下，開かれた『東アジア共同体』を視野に入れるべきだ」と提案した．そして10月には，「ASEAN＋3，ASEAN＋6，FTAAPと複数のEPA／FTAに関する検討が並行して進められるなか，『東アジア（経済）共同体の具体像について，真剣に議論する』ことを政府に要求した（日本経団連，2007）．このように経済界は，2007年にASEAN＋6枠組を正式に受け入れ，第一次安倍政権の下で官民連携を図りながら，東アジア経済統合を推進するようになった．

　東アジアの範囲をめぐる経済界の姿勢は，経済情勢に対する認識と緊密に関連していた．そもそも多くの企業がASEAN＋6から協議を始めることに乗り気ではなかったのは，「早期実効性」を懸念したからであった（日本経団連，2006a資料：25）．2007年頃にASEAN＋6を受け入れる方向に転じた背景には，インドの急成長と日印経済関係の緊密化により，ASEAN＋6の現実性が増大したことがあった．インド経済は2003年以降，毎年7％台の高い成長率を記録し，世界から注目される存在となっていた．2005年4月，小泉首相がインドを訪問した際，両国は「アジア新時代における日印パートナーシップ」を打ち出し，首脳会談と閣僚級対話を毎年開催することにも合意した．経団連も2005年に訪印ミッションを派遣し，翌年7月には日本・インド経済連携協定を早期実現することを求めるにいたった．このごろから日本の対インド直接投資も大きく増加し，日印経済貿易関係は急速に緊密化していったのである．

　一方，日中の歩み寄りを受けてアメリカは東アジアの経済統合に対し次第に牽制の姿勢をみせはじめた．中国によるASEAN＋3案にせよ，日本によるASEAN＋6案にせよ，いずれもアメリカをメンバーから排除したからである．2006年10月，国際経済交流財団（日本），シカゴ地球問題評議会（旧シカゴ外交評議会）および太平洋国際政策評議会（在サンフランシスコ）など日米の3つのシンクタンクによりアジア太平洋FTA（FTAAP）の推進が提言された．

すでに日米FTAに向けての共同研究を提案していた（2006年）経団連は，これを受けてその呼びかけをさらに強化した．ただ日米EPAの意義については，「東アジア（経済）共同体とアメリカとの橋渡し」，「FTAAPの実現に向けた基盤」，「東アジア経済連携の模範となるよう，質の高く包括的な協定内容を目指すべき」としながらも，「従来主張してきた通り」，東アジア諸国との「早期妥結に重点を置くべき」とされた（日本経団連，2007）．2008年秋，経団連が会員企業を対象に実施した「東アジア経済統合のあり方などに関するアンケート」の結果にも，FTAAPよりASEAN＋6の実現を優先すべきという企業の要望が反映されていた（日本経団連，2009a参考資料：8-10）．

（3）日中韓協力の前進

2国間関係の劇的な改善を背景に，日中韓投資協定の交渉も前進した．2006年12月の日中韓経済貿易大臣会合で，日中韓投資協定の正式交渉入りに合意した後，翌年1月の日中韓首脳会談において交渉開始が宣言され，3月に1回目の交渉がおこなわれた（2012年締結）．日本側が投資協定交渉に前向きであった背景にはいうまでもなく，日本企業による対中国直接投資がこの間急増したことがある（図6-1を参考）．2007年末までの対中投資累計額では，タックスヘイブンを経由した中国・香港からの迂回投資を除いて，日本が実質第1位となっ

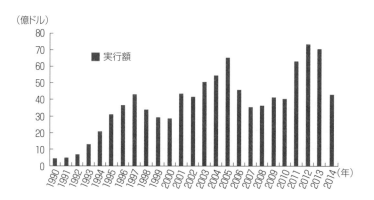

図6-1　日本の対中投資の推移（実行額）

データ：『中国貿易外経統計年鑑』，『月刊国際貿易』．
出所：JETRO『中国データ・ファイル2015年版』（261頁）より筆者作成．

た（柴生田，2009：18）．地域統括会社や研究開発拠点を設立する動きが活発となり，さらに金融分野の投資の増加，日中企業の戦略的連携が進むなど，日中の経済的相互依存関係はさらに深まった．

2007年頃から日本からの大規模投資が一巡し，新規投資は減少傾向に転じたが，リーマンショック以降，日本企業の対外直接投資が再び活発化した．それに伴い，東アジア経済統合の早期実現に向けられた関心もさらに高まった（日本経団連，2009a；2009d）．

一方，アメリカは2008年からTPP交渉参加を表明し，日本にも参加を求めるようになった．しかし2009年までの経団連の提言では，あくまで日米２国間EPAを優先する考えが示されており，「日米EPAを『FTAプラス』の協定として」，「今後，同様の志を持つ国々の間で検討される広域地域協定のモデル」にすることを強調したにすぎなかった（日本経団連，2009b；2009c）．

東アジアの経済統合を推進する動きも加速していた．日中韓FTAに対する３カ国の民間研究機関の共同研究が終了し，2009年10月には日中韓経済貿易大臣会合では産官学共同研究（2010年５月から2011年12月まで計７回）の立ち上げが発表された．こうして日中が協力して東アジア経済統合のイニシアチブを取ることが期待されるなか，政治関係の悪化が再び冷たい水を差すことになった．

３．TPP交渉への参加

（１）規範をめぐる対立の露呈

2010年９月，尖閣諸島／釣魚島付近海域で中国漁船と日本海上保安庁の巡視船との衝突事件が発生した．その後中国船船長が逮捕，送検されたことで日中関係が再び悪化し，その後中国からレアアースの対日輸出が一時停止されたことも明らかになった．これは事実上の報復措置であると日本のメディアで報じられたが，実はレアアースの輸出規制は漁船衝突以前から始まり，その対象も日本のみではなかった．このことで，中国政府の貿易・経済に対する露骨な介入が日本で問題視され，貿易規範をめぐる経済界と中国政府との対立が顕在化したのである．

漁船衝突事件の発生直後，日中経済協会から訪中代表団（団長に張富士夫トヨ

タ自動車会長,団員に米倉弘昌・日本経団連会長ら)が派遣されていた.代表団はレアアースの輸出規制問題について中国工業信息部と協議したが,結局,中国側の担当大臣が出席せず,もともと予定されていた温家宝首相との会見も見送られた.その後,レアアースの輸出は再開されたが,2010年の輸出量は2009年に比べ四割減少という結果となった.[12] レアアース問題は,1978年の日中長期貿易取決め以来,二国間貿易懸案の有効な解決方法として機能してきた日中経済協会の年度訪中団が直接機能しなくなった象徴的な事件ともなった.[13]

その後,中国の一方的なレアアース輸出規制に対し,日本は欧米諸国と連携してWTOに提訴したが,これは中国のWTO加盟以来,日本の中国に対する初めての提訴となった.[14] 中国政府の経済活動への介入をあきらめないスタンスに対し,日本側は「政府が経済に介入すべきではない」という自由貿易主義を徹底する考えやWTOを通じて透明な解決を求める姿勢をとった.こうして通商秩序をめぐる日中間の規範の対立が露呈したのである.

この頃アメリカ政府も中国政府の管理貿易措置や輸出振興政策に対する批判を強めていた.中国のWTOルールの履行状況についても厳しい意見が多くみられるようになった.たとえば,日本企業の関心が高い紛争処理分野で,中国は「便宜的な遵守」,つまりWTOパネルが審理,裁定(または勧告)するまでの期間を産業育成にうまく利用していると指摘されている(Oh, 2015).

(2)TPP優先への方針転換

経済界は依然日中韓3カ国FTAの早期実現を要望していたが(日本経団連,2010d),日中間および日韓間の政治関係の悪化によって首脳同士が集まること自体困難になったため,前進を見ることはできなかった.そこで経済界が並行して要望したのがTPP交渉への参加であった(日本経団連,2010b).2010年11月,日本経団連,日本商工会議所,経済同友会は連名で「TPP交渉への早期参加を求める」という決議を採択した.2011年になると,経済界が希望するさまざまな地域統合の枠組のなかで,TPPは「唯一交渉段階にあり,実現が近い」と認識されるようになった(大橋,2011).

レアアース問題が発生する直前,経団連はTPP第1回交渉が始まったことを受け,TPP加盟を東アジア共同体と平行して求めるスタンスにすでに転じてい

た（日本経団連，2010a）．ただしTPP交渉への早期参加を第1要務としながら，「2015年までにTPPを締結することによって，FTAAP実現に向け，東アジアにおける広域経済連携と並ぶ経済統合の1つの大きな核を形成することができる」との認識を示していた（日本経団連，2010c）．一方，対中投資の勢いが止まらないなか，WTOドーハラウンドの長期化もあって，日中韓FTAの必要性はますます高まってきた（日本経団連，2010d）．そのため「東アジア共同体」という用語こそ用いてないものの，経済界がTPPを推進する目的の1つに，それによって「EUや中国とのEPAも進めやすくなる」ことがあったという（下村ほか，2011：21）．

　もちろんこうした動きは政府の方針と無関係ではなかった．2010年10月1日，民主党政権の菅直人首相が国会でTPP交渉参加を検討する意思を示したが，その前の6月に「新成長戦略」が閣僚会議で決定されている．この戦略は新たな成長分野として「パッケージ型インフラ」の海外展開，つまり「官民一体」のインフラビジネスを提案していた．

　この提案は，前記の「アジア・ゲートウェイ構想」や小泉政権下のODA大綱の見直しまで遡ることができる．ODA大綱の見直しに当たって，経団連はアジア（特に東アジア）でインフラ，環境，省エネなど日本が優位性を持つ分野への重点化を提言し（日本経団連，2003），その主旨は「ODA大綱見直しの基本方針」にも反映された．ただし構造改革を唱える小泉政権では，海外プロジェクトに対する公的金融支援が厳しく制限されていた．

　民主党政権下では公的資金の投入が強化され，2010年に国際協力銀行（JBIC）による海外プロジェクトへの政策性融資が再開された．内閣総理大臣を議長とする「新成長戦略実現会議」とその分科会である「パッケージ型インフラ海外展開関係閣僚会合」（議長は官房長官）が設置され，関係閣僚と事業関係者との会合が定期的に開催されるなるなど，経済界と政府との関係が再び緊密化したのである（前田，2011）．

（3）中国のFTA戦略

　2010年の対日レアアース輸出規制は，中国にとって非常にコストの高い措置であったことが明らかとなった．日本の経済界は2国間枠組みの限界と貿易規

範面における日中の対立・違いを改めて認識し，TPP交渉参加を日本政府と一丸になって推進するようになったのである．日中協調による東アジア共同体の実現可能性も遠のいた．しかも中国共産党第17期全国代表大会（2007年）で提起された「対外開放を広く，深く推進し，開放型経済のレベルを引き上げる」，「自由貿易区戦略を実施する」方針に基づき，2010年5月，温家宝総理が経団連訪中団に対して，東アジアの経済統合を推進すべきとの立場を示したばかりであった（御手洗，2010）．このことからも，中国のFTA戦略には戦略性が欠如していたことが窺える．

ただし，レアアース輸出規制問題で露呈した規範の対立は必ずしも決定的な破壊要因にはならなかった．むしろTPP交渉参加に乗り出すことによって，中国との交渉を推進しやすくしようという日本側の戦略が功を奏したのである．

2011年8月，日中両国は東アジア地域の包括的経済連携（Regional Comprehensive Economic Partnership：RCEP）の設立を共同提案した．この提案は11月に東アジアサミットで承認された．2012年3月，第11期全国人民代表大会第5回会議期間中に陳徳銘商務部長は，「ASEAN＋6」を範囲とする東アジア経済統合を「中日共同で提唱している」と認めた上で，日中韓3カ国FTA交渉の早期開始を積極的に呼びかけた（『WTO経済導刊』2012：8）．中国の狙いは「ASEAN＋3あるいはASEAN＋6の協力メカニズムを構築し」，「東アジア地域の経済一体化プロセスを加速する」ことを通じて，アジア太平洋地域における東アジアの影響力を高める同時に，TPPの影響を相対化するものであるという（趙，2011：23）．しかしその後，尖閣／釣魚島国有化問題をめぐって日中の政治関係がさらに悪化するに伴い，日中韓FTAの交渉も難航し，現在も妥結の段階には達していない．

明るい材料となるのは，中国企業の対外投資の急増，技術レベルの底上げを背景に，中国自身もより法化レベルの高いFTA締結を求めるようになっていることである．たとえば2013年に締結された中国・スイスFTAには，初めて知的財産権保護の条項が盛り込まれた．中韓FTAも8年間に及ぶ民間研究を経て2012年に交渉が始まり，2015年に締結された．同じ年に中国・オーストラリアFTAも署名・発効されている．後者の2つは，日本から見れば法化のレベルはまだ十分ではないが，地域統合の重要なステップとなる可能性がある．

これらの成果は，2012年11月の中国共産党第18期全国代表大会で自由貿易区戦略を加速する方針が提起されて以来，習近平総書記も繰り返しその重要性を強調していたことを背景としている．周辺地域のみならず，「グローバル範囲のFTAネットワーク」，「質の高いFTA」を目指すべきだと習が直接指示したという（王，2016）．当面の中国の戦略は，RCEPの早期締結に努めながら，RCEPと日中韓FTAの締結交渉を両輪に，最終的にはFTAAPの実現を目指していくことである(商務部，2016)．このような動きは，日本側とくに経済界にとって歓迎すべきものであるといえよう．

(4) 新たな日中経済競争の構図

　しかし，日中間には新たな対立の火種が潜んでいる．それは規範面における相違・対立というよりは政治・経済戦略次元の問題である．

　前述の「新成長戦略」が推進するインフラ輸出は，第二次安倍政権にも継承されており，2013年3月には，官房長官が議長を担当する経協インフラ戦略会議が設置された．この「新成長戦略」のなかには，中国で需要の高い石炭火力発電・石炭ガス化プラント，原子力発電，再生可能エネルギー分野が含まれている一方，鉄道など中国と競合する分野も含まれている．実際，2010年から鉄道輸出をめぐって東南アジア市場における中国と日本の受注合戦が報道されるようになっている．

　官邸の機能が強化された結果，首相の考えが対外経済政策にますます強く反映されるようになった（石黒，2015）．第一次安倍内閣や福田康夫内閣では，首相の外遊に経済界のメンバーが同行するなど，政治と経済が接近する傾向がみられたが，第二次安倍内閣では，復活した経済財政諮問会議（2012年12月）のメンバーから経団連会長の米倉弘昌（任期は2010-2014年）が外されるなど，きわめて異例なことも起きており，経済界から発案した政策アイディアがそのまま政権に共有されることは非常に困難な状況になった．

　その結果，対外経済政策のアイディアの形成においては，首相のイニシアチブ，経済人と首相の個人的関係が非常に重要になってきている．鉄道輸出をめぐる日中の熾烈な受注競争の背後には，企業の国際戦略だけではなく，安倍首相とJR東海の葛西敬之会長[15]の親密な個人関係や，政治的立場の共有といった

点も重要である．たとえば，両者が一丸となって対米高速鉄道（リニア）輸出に力を入れているのは，対中ヘッジと日米同盟の強化という政治的な理由に基づいているともいわれている[16]．このように政治，経済戦略が融合することにより対立が助長されれば，新たな政治的不安につながる可能性もある[17]．

おわりに

2002年から2009年まで，経済界は東アジア経済圏ひいては東アジア共同体の早期実現を積極的に要望してきた．2006年までの経済界のアイディアはASEAN10カ国および日中韓を範囲としていた．これは日本政府，特に外務省の立場よりも中国政府の提案に近いアイディアであった．しかし経済界と中国政府のアイディアは通商規範をめぐる相違を内包していたことを指摘しなければならない．

2006年頃からの政治外交関係の改善を機に，日中が歩み寄る可能性も見られた．しかし2010年のレアアースの対日輸出の一時停止を機に，経済界と中国政府が推進する貿易／通商秩序における規範の対立が顕在化した．以降，経済界は日本政府とともに，より現実性が高いとみられたTPPへの参加を積極的に推進するようになった．日中韓FTAの早期実現も並行して要望されたが，政治関係の悪化で前進がほとんど見られなかった．

ここで改めて問いたいのは規範の相違と対立の位置づけである．そもそも多様な規範の存在こそ一般的な現象であり，それがなくなることは考えられない．ただし，日本経済界のアイディアを跡付けてみると，規範は実体経済・企業の需要によって変化するものだということがわかる．中国側のアイディアには，TPPに対抗する側面があることは事実であるが，それは中国の経済力の増大とも密接に関わっている．通商秩序をめぐる日中間の規範の相違・対立は，中国経済の発展と成熟に加え，共通利益を見出すための努力がおこなわれれば，双方に受け入れ可能なアイディアが生まれる可能性は十分あるといえよう．

しかし日中両国政府はそれぞれのアイディアを提起しながらも，規範の起業家（第1章）として東アジアの経済統合をリードするために，規範の調和を図る努力を怠った．日本では，経済界が政策決定に影響を及ぼすことがますます

困難になる一方,政府は「アジアのなかの日本」より「アジアと日本」の視点から戦略を選択した(船橋,2015).他方,中国は少なくとも2011年まで東アジアの経済統合に対し曖昧で受動的な提案しかできなかった.その結果,日中間の規範の相違は政治対立によって顕在化され,地域における貿易秩序のあり方も動揺した.

東アジア共同体というコンセプトは,日中いずれの政府によっても提起されなくなったが,まだ死語になっていない.地域統合をめぐるアイディアの競争(TPP対RCEP,FTAAP)の起爆剤となって,地域統合を加速させる役割を果たしてきたと評価することもできる.

最後に,対外経済戦略をいかに設計するかによって,日中間の新たな経済競争,ひいては政治不信が引き起こされる可能性がある点を指摘しておきたい.日中間の良好な政治関係と相互信頼なしに地域統合の実現が難しい現状を鑑みれば,今後このような新たな対立の火種をどのようにコントロールしていくかが,経済界のみならず日中両国政府にとっても重要な課題となろう.

注

1) 「東アジア」を1つの地域単位として最初に提起したのはマレーシアのマハティール首相の東アジア経済ブロック構想(1990年12月)であり,その範囲はASEAN＋日中韓の3カ国である.その後アメリカの反対などで挫折したが,1998年からASEAN＋3首脳会合が定例化され,閣僚レベルや事務レベルの各種会合も開かれるようになり,金融面における多国間協力枠組みである「チェンマイ・イニシアチブ」(2000年)という大きな成果に結実した.
2) Acharyaはアイディア(idea)と規範(norm)は混用できると主張しながらも,前者は少数が所有するもので,後者は集団的なものでアクターの行動を拘束できると論じている(Acharya, 2004).本章はこうした違いを重視し,経済界や日中の政府機関による提言,構想をアイディアと呼び,貿易通商秩序つまり貿易をおこなう際に遵守すべきルールや制度の束を規範とする.
3) 外務省の定義によれば,経済連携協定(Economic Partnership Agreement)は,「FTAを基礎としながら,これに加えて,投資の促進,知的財産や競争政策などの分野での制度の調和,さまざまな分野での協力など幅広い分野を対象として経済上の連携を強化することを目的とした協定」である.
4) 『毎日新聞』2006年5月19日.なお,経済財政諮問会議には御手洗経団連会長が参加していた.
5) 寺田貴による田中均(小泉首相のシンガポール演説文の起草者)に対するインタビュー(寺田,2013：138).

6）平沼経産大臣はその後東アジア共同体を反対する立場にあっさり転身した（平沼，2010）．こうしたことから外務省，経産省の検討はやはり官僚ベースでおこなわれたと考えられる．
7）ただWTO加盟の時と同じように，加盟後に反対の声が上がることも考えられる．中国のWTO加盟後，2003年頃から国家発展改革委員会関係者や小売流通業界や金融業界などサービス産業から外資の大量流入対する危惧の声が上がり，ラテンアメリカのように外資によって国民経済の独立性が失われてしまうのではないかという「ラテンアメリカ化」議論があった（李彦銘，2013）．
8）経産省の定義は，「輸出国の国内価格よりも低い価格による輸出（ダンピング（不当廉売）輸出）が，輸入国の国内産業に被害を与えている場合に，ダンピング価格を正常な価格に是正する目的で，価格差相当額以下で賦課される特別な関税措置」という．
9）寺田によれば，これを受けてアメリカがFTAAPを積極的に推進するようになった（寺田，2013：172-73）．
10）これは2006年9月安倍首相が国会での所信表明においてはじめて提起したものである．その後，内閣官房に「アジア・ゲートウェイ戦略会議」が設置され，2007年5月に同会議が構想を取りまとめ，公表した．
11）『日本経済新聞』2006年12月20日．
12）『日本経済新聞』2010年9月12日．
13）この訪中団とその歴史的な役割については李彦銘（2016）を参照されたい．
14）前述の2001年のセーフガード問題について，日本ではWTO提訴も検討されたが，結局は二国間の政治交渉により妥結した．また本件においては結局中国側の敗訴となった．
15）同氏は第二次安倍政権の下，東京電力に関する経営・財務調査委員会委員や原子力損害賠償支援機構運営委員会委員，内閣府宇宙政策委員会委員長などを担当している．
16）『エコノミスト』2010年1月12日号，『毎日新聞』2014年1月5日．
17）また，アジアインフラ投資銀行（AIIB）の設立や「一帯一路」という地域統合戦略に見られるように，戦略目標を国内外に明確に説明しないまま中国は引き続き政治と経済を一体化するアプローチを取っている．

引用文献

Acharya, Amitav（2004）"How Ideas Spread : Whose Norms Matter? Norm Localizationand Institutional Change in Asian Regionalism" *International Organization* 58（2）: 239-75.
Oh, Seung-Youn（2013）"Fragmented Liberalization in the Chinese Automotive Industry : The Political Logic behind Beijing Hyundai's Success in the Chinese Market" *The China Quarterly*, 216 : 920-45.
――――（2015）"Convenient Compliance : China's Industrial Policy Staying One Step Ahead of WTO Enforcement" *EAI Working Paper*.

青山瑠妙（2013）『中国のアジア外交』東京大学出版会.
阿倍和義（2003）「政治に関与したい財界の思惑」『エコノミスト』2003年4月22日号.
アジア・ゲートウェイ戦略会議（2007）『アジア・ゲートウェイ構想』2007年5月16日.

石黒馨（2015）「官邸主導のTPP交渉と政治経済改革——2レベルゲーム分析——」『国際政治』181号：31-44.
奥田碩（2003）「第35回日韓韓日経済人会議における奥田会長基調講演」2003年4月24日，大邱展示コンベンションセンター．
大橋洋治（2011）「TPPにどう臨むか」『経済Trend』2011年4月号：28-29.
大庭三枝（2004）『アジア太平洋地域形成への道程——境界国家日豪のアイデンティティ模索と地域主義——』ミネルヴァ書房.
——————（2014）『重層的地域としてのアジア——対立と共存の構図——』有斐閣.
大矢根聡（2009）『東アジアの国際関係——多国間主義の地平——』有信堂.
——————（2012）『国際レジームと日米の外交構想』有斐閣.
大矢根聡編（2013）『コンストラクティヴィズムの国際関係論』有斐閣.
外務省（2002）「日本のFTA戦略」2002年10月．〈http://www.mofa.go.jp/mofaj/gaiko/fta/senryaku_05.html〉，2016年3月31日アクセス．
——————（2006）「東アジア共同体構築に係るわが国の考え方」2006年11月．〈http://www.mofa.go.jp/mofaj/area/eas/pdfs/eas_02.pdf〉，2016年3月31日アクセス．
——————（2007）「第一回日中ハイレベル経済対話——プレス・コミュニケ——」2007年12月2日．〈http://www.mofa.go.jp/mofaj/area/china/jc_keizai_hi01.html〉，2016年3月31日アクセス．
経済同友会（2003）「自由貿易協定を核に東アジアの経済連帯を——日本は実現に向けて，率先垂範すべし——」2003年4月18日．
経産省（2006）『通商白書2006』．
小尾美千代（2009）『日米自動車摩擦の国際政治経済学——貿易政策アイディアと経済のグローバル化——』国際書院.
柴生田敦夫（2009）「日本企業の対中投資」*RIETI Policy Discussion Paper Series 09-P-004*.
下村節宏ほか（2011）「座談会　強い日本を作るための覚悟と決断」『経済Trend』2011年4月号：8-27.
鈴木一敏（2013）『日米構造協議の政治過程』ミネルヴァ書房.
ソリース，ミレヤ，バーバラ・スターリングス，片田さおり編（2010）『アジア太平洋のFTA競争』岡本次郎訳，勁草書房.
竹中治堅（2006）『首相支配——日本政治の変貌——』中央公論新社〔中公新書〕．
寺田貴（2013）『東アジアと太平洋：競合する地域統合』東京大学出版社.
西岡喬（2003）「新たなODA大綱について」『経済Trend』2003年10月．
経済団体連合会（2001）「戦略的な通商政策の策定と実施を求める〜『通商立国』日本のグランドデザイン」6月14日．
日本経団連（2003a）「活力と魅力溢れる日本をめざして」2003年1月1日．
——————（2003b）「ODA大綱見直しに関する意見」2003年4月22日．
——————（2004）「経済連携の強化に向けた緊急提言——経済連携協定（EPA）を戦略的に推進するための具体的な方策——」2004年3月．
——————（2006a）「経済連携協定の「拡大」と「深化」を求める」および付属資料，2006年10月17日．

―――― (2006b)「日米経済連携協定に向けての共同研究開始を求める」2006年11月21日.
―――― (2007)「対外経済戦略の構築と推進を求める――アジアとともに歩む貿易・投資立国を目指して――」2007年10月16日.
―――― (2009a)「東アジア経済統合のあり方に関する考え方――経済連携ネットワークの構築を通じて，東アジアの将来を創造する――」および参考資料，2009年1月20日.
―――― (2009b)「日本経団連／米国ビジネス・ラウンドテーブル共同声明」2009年6月11日.
―――― (2009c)「日米EPAに関する経団連アメリカ委員会・在日米国商工会議所（ACCJ）の共同声明」2009年7月21日.
―――― (2009 d)「危機を乗り越え，アジアから世界経済の成長を切り拓く」2009年10月20日.
―――― (2010a)「アジア太平洋地域の持続的成長を目指して――2010年APEC議長国日本の責任――」2010年6月15日.
―――― (2010b)「経済連携協定の一層の推進を改めて求め――APEC首脳会議に向けての緊急提言――」2010年10月21日.
―――― (2010c)「TPP（環太平洋経済連携協定）交渉への早期参加を求める」2010年11月1日.
―――― (2010d)「日中韓自由貿易協定の早期締結を求める」2010年11月16日.
日本経団連中国委員会企画部会 (2005)「日中通商・経済関係のさらなる拡大に向けて――日中通商対話ミッション・ポジションペーパー――」2005年2月23日.
東アジア共同体評議会 (2010)『東アジア共同体白書2010』たちばな出版.
平沼赳夫 (2010)『今，日本があぶない，立ち上がれ，日本！』講談社.
船橋洋一編 (2015)『検証 日本の「失われた20年」』東洋経済新報社.
保城広至 (2008)『アジア地域主義外交の行方――1952〜1966――』木鐸社.
前田匡史 (2011)「大型プロジェクトをめぐる国家間競争と日本の戦略」『国際問題』598号：41-50.
御手洗冨士夫 (2010)「対中活動の総仕上げ」『経済Trend』2010年4月号：50-51.
宮城大蔵編 (2015)『戦後日本のアジア外交』ミネルヴァ書房.
宮原賢次 (2005)「通商立国に向けた日本経団連の取り組み」『経済Trend』53（1）：15-17.
兪敏浩 (2015)『国際社会における日中関係』勁草書房.
李彦銘 (2016)『日中関係と日本経済界』勁草書房.
―――― (2013)「外資利用の始まりと国際社会への参与――一九七〇年代末の大型プラント輸入と日中経済協力を中心に――」国分良成・小嶋華津子編『現代中国政治外交の原点』慶應義塾大学出版会.
―――― (2011)「小泉政権期における日本経済界の対中認識」『法学政治学論究』88号：111-38.

王德蓉 (2016)「十八大以来我国加快実施自由貿易区戦略的背景与思路」『党的文献』2016第1期：25-30.
王毅 (2004)「王毅副部長在外交学院"東亜共同体"研討会発言摘要」〈http://www.fmprc.

gov.cn/123/wjdt/zyjh/t87474.htm〉，2004年4月21日アクセス．
商務部（2016）「加快実施自由貿易区戦略構建開放型経済新体制」〈http://fta.mofcom.gov.cn/article/rcep/rcepnews/201603/31060_1.html〉，2016年3月23日アクセス．
趙晋平（2011）「アジア太平洋地域協力の新動向及び中国のFTA戦略」第31回日中経済知識交流会会議資料（2011年11月1日〜2日，於静岡市）（著者は当時中国国務院発展研究センター対外経済研究部副部長）．
陳徳銘（2012）「10＋3之外還有10＋6」『WTO経済導刊』2012年第4期：8．
李巍（2011）「東亜経済地区主義的終結？——制度過剰与経済整合的困境——」『当代亜太』2011年第4期：5-35．

COLUMN 4　ナショナル・アイデンティティと中国の対日歴史認識

　戦後70周年にあたる2015年には，世界各地で記念式典が執りおこなわれた．中国においては「中国人民抗日戦争ならびに世界反ファシズム戦争勝利70周年」の式典が盛大に執りおこなわれたが，戦後60周年（2005年）の4月に起きた反日デモのような民衆行動はみられなかった．だがこのことは，必ずしも日中間の歴史問題の冷却化を意味しない．2013年12月の安倍晋三首相の靖国神社参拝に対し，各国駐在の中国大使が，日本は「戦後国際秩序への挑戦者」であると批判したように，日中の歴史問題は今や単なる「歴史」解釈や謝罪の問題に止まらず，より広範な外交問題に波及する段階に入っているのである．

　なぜ歴史認識をめぐる摩擦は拡大しているのか．筆者はその要因の1つに，中国の「平和国家」アイデンティティの膨張があると考えている．いうまでもなく戦後日本は平和を標榜し，既存の国際秩序のなかで「平和国家」としてのナショナル・アイデンティティを確立してきた．そして現在，アメリカや日本を含む東アジア各国は，領土問題を念頭に，地域の秩序を武力によって変更しようとする新興勢力として中国を警戒している．これに対し中国は，1949年の建国以前の歴史をも根拠として自国は「平和国家」であると主張し，安全保障上の緊張を生起しているのは周辺国やアメリカであるという論陣を張っている．つまり日中両国はいずれも「平和国家」の立場から相手国を批判しているのである．

　日本と中国のこうした相互批判は，どのような認識の差異に基

づいているか．そもそも両国における「平和国家」概念は一致しているのか．本コラムでは戦後70周年にあたり両国首脳が発した講話を手がかりに，日中関係における「平和国家」アイデンティティの規範的効果を試考する．

まず，ナショナル・アイデンティティとは何かを概観しよう．アントニー・スミスは『ナショナル・アイデンティティ論』で，ナショナル・アイデンティティの基本的特徴に「1．歴史上の領域，もしくは故国，2．共通の神話と歴史的記憶，3．共通の大衆的・公的な文化，4．全構成員にとっての共通の法的権利と義務，5．構成員にとって領域的な移動可能性のある共通の経済」を挙げた（中谷猛，川上勉，高橋秀寿編『ナショナル・アイデンティティ論の現在――現代世界を読み解くために――』晃洋書房，2003年を参照）．すなわちナショナル・アイデンティティとは，国民国家の枠組みのなかで構築された政治的結合と，ある集合体が文化的に共有してきた結合意識からなり，国民統合の基盤を提供するものである．

またナショナル・アイデンティティの着目すべき特徴は，これが複数のアイデンティティから構成されており，各アイデンティティの規範的優勢性が変化するという点である．この点に関して佐藤成基は，1990年にドイツがポーランドとの間の領土係争地を放棄したことを事例に，規範的に優勢なナショナル・アイデンティティとそれ以外の（時にそれに対抗的な）ナショナル・アイデンティティとの関係を考察し，ドイツにとって領土放棄が可能となったのは「規範的なヘゲモニー」のあり方が変化したからだ論じた（佐藤成基『ナショナル・アイデンティティと領土――戦後ドイツの東方国境をめぐる論争――』新曜社，2008年）．つまりナショナル・アイデンティティとは，時代に応じて勢力分布が変化する多層的なアイデンティティなのである．

以上の理解に基づき，日本と中国の「平和国家」アイデンティティをめぐる疑問は次の2点に集約されよう．第1に両国において「平和国家」アイデンティティは「規範的なヘゲモニー」を有しているか，そして第2に両国における「平和国家」アイデンティティにはどのような相違があるか，である．

第1の論点に関して，「平和国家」アイデンティティは両国において相当程度，浸透していると考えてよい．そもそも規範としての平和は国際社会において広く共有されている．またそれは，戦後70周年において両国の国家指導者が「平和のために，中国

はずっと平和発展の道を歩んでいく．中華民族は一貫して平和を愛してきた」（習近平），「70年間に及ぶ平和国家としての歩みに，私たちは，静かな誇りを抱きながら，この不動の方針を，これからも貫いてまいります」（安倍晋三）と述べたことにも明らかである．

ただし両者の見解は「平和国家」のあり方において相違がある．第1に，安倍晋三が平和憲法を掲げた国民国家としての日本を「平和国家」と位置付けたのに対し，習近平は中華民族としての「平和」に言及した．中華民族とは中華人民共和国建国以前の歴史と海外華僑や台湾の人々を含む，政治的に創造された「エスニック・アイデンティティ」である．つまり中国政府のいう「平和国家」とは国民国家としてのボーダーを越え，領域的にも時間的にも非常に広範な対象を包摂する概念である．そしてこの境界線が曖昧であることが，国家利益をめぐる拡大解釈にもつながっている．

第2に，第1の点とも関連して，日本の「平和国家」アイデンティティは第二次世界大戦後を起点としているのに対し，中国の「平和国家」アイデンティティは「抗日戦争」の回顧を誘引する．なぜならこのアイデンティティは，「抗日戦争」で日本の軍国主義に勝利したことによって中国は世界の平和を擁護した，という歴史解釈に依拠しているからである．そして，こうした論理は——2006年10月の安倍首相訪中時に中国政府は日本の「戦後60年余，一貫して平和国家として歩んできたこと，そして引き続き平和国家として歩み続けていくこと」を積極的に評価したにも関わらず——必然的に歴史問題に関わる対日批判に帰結することになる．

近年，中国は日本の外交行動を批判する際に歴史に——とりわけ戦時中の日本の侵略行為に——言及することが多い．その背後には，中国が「平和国家」であるというアイデンティティを，国内世論だけでなく，国際社会に認知させたいという思惑がある．この結果として日中関係は，中国が「平和国家」のナショナル・アイデンティティを膨張させるほどに関係改善が遠のくという皮肉な構造に陥っているのである．

（江藤名保子）

第7章

知的財産問題からみる日本と中国

李　龍

はじめに

　近年，知的財産に関する問題を目にする機会が増えている．各国も知的財産という分野を重視するようになり，さまざまな施策を講じるようになった．知的財産は民事上の財産権をめぐる問題にとどまらず，企業戦略や国家戦略を構想する上でも重要な問題となっており，重要な政治・外交問題として注目されるようになっている．

　知的財産という観点から日中関係を俯瞰すると，持続的で密度の高い交流関係が形成されている面と，さまざまな問題が複雑に入り組み対立や緊張を促すような面とが併存している状況にある．このような状態が「現状」であることを冷静に認識しておく必要があるが，日中両国の将来の発展を考えると，現在の状態が必ずしも望ましいものではないと言わざるを得ない．ある分野での協力関係の進展が別の分野での協力関係の進展を促すことがあることを考えれば，知的財産の分野で現状を打開し，よりよい状況を生みだすことが，難題が山積している日中関係を改善していく契機の1つになる可能性もある．

　本章では，日中間の知的財産問題について，歴史的経緯から現状にいたる時間軸と，知的財産問題をめぐる国際ガバナンスという空間軸を結合しながら考察をおこない，そのうえで，知的財産をめぐる望ましい日中関係の有り様について簡潔に論じることとする．

1. 日中両国の知的財産問題の経緯

ヨーロッパでは中世以来，知的財産に関する法制度の整備が徐々に進んできたが，1) 日中両国で知的財産に関する法制度が整備されていくのは，19世紀半ば以降のことである．2) 長い間，日中両国において，知的財産は中央集権的な政府の下で管理されるものであり，3) 人々の生活上の権利として意識されることは少なかった．また，1980年代にいたるまで日中両国間の重要な問題として表に出てくることもなかった．

1980年代以降，日中両国の知的財産をめぐる施策や制度は，アメリカの影響を強く受けるようになった．アメリカは権利保護を重視するプロパテント政策を推進するようになり，やがて多くの国がその流れに追随して同様の政策を採用した．こうした流れのなかで，日本と中国の知的財産をめぐる状況も変化し，新たな問題が生じるようになったのである．

(1) アメリカのプロパテント政策の影響

1985年1月に産業競争力委員会が提出した報告書が，アンチパテント政策からプロパテント政策へのアメリカ政府の方針転換を方向づけたといわれている．ヤング・レポートと呼ばれるこの報告書のなかで，産業競争力委員会のジョン・A・ヤング委員長（ヒューレット・パッカード社社長）は，アメリカには貿易赤字が存在しているが，技術力の面では世界的にも優勢を維持しており，知的財産権の保護を強化することで産業競争力を高めることができると提言した．

この報告書の背景には，日米貿易摩擦の存在もあった．日本は1980年代の円安期に輸出を順調に伸ばし，1986年には世界シェアの10.5％を占めていた．一方，日本製品の輸入が急増したアメリカでは，1984年に貿易赤字が1000億ドルを超え，産業競争力が著しく低下し，世界の輸出に占めるシェアも11％台で低迷していた．ヤング・レポート以降，知的財産権の保護が強力に推進されていたアメリカでは，技術力を活かして競争力を高める努力が続けられる一方，他国の知的財産政策の不備を利用することも検討され，特に日本商品の輸入の抑制が課題となった．こうした政策は，その後のアメリカ大統領通商政策アクショ

ンプラン（1985年9月）や，アメリカ通商代表部（USTR）の知的財産政策（1986年4月）にも反映されることになった．[4]

中国では1980年代以降，改革開放政策が進展し，民間企業も増加していた．また，個人の私有権も拡大され，知的財産制度の重要性が徐々に認知されるようになってきた．1980年代には外国企業による対中投資もはじまっており，中国政府も知的財産関連の法制度の整備を開始した．中国の現行の知的財産制度の多くは，この時期に制定されたものである．当時の中国企業は，生産技術の水準が低かったこともあり外資系企業と正面から競争できる状態になく，模倣製品を安価で売ることで収益を上げようとしていた．こうした模倣製品の一部にはアメリカ企業の製品のコピー品も含まれていたため，アメリカ政府は中国企業による知的財産権の侵害を問題視するようになった．

アメリカ政府は1986年に中国産皮製品に対し，関税法337条に基づく調査を初めて実施した．1989年には，中国を知的財産に関する「重点監査対象国」に指定し，中国政府にニセモノの取り締まりの強化や法改正を求めるようになった（陳，2014：59-60）．そして1991年，アメリカは中国のパソコン・ソフトに対する知的財産の保護が不足していることや特許の保護範囲が狭いことを問題視し，知的財産にかかわる法律・政策に関する調査を含め，中国政府が具体的に対処していくことを強く求めた．1994年にも，アメリカ政府は，中国商品による商標権侵害を問題視し，行政機関の取り締まりに問題があることや，特許と著作権に対する保護が不足していることを強く主張した（于，2007：49-51）．そのため，中国は後にアメリカと知的財産保護協定を締結することになったが，知的財産をめぐる問題が完全に解消されることはなく，米中間の政治外交問題に発展することもあった．

（2）日中間の知的財産権をめぐる係争

1990年代になると，市場経済化の進展にともない，中国では国有企業の会社化がすすみ，民間企業の数も増大した．多くの企業の技術力が向上し，それまで生産できなかった商品も生産するようになってきた．この時期の中国の知的財産権をめぐる問題の多くは依然アメリカとの間で起きたものであったが，かつては存在しなかった日中間の知的財産問題も徐々に浮上してきた．2000年以

降になると，日中両国をめぐる知的財産問題についての報道が増加し，政治・外交レベルの問題としても認知されるようになってきた．代表的な案件としては次のようなものがある．

トヨタと中国吉利との商標権をめぐる係争

トヨタ自動車は2003年，商標権を侵害されたとして中国の自動車メーカー吉利集団を相手に訴訟を起こした．この時トヨタ側は，自社エンジンを使用する吉利集団の販売用パンフレットの表現が消費者の誤解を招くものであること，そして吉利集団が美日シリーズに使用しているエンブレムがトヨタの意匠と酷似しており商標権を侵害していることなどを主張したが，結局,敗訴してしまった．裁判所がトヨタの訴えを棄却した理由は，第1に，美日シリーズの商標はトヨタのものとは類似しておらず，吉利は自社の製品にトヨタ製のエンジンを搭載していることを宣伝用パンフレットに表示していたにすぎないと判断したことである．第2は，購入時に消費者を誤認混同させる恐れがあったかどうかという点について，トヨタ車と吉利車とではラインナップや価格帯に大きな差があるので誤って購入する恐れはないと判断したことである．訴えのすべてを棄却されたトヨタ側が上訴を断念したため，第1審の判決が確定することになったが，この裁判は当時の日本のメディアでも大々的に報道され，大きな波紋を呼んだ（図7-1）．

一方，人民網日本語版には，このトヨタによる知的財産権侵害の訴えを，日本の乗用車が価格面で中国車と競争できないためにとった新たな戦略だとする専門家の分析が掲載された[5]．もっとも，吉利集団はその後，ボルボ社の買収に成功し，現在ではボルボ社の親会社となっている．問題となったこの吉利集団の商標も現在では使用されていない．

吉利集団　　　トヨタ自動車

図7-1　吉利集団とトヨタ自動車のエンブレム

カシオ社と緑奔公司および博海公司との商標権をめぐる争い

 2006年の秋にカシオ社（卡西欧計算機株式会社）は，上海の緑奔公司と博海公司を相手として商標権侵害訴訟を提起した．原因は，博海公司が製造し，緑奔公司が販売していた電動自転車の車体に「卡西欧」や「KAXIOU」の標識が貼り付けられ，説明書や修理保証書などにも，「上海卡西欧電動車有限公司」という企業名を使用してからである．

 当時，カシオ社は，「自転車」という商品区分に商標登録していたが，上海市第一中級人民法院（裁判所－筆者）は，電動自転車も「自転車」という商品区分に含まれることを認定し，原告の会社名と類似する「卡西欧」という文字を商号として使用することは不正競争行為であると判断した．そして，両被告に合計20万元（約500万円）の損害賠償の支払いを命じる判決を下した．その後，緑奔公司と博海公司は上訴したが，上海市高級人民法院はこれを棄却している．

東風ホンダと双環自動車との意匠権をめぐる争い

 2003年11月，東風汽車と本田技研工業との合弁会社の東風ホンダは，石家庄市に本社を置く双環自動車と北京のあるディーラーを意匠権侵害で北京市高級人民法院に提訴した．その理由は，双環自動車のスポーツ用多目的車（SUV）である「来宝SRV」が，ホンダのSUV「CR-V」と酷似していたからである．双環自動車側は，ホンダの意匠権は侵害しておらず，「来宝SRV」の設計は独自のものだと主張していた．

 この裁判は長期化し，結局12年の時間を経て，2016年4月にホンダの意匠権は侵害されていないと認定されることで結審した．その間，双環自動車は不法に警告書を送り被害を与えたとして，逆にホンダを提訴し，中国最高人民法院は，ホンダに対して1600万元（約2億7000万円）の賠償金の支払いを命じる判決を下した．

 以上の案件には，1980年代にアメリカが日本に対してとった知的財産政策と重なる点がある．つまり，日本側が，日本企業の収益低迷と中国企業の技術力向上を結びつけて考え，こうした状況を打開し，収益を確保するためにアメリカのようなプロパテント政策を中国で実施しようとした結果，生じた係争とい

うことである.

　こうして日中間にも知的財産権をめぐる争いが浮上するようになった背景には，企業戦略のほか，知的財産をめぐる国家戦略が存在することも指摘せねばならない.

　日本では，2002年に「知的財産戦略大綱」が制定され，2003年には「知的財産基本法」が施行された．また，2003年には首相官邸に知的財産戦略本部が設置され，以後，知的財産推進計画が毎年策定されるようになり，中央官庁がそれに従って知的財産をめぐる政策を実施するようになった．日本の知財推進計画は企業の国際化に合わせて発展してきており，計画の多くの内容は日本企業の知的財産分野における競争力を向上させるためのものである.[8]

　一方，中国でも2005年頃から国家レベルの知的財産戦略についての本格的な審議がはじまり，2008年には知的財産局が「知的財産戦略綱要」を公表した.[9] その後，毎年，政府の関連部門が推進計画を立てて，各地域の行政部門にその実施（技術革新や技術移転の推進，知的財産業務を担える人材の育成など）を指導するようになった．2014年には「国家知的財産権戦略行動計画（2014-2020）」を発表し，**表7-1**のような努力目標を明らかにした．その結果，近年，中国の国内特許申請件数は日米両国を抜いて世界一となっており（図7-2），国外においても積極的に特許申請をおこなうようになってきた（図7-3）．有効特許の所有件数も年々増加する傾向にある（図7-4）.

　中国の知的財産政策は，日本のそれよりもやや遅れており，中国企業の知的財産に関する認識も十分ではない状況が続いてきた．そのため，日中の企業間で知的財産をめぐる係争が生じた場合，多くの場合，中国企業の方が不利な状況に置かれてきた．ただし，上述したように近年中国政府が知財戦略に本腰を入れるようになり，中国企業のイノベーションも進歩を見せるなかで，日中の知的財産問題をめぐる環境も急速に変化しつつある.

表7-1　知的財産分野における中国政府の努力目標

指標（一部）	2013年の実績	2020年の努力目標
人口1万人当たり特許保有件数	4	14
PCT国際特許出願件数	2.2万	7.5万
著作権登録件数	84.5万	100万
特許権のライセンス及び輸出額	13.6億ドル	80億ドル

出所：国務院「深入実施国家知識産権戦略行動計画（2014-2020）」（中国語）から抜粋．

図7-2　主要国の国内特許出願件数

出所：『五庁統計報告書（IP5 Statistics Report）』2013年版／2014年版中間報告書により筆者作成．

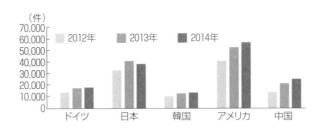

図7-3　主要国のPCT国際特許申請件数

出所：世界知的所有権（WIPO）のPatent Cooperation Teaty Review (2015)により筆者作成．

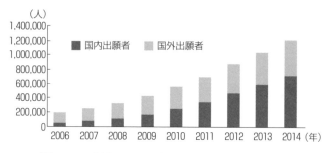

図7-4　中国における有効特許保有件数の推移
出所：中国知識産権局（2015）より筆者作成．

2．日中知的財産問題の現状

(1) 国際法規範の受容状況

　日中両国は，すでに多くの知的財産に関する国際条約に参加している．2001年の世界貿易機関（WTO）加盟により，中国は知的所有権の貿易関連の側面に関する協定（TRIPS協定）が求める最低限の水準の知財権の保護を確保し，これを強化していくことや，権利行使手続きの整備などを義務づけられた．日本は，2002年に「知財立国」を宣言し，その後，積極的にプロパテント政策をすすめ，国際的な法規範への適応をはかりながら保護強化に努めている．**表7-2と表7-3**に示されるように日中両国は，工業所有権の保護に関するパリ条約，文学・美術分野の著作物の保護に関するベルヌ条約，商標に関するマドリッド条約などの国際条約にもすべて参加している．

　こうした国際条約は，国際的な法規範として存在し，加盟国の国内知的財産法制度の基礎となっている．ただし，これらの国際条約が求めているのは最低限の水準にすぎず，具体的な内容については各加盟国の国内法の規定に委ねられている．そのため，国際条約の許容範囲内であっても，各国間の解釈や運用が異なるために問題が生じることもある．たとえば，国際条約では，意匠権の登録申請に対し行政機関の審査を要するかどうかという点について，具体的な規定が定められておらず，無審査での権利取得を認めるか，審査を経てから権利の取得を認めるか，各国が独自に決めることができるようになっている．

表7-2 パリ条約など工業所有権関連条約

条約	制定年	加盟国	中国	日本
パリ条約	1883	176	○	○
マドリッド協定（商標）	1891	55	○	○
ヘーグ協定	1925	65	×	×
リスボン協定	1958	28	×	×
特許協力条約（PCT）	1970	150	○	○
ブタペスト条約	1977	80	○	○
マドリッド協定議定書	1989	97	○	○
ヘーグ協定ジュネーブアクト	1999	50	×	○
ニース協定	1957	84	○	○
ロカルノ協定	1968	54	○	○
ストラスブール協定	1971	62	○	○
ウィーン協定	1973	32	×	×
ナイロビ条約	1981	52	×	×
集積回路条約	1989	署名国8，未発効	○	×
商標法条約（TLT）	1994	53	×	○
特許法条約（PLT）	2000	37	×	○
商標法に関するシンガポール条約	2006	45	×	○
視聴覚的実演に関する北京条約	2012	署名国74，未発効	○	×
マラケシュ条約	2013	署名国80，未発効	○	×

出所：WIPOのHP（http://www.wipo.int/treaties/en/）より筆者作成（2016年6月24日現在）．

表7-3 ベルヌ条約など著作権関連条約

条約	制定年	加盟国	中国	日本
ベルヌ条約	1886	171	○	○
ローマ条約	1961	92	×	○
レコード保護条約	1971	78	○	○
サテライト条約	1974	37	×	×
WIPO著作権条約（WCT）	1996	94	○	○
WIPO実演・レコード条約（WPPT）	1996	94	○	○

出所：WIPOのHP（http://www.wipo.int/treaties/en/）より筆者作成（2016年6月24日現在）．

　このような状況にあるため，仮に知的財産をめぐる国際的な法規範を共有していたとしても，各国の国内制度に大きな相違が存在するため，国際的な知財係争が生じることも少なくない．こうした状況を回避し，規範を共有する（あるいは少なくとも他国の規範状況を理解する）ためにも，近年,各国の知財当局の間で，情報共有や対話の機会を増やす動きが強まりつつある．

(2) 日中知的財産問題の現状

　日中両国の知的財産関連国内法は国際条約に依拠しているものの，具体的な諸規定には違いも少なくない．また知的財産法に対する理解や発展段階の違いにより法の実行力にも違いが存在する．

　実際，知的財産権の保護は国によって程度がさまざまである．こうした国内法規範は経済発展段階やその他の要素を考慮して定められるので国内的には公共政策の範疇に入るが，対外的な問題となると国益優先となるため調和を達成することは容易なことではない．

　こうしたことを背景に近年日中間の知的財産問題にも新しい特徴がみられるようになった．第1に，かつては単純模倣のような権利侵害案件が多かったが，現在は中国企業による知的財産権の侵害を判定するにはますます高度な専門知識が求められるようになってきた．また近年になって中国企業の知的財産に関する認識も向上しており，政府の取り締まりも強化されている．こうした知的財産問題をめぐる環境の改善にもかかわらず，近年中国における知的財産侵害訴訟件数は減少するどころか，むしろ大きく増加する傾向にあり，日中間の知的財産訴訟も増加しているという[10]．これは中国における外国からの特許申請が増えていることと関連していると思われる[11]．知的財産は基本的に権利が確定されてはじめて権利侵害の問題が浮上する．近年日本企業の中国における特許申請件数が非常に多いことを勘案すれば，日本企業の対中国知的財産権侵害訴訟案件は今後も増加することが予想される．2014年の中国知的財産局の報告書によれば，外国からの特許申請の中で日本とアメリカからのものが合わせて半数以上を占めており，そのうち日本からの特許申請は2番目のアメリカからの申請件数の2倍に達したという（中国知的財産局，2015：9）．

　第2に，知的財産権問題が日中間の政治外交問題化する兆候が見られることである．特に日本国内では中国企業と日本企業による知的財産権紛争がメディアで頻繁に取り上げられ，これは近年の中国に対する印象が悪化することにも一役買っている．また前節で論じたように日中両国が相前後して知的財産戦略を国家戦略の一環として位置づけ，強化するに伴い，本来であれば企業間の係争問題であるはずの知的財産問題が国家間の政治外交問題に発展する可能性も排除できない．知的財産を生み出すのは技術革新であることを考えれば，政府

と企業がいかにしてイノベーションを促進するか，技術者のモチベーションをいかに高めるかが，本来知的財産問題を論じる際により重要な論点であるはずである．そのため，日中間の知的財産問題が政治外交問題化すれば，問題の本質が見失われる危険がある．

3．知的財産をめぐる国際ガバナンス

前述したように，知的財産問題は領域性を伴う概念であり（たとえば，特許の属地主義），各国の国内法により処理されるのが基本である．しかし，グローバル化の進展に伴い，各国の制度を調和する必要性が高まっている．そのため知的財産問題はもはや主権国家の専管事項ではなく，国際的なガバナンスの対象課題となっている．

(1) 錯綜する利益と規範

主要国は国内の知的財産法制度を充実させ，権利に対する保護を強化する一方，国外においては二国間あるいは多国間の取り組みにより，自国企業の権利行使に有利な環境をつくり出すことに努めるのが一般的である．その結果，全体的にはプロパテントの考えが知財ガバナンスにおける優勢な規範となっている．たが，プロパテントのみの単一方向で規範が収斂しているわけでもない．

第1に，近年欧米諸国で知的財産権の濫用を制限するアンチパテント的な動きが強まってきている（張・単，2006）．アメリカでもeBay事件をめぐる2006年の最高裁判決のようなアンチパテント的な動きが一部みられる．この判決ではeBay社の特許権利への侵害は認定されたものの，差し止め命令のハードルを上げたため，権利者の保護を一方的に強化する形にはならなかった（張，2006）．

第2に，独占禁止法の適用が強化されている．知的財産権には排他的な独占権が認められるので，権利者が権利を濫用して不正な利益を追求することもある．そのため，近年，多くの国と地域で特許権の濫用への処罰がおこなわれた．たとえば，2004年にEU当局はマイクロソフトのラインセンス行為が独禁法違反に当たると認定し，多額の課徴金を科した．中国政府も独禁法を積極的に運

用している．2015年2月10日，中国の独禁法当局は，スマートフォン（スマホ）向けの通信技術分野で高いシェアを持つアメリカの半導体大手のクアルコムが端末メーカーに不当に高い使用料を強いたことは独禁法違反に当たると認定し，クアルコム社に60億8800万元（約1150億円）の罰金支払いを命じた．2014年には日本の自動車部品メーカー12社による価格カルテル（10社に制裁金200億円）のほか，独フォルクスワーゲン（VW）など海外の大手自動車メーカーに対しても独禁法違反を理由に多額の罰金を科した．

　第3に，技術の進歩と複雑化に伴い，1つの製品に多くの特許が用いられることが増えている．その結果，他人の権利を侵害しないためには，莫大な交渉コスト，ライセンス料が必要となり，技術開発の1つの阻害要因となっている．こうしたことをうけて，技術の相互利用を促進する「オープンイノベーション」が提唱されるようになった．

　第4に，パテントトロールの問題点が指摘されている（浜田・丸尾，2008）．パテントトロールの問題とは，権利者が製品やサービスを提供しないにもかかわらず，知的財産権の利用者から巨額の賠償金やライセンス料を得ようとする行為のことを指す．このような行為は知的財産制度のもつ公共政策の性格にも抵触する．

　以上のような錯綜する利益と規範を調和し，スムーズな国際経済の運行を保障するために，効果的な国際知的財産ガバナンスのメカニズムを構築することがますます重要となっている．

　近年，主要国は前節でも論じた多角的な国際規範形成に取り組む一方，二国間あるいは地域的な取り決めも積極的に推進している[12]．なぜなら，パリ条約やベルヌ条約，TRIPS協定，商標に関するマドリット条約など知的財産に関する国際条約は多く存在するが，こうした条約は国家間のミニマム・コンセンサスであるため，より高い基準を追求する側からみればレベルの低い緩やかな規範に過ぎないからである．それに加えて，新しい知的財産分野あるいは国際条約で定められていない分野については二国間または地域的な取り組みによって規範形成が試みられることが多い．近年とりわけ多用されているのが自由貿易協定である．

　日本政府は近年，貿易や投資の自由化，円滑化を促進するために幅広い分野

をカバーする経済連携協定（EPA）を推進しているが，こうしたEPAには知的財産関連条項が盛り込まれるのが一般的である．たとえば，日本が最初に締結したシンガポールとのEPAには，知的財産に関する5つの条項が盛り込まれているし，その後のタイとのEPAでは知的財産関連条項が23カ条にも達している．最近のモンゴルやオーストラリアとのEPAでは，知的財産に関する内容がさらに増えている．現在交渉中の日中韓FTAでも，知的財産権の保護および執行手続きの簡素化，出願制度の改善，司法制度の改善，知的財産権の税関における取締りの強化，制度運用面における改善，政府・教育機関およびその他の機関の間の協力などの内容について交渉がおこなわれている．2016年2月，日本政府が署名した環太平洋経済連携協定（TPP）も，第10章で知的財産問題を幅広く取り上げており，強力な取り締まり体制の確立，民事裁判，臨時措置，商業秘密，水際対策および商標，著作権侵害に対する対応策の作成などを加盟国に求めている[14]．

　二国間および地域的な取り組みは知的財産ガバナンスの重要なメカニズムとなっているが，一部の国が有利な立場を利用して，他国に譲歩を強いることもしばしば発生している．また地域的な取り組みが大国間の経済秩序の主導権争いに利用される側面も存在する点を指摘しなければならない．

（2）日中知財ガバナンス

　すでに述べたように，各国の知的財産法は領域性を持っており，国際社会のミニマム・コンセンサスである国際法規範に抵触しない限りは，基本的に国内法の範疇に属する．しかし，グローバル化の進展に伴い，国境を越えた知的財産の登録，保護がますます重要となっている今日，国家間で知的財産をめぐる制度を調和させなければ，権利行使が不安定化する恐れがある．制度の調和を実現するためには，政府間の継続的な対話を通じた情報の共有と相互理解の増進が重要である．日本と中国の政府間交流は一時的に中断される時期もあったが，全般的に増加する傾向にある．

　現在，日中間の知的財産問題に関する主な交流チャンネルは日中特許庁長官会議のほか，日中韓特許庁長官会議，中米欧日韓世界5大特許庁長官会議などがある．

まず，日本の特許庁と中国の知的財産局の長官及び副長官の会合を通じて，両国は特許データの交換や特許審査基準及び特許審判実務に関する相互理解の増進を目指している．

　第1節で論じたように，近年中国国内の特許出願件数及び特許件数が飛躍的に増加している．中国に多く進出している日系企業にとって，先行技術の調査や事業進出先での権利調査のため，中国における特許情報を迅速かつ正確に把握することがかつてなく重要となっている．それに伴い，日中政府間の特許データの交換，特許審査基準や特許審判実務に関する対話，特許審査官協議の必要性も高まっている．すでに日中特許審査ハイウェイプログラムが実施されており，中国特許文献に対する検索も日中両国間で可能となっている[15]．[16]意匠分野の協力，機械化分野の協力，法制度および運用についての協力については協議中である．

　次に，知的財産に関する日中韓3カ国の政府間交流も，特許分野を中心に，特許および意匠分野の審査，審判，情報インフラ整備など，多方面にわたっておこなわれている．また，拒絶査定不服審判手続きに関する比較研究も実施されており，進歩性，新規性，記載要件および補正要件についての法令や，審査基準の比較研究並びに進歩性，新規性及び記載要件についての事例研究もおこなわれている．日中韓知財協力ウェブサイト「TRIPO（Trilateral IP Offices）」も開設されている[17]．

　第3に，世界の特許出願件数の約8割を占める中国，アメリカ，EU，日本，韓国の特許庁が，特許審査の質と審査効率の向上などを目指して2007年から定期的に5大特許庁会議を開催している．2015年5月には，第14回中米欧日韓世界5大特許庁副長官会議および第4回中米欧日韓世界5大特許庁長官と産業会の会議が蘇州で開催された．会議ではCloud Computing，特許審査ハイウエイ申請シートの内容に関する報告がなされたほか，提供されたサービス及び現在の活動内容，将来の協力内容について議論がなされた．

（3）日中知的財産問題の行方

　日中間に知的財産問題が多く発生する根本的な原因はいうまでもなく技術と制度の発展段階が異なることにある．この2つの面で日中は収斂する可能性は

あるだろうか．

　まず，中国では知的財産重視の政策に転じてまだ20年ほどしか経っていないが，単純な模倣品問題はすでにかなり改善されている点を指摘しておきたい．筆者は北京と上海のジェトロ事務所に設置されている模倣品展示室を見学したことがある．権利侵害品の多くは6，7年前のもの，なかには十数年前のものも展示されていたが，新しい展示品はほとんどなかった．しかし単純な模倣品問題が改善される反面，複雑な特許権紛争は増加する傾向にある．

　中国企業の技術力が向上すれば，中国市場で高いシェアを持ちかつ大量の有効特許を取得している日本企業は一層知的財産戦略に依拠することになり，その結果，両者間の競争も激しくなると予想される．日本企業は知的財産訴訟を通じて権利を主張する一方，日本政府を通じて中国政府に問題の改善を求めることも増えると考えられる．一方，中国企業も厳しい市場競争を勝ち抜くためには知的財産問題に真剣に対応しなければならならず，これまで以上に提訴と応訴を活発におこなうことが予想される．その結果，中国企業の技術レベルの向上にもかかわらず，日本と中国の企業の間には知的財産紛争が続くことが予想される．

　次に，日本の知的財産制度は十分発達しており，今後部分的な修正はあっても大きな変化はないとみられる．それに対して中国の知的財産制度は急速に整備されてきたが，企業活動のグローバル化まで十分考慮して整備されたわけではない．そのため中国企業の海外進出が活発化するに伴い，今後知的財産制度を改革する余地はまだかなり大きい．こうした相違はあるものの，法制度自体には大きな差異は存在せず，主な違いは権利を付与する段階において，技術審査をおこなう行政機関の判断基準にあるといえよう．

　技術審査が厳しすぎると多くの技術が保護されず，知的財産法の趣旨が満たされないこととなる．反面，安易に特許権を付与すればイノベーションを阻害する恐れもある．そのため，各国政府は権利保護という私益とイノベーション促進という公益のバランスをとることに腐心することになり，その結果，各国で異なる判断基準が採用されるのが一般的である．こうした制度的ギャップを埋めるためには，行政当局間の地道な実務交流が必要不可欠であり，前節で論じたようにすでに複数のチャンネルを通じた実務交流がおこなわれている．し

かし，日本と中国の行政当局間の交流はこれまで外交関係悪化の煽りを受けて中断されることが何度もあり，必ずしも順調とはいえない．日中両国の政治関係が知的財産問題の行方に大きな影響を及ぼしうるのである．

おわりに

　日中間の知的財産問題には，企業戦略と国家戦略の2つの側面が存在する．1980年代には日中の間に知的財産問題がほとんど存在しなかったが，1990年代以降，日本は周辺諸国との競争で優位に立つために，アメリカのプロパテント政策に倣って知的財産政策を展開するようになった．このときから日中の間に知的財産問題が表面化してきたのである．[18]

　中国と日本の企業間の知的財産紛争は，これまでは商標権侵害のような単純な案件が多かったが，近年は特許など権利の認定がより複雑な案件が増える傾向にある．[19] 知的財産紛争は個人や企業当事者が各国国内法に基づいて対応することもできるが，権利者側が自国政府に働きかけ相手国に外交圧力をかけることにより，政治問題化することもある．しかし知的財産権の領域性ゆえに，権利が成立するかどうかは各国の国内法規範に基づいて確定されるのが一般的であり，権利が確定してはじめて権利主張ができるのである．そのため外交問題化するより行政当局間の対話を通じて制度や手続きの調和を図ることが効果的な問題の解決につながる．

　もちろん対話を通じて共通認識に達するためには克服しなければならない課題も多く，知的財産をめぐる両国の法規範の収斂は短期間では実現しそうにない．当面の間は，日中間の知的財産問題が政治問題化することを慎重に避けながら，具体的な権利侵害案件については司法判断に委ねていくべきであろう．

注

1）1443年にヴェネチア共和国で制定された「発明者条例」や1624年にイギリスで制定された成文特許法「専売条例」などが初期の特許制度の1つである．意匠に関する法制度については，1580年にフィレンツェの織物組合が制定した規則や，1711年にリヨンで開始された図案の保護を目的とする意匠制度がある．商標法については，1857年にフランスで「製造標および商業標に関する法律」が制定されたのが最初であり，イギリスでも，

1862年に虚偽表示を禁止する商標法が制定され，1875年には先使用主義が確立されている．
2) 日本は1871年に最初の特許法である専売略規則を公布したが，施行後まもなく中止された．1885年には「専売特許条例」が公布され，1905年には実用新案法が制定された．その後，日本の特許制度および実用新案制度は数次の改正を経て今日に至っている．他方，中国では1898年頃に清国政府が，特許法・著作権法・商標法などを制定したが，その後しばらくして清朝が崩壊したため，これらの法制度はほとんど利用されることなく廃止となった．1944年には中国国民党の政府が中国初の知的財産関係法を公布し，その後，台湾で実際に運用された．中国大陸で中国共産党が知的財産関係法を制定したのは1980年代になってからのことである．
3) 蒋志培「知識産権歴史を見る」『人民日報』2003年5月22日．
4) 高倉成男によれば，「ヤング・レポートが実際のところどれだけの政策影響力を持っていたかは明らかではないが，少なくとも当時の産業界の見解を反映し，その後のアメリカの対外政策を結果的に先取していたことは確かなようだ」とする（高倉，2001：121）．
5) 『人民網』（日本語版）2003年4月2日．〈http://j.people.com.cn/cehua/20030402/page1.htm〉，2016年5月22日アクセス．
6) 「『卡西欧』電動自行車被判侵犯『卡西欧』商標権」『新華網』2007年4月19日．〈http://news.xinhuanet.com/legal/2007-04/19/content_6000518.htm〉，2016年5月22日アクセス．
7) 「河北高院詳解本田双環専利権糾紛案」『法制日報』2016年4月27日．
8) 2014年の知的財産推進計画には，知財システムの国際化，商業秘密保護，産学官連携，人材育成，ベンチャー企業に対する知財支援，模倣品対策などの項目が盛り込まれた．2015年の知的財産推進計画には，地方における知的財産活用の推進，知的財産紛争処理システムの活性化，コンテンツ及び周辺産業との一体的な海外展開の推進を3本柱として，特許の審査体制の迅速化，職務発明と営業秘密保護，産学連携，国際標準化，知的財産人材育成，国際的な知的財産の保護などの施策が盛り込まれた．
9) 『知的財産戦略綱要』には特許，商標，商業秘密，著作品，植物新品種，地理表示，遺伝資源などを発展させる政策目標が立てられた．2015年の実施計画には，技術革新に対する奨励，技術移転の推進，知的財産サービス方法，人材育成，強制管轄の強化などの内容が含まれている．
10) 「渉外知識産権案件大幅増加 開"微店"売名牌当心吃官司」『江南晩報』2015年4月24日．「知識産権渉外案件5年増長470％」『人民網』．〈http://ip.people.com.cn/GB/13378021.html〉，2010年12月2日アクセス．
11) 「渉外知識産権案件数量比例持続上昇――最高裁判所知的財産庭土副庭長に対するインタビュー――」『中国日報』2014年4月21日．
12) 各国国内のエンフォースメントについては，司法機関によるものと行政当局によるものがある．司法機関は一般的に特許法，商標法，著作権法など知的財産権関連法に基づき権利者の権利を保護するが，最終的な判決が出されるまで往々にして時間がかかり，迅速な権利保護のニーズに答えられない場合もある．そのときは行政当局による取り締まりが効果的である．アメリカの関税法337条では，不公正な行為の存在，国内産業の存在，国内産業への被害の存在を要件にアメリカ企業がアメリカ国際貿易委員会（ITC）に対して提訴をおこない，後者が対象輸入品の排除及び不公正行為の差し止めを命じる

権限を定めている．1980年代多くの日本企業がこの制度のターゲットとされたが，最近になって日本の行政当局も関税定率法を利用して他国の企業に対する取り締まりをおこなっている（于，2012）．国内法でありながら他国に対して制裁をおこなう手続きを定めた立法措置の代表例はアメリカの通商法301，スーパー301条，スーパースペシャル301条であろう（李，2000）．他方で権利の濫用に対する抑制の面では，前述の独占禁止法の活用が近年増加の傾向にある．

13）日本とオーストラリアのEPAには，知的財産に関連するものとして，次のようなものが含まれている．① 一般規定，定義，② 内国民待遇，手続事項，透明性，③ 知的財産の保護についての啓発の促進，④ 特許，意匠，商標，著作権及び関連する権利，⑤ 地理表示，不正競争，⑥ 開示されていない情報の保護，⑦ 国境措置にかかる権利行使，デジタル環境における権利行使，⑧ 民事上の救済／刑事上の制裁に係る権利行使，⑨ 知的財産に関する小委員会，⑩ 安全保障のための例外．〈http://www.mofa.go.jp/mofaj/gaiko/fta/〉，2016年2月10日アクセス．

14）TPPの知的財産関連規定について，アメリカ企業や音楽業界に有利な内容ばかりで不公平な協定だとする意見もある．また規制の対象範囲が広すぎて個人の表現自由が制限されることを危惧する向きもある．

15）日本国特許庁と中国国家知識産権局は，特許審査ハイウェイ試行プログラムを2011年11月1日より実施していた，2013年11月1日の最初の延長を経て，2015年11月1日よりさらに3年間試行期間が延長されている．新しい試行期間は2018年10月31日で終了予定となっている．今後も必要に応じて延長される予定である．「搭建国際合作共享通道，加快専利審批速度」『中国知識産報』2011年11月04日．〈https://www.jpo.go.jp/torikumi/t_torikumi/japan_china_highway.htm〉，2015年8月23日アクセス．

16）日中文献翻訳・検索システム（http://www.ckgs.jpo.go.jp）．このシステムの翻訳は，日本特許庁が外国特許庁から受領した公報を機械翻訳して作成したものである．土日，祝日を除いて，毎日9時から18時までの間にサービスの提供がおこなわれている．機械翻訳であるため，誤字や脱字や情報の欠落，間違い等が存在する場合もある．

17）蔣・楊（2013）．日中韓知財協力ウェブサイト（http://www.tripo.org）．

18）市場経済初期段階の1990年代における国内経済秩序の混乱，ずさんなエンフォースメントが模倣品製造の土壌となったことも指摘しなければならない．しかし根本的な原因はやはり企業間の市場競争の激化と政府の知的財産戦略にあると思われる．

19）「2014年知的財産南湖フォーラム」における金克勝最高人民法院知的財産庭副庭長の報告によると，国内の知的財産訴訟件数は全体的に増加が緩やかになる傾向がみられるという．しかし渉外の知的財産案件は依然高い増加率を見せている．2013年原審が審決した渉外知的財産案件は1679件であり，前年比18.75％の上昇となった．

引用文献

高倉成男（2001）『知的財産法制と国際政策』有斐閣．

浜田治雄・丸尾麗（2008）「パテントトロールの現状と問題点」日本大学法学部『知財ジャーナル』1（1）：185-97．

于鵬（2007）「中米知識産権紛争折射出利益的碰撞和対抗」『国際技術貿易』第1期：49-51．

于洋（2012）『米国337条款実施机制研究』法律出版社.
蒋文傑・楊丹（2013）「中日韩国际知识产权研讨会成功在京召开」『知識産権』第 7 期：101-102.
雪柯（2006）『較量：豊田訴吉利商標侵権案内幕』中国鉄道出版社.
中国知識財産局規劃発展司（2015）『中国有効特許年度報告2014』.〈http://www.sipo.gov.cn/tjxx/yjcg/201512/P020151231619398115416.pdf〉，2016年 6 月10日アクセス.
張偉君・単暁光（2006）「濫用専利権与濫用専利制度之辨析——従日本"専利濫用"的理論与実践談起——」『知識産権』第 6 期：67-70.
張嵩浩（2006）「eBay侵権案獲転機　米国最高法院駁回専利禁止令」『新京報』2006年 5 月17日.
陳爽（2014）「中米知識産権争端探析」『現代商貿工業』26（17）：59-60.
李明徳（2000）『特別301条款与中米知識産権争端』社会科学文献出版社.

あ と が き

　本書は日中両国の若手研究者・中堅研究者による共同研究の成果をまとめたものである．

　この共同研究を企画するきっかけは，序章でも論じているように，国際レジームや規範との関連から二国間関係（日米，日独，中米，中欧など）を論じた先行研究は数多く存在するにもかかわらず，日中関係研究には先例がないことに素朴な疑問を感じたことである．しかしながら，国際レジームや規範の文脈で日中関係を論じるハードルは意外に高い．日本と中国の対外政策の基本を押さえておかなければならず，国際レジームや規範に対する理解も必要となるからである．さらに日中間の政治外交関係が悪化するにしたがい，日中両国の政府が相手を国際秩序の破壊者，不安定勢力と非難しあいながら国際的な広報戦を繰り広げているなかで（日本国内では中国が国際秩序に挑戦しているとの見方が主流である一方，中国側も戦後形成された国際秩序を破壊しようとするのは日本だと批判している），比較規範分析の視点から両者を同時に俎上に載せることに果たして読者の理解が得られるかどうかも心もとなかった．

　幸いこの挑戦的な研究課題について興味を示してくれた仲間たちが日中両国から集まってくれた．そしてサントリー文化財団の助成金（人文科学・社会科学に関する学際的グループ研究助成）の交付を受けることができたおかげで，2013年に共同研究を開始することができた．1年間のサントリー文化財団の助成期間が終了した後は，メンバーの東京出張に合わせたり，スカイプを利用するなどして研究会合を続けた．このように続けてきた約3年間の共同研究の成果をまとめたのが本書である．

　本書は，グローバル・ガバナンス，安全保障，対外援助，国連平和維持活動，経済統合，知的財産権など多様な問題領域を考察対象としているが，もちろんこれは日中関係が展開される国際環境の一部分でしかない．幾つかの重要な問題領域，たとえば政治文化，ナショナリズム，金融などについて，本書は正面から取り上げることができなかった．国際秩序と規範の視点から日中関係につ

いて結論的な診断を下すためには，さらに深くかつ広く研究を進めたうえでなされるべきとの判断から本書はあえて終章を設けてない．

たが，本書に収録されている各論文からは次のような共通した知見を抽出することができよう．第1に，日中両国とも国際規範の受容はプラグマティックにおこなわれ，国内規範との折り合いをつけながら独自の規範を形成したことである．そのため，時代の変化に伴って規範の調整がおこなわれ，新たな対外政策指針が形成されてきた．このように規範の受容と形成はプラグマティックにおこなわれているため，規範をめぐる状況は流動的になりやすく，規範の相対的な重要性も変化する可能性がある．

第2に，秩序形成期においては，規範の対立が協力を阻害する要因となる．2000年代以降の中国台頭に伴い，東アジアは地域秩序再編の時代に突入した．新しい秩序はどう形成されるべきかについて，日中両国が異なる規範に立脚して異なるビジョンを描いていることが日中対立を助長する1つの要因となっている．けれども，今回の共同研究を通じて，規範の対立は根本的に相いれないものではないことも明らかになった．むしろ日本と中国の対外政策に内在する規範には類似点や補完的な要素も少なくなく，アイディアの創出次第では規範の調和が達成される可能性もある．しかし現状では，安全保障戦略の相違，アイディティティの差別化などの力学が規範を調和させるアイディアの創出を妨げているだけでなく，むしろ規範の対立を人為的に増幅している状態にあるということである．

第3に，以上の点を鑑みれば，規範は日中摩擦ひいては対立の原因にもなるし，かえって関係打開の糸口にもなりうるということである．国際社会における各自の位相を冷静に見定め，類似もしくは補完的な部分について規範の調和のためのアイディアの創出こそがなにより求められる．

東アジアのなかの日本と中国の関係について，本書は以上のような知見を示すことができたが，もちろんこれは最終的な結論ではなく，今後より徹底した研究がおこなわれるようになることを期待している．また，体制の異なる中国と日本がどのように共存するのかという問題に関心を持つ読者の皆さんに，本書が思考を深めるためのヒントを提供できることを私たちは願っている．

この挑戦的な研究課題について日中共同研究を継続し，本書を上梓するにい

たる過程では，多くの方々のお世話になったことを指摘しなければならない．

　まずは何といってもサントリー文化財団の助成金がなければ，そもそも共同研究を開始することができなかったかもしれない．大した実績もない筆者たちがこのような重大な研究課題に大胆に挑戦することを支援してくださった財団に深く感謝したい．そして共同研究の会合には，主として慶應義塾大学東アジア研究所の共同研究室を利用させていただいた．快く共同研究室の利用を許可してくださった同研究所の関係者皆さんにもお礼を申し上げたい．

　そのほかにも，本共同研究の遂行に際して，たくさんの方々のご協力をいただいた．2015年アジア政経学会の分科会を企画・実施した際には高橋伸夫先生（慶應義塾大学）と井上一郎先生（関西学院大学）から貴重なコメントをいただいた．また，山口信治氏（防衛研究所）と林大輔氏（国立公文館アジア歴史資料センター）からはそれぞれの専門分野から講演していただいた．国際協力銀行の波多野淳彦氏（現中部経済産業局）は，筆者たちの共同インタビューを快く受け入れてくださった．合わせて感謝の意を表したい．

　最後に，出版事情が厳しいなか，本書の出版を快く引き受けてくださった晃洋書房の編集部と本書の編集を担当してくださった井上芳郎氏，石風呂春香氏に厚く御礼を申し上げる．

　　2016年8月3日

　　　　　　　　　　　　　　　　　　　　　　　　　　兪　　敏　浩

人名索引

〈ア行〉

アイケンベリー，ジョン（G. John Ikenberry）　18
青山瑠妙　7
麻生太郎　48, 51, 82
足立研幾　22
安倍晋三　82, 156, 169, 171
池田維　43
稲田十一　44
猪口孝　4
今井敬　150
ウェルチ，デイヴィッド（David A. Welch）　88
ウェント，アレキサンダー（Alexander Wendt）　22
牛尾治朗　150
閻学通　23, 87
大野泉　45
大野健一　45
大庭三枝　6
奥田碩　149, 150, 157
小沢一郎　44, 129
小渕恵三　46
温家宝　160

〈カ行〉

海部俊樹　57
葛西敬之　163
片田さおり　5
カプチャン，チャールズ（Charles A. Kupchan）　23, 89
菅直人　161
北岡伸一　89
ギル，ベイツ（Bates Gill）　91
クリステンセン，トーマス（Thomas J. Christensen）　88
小泉純一郎　151
江沢民　2, 79, 84, 137
胡錦濤　82, 84

〈サ行〉

サミュエルズ，リチャード（Richard J. Samuels）　72
シキンク，キャサリン（Kathryn Sikkink）　21
シュウェラー，ランドール（Randall L. Schweller）　17
下村恭民　108, 116
周永生　113
習近平　50, 86, 87, 163, 171
ジョンストン，イアン（Alastair Ian Johnston）　18
ゼーリック，ロバート（Robert B. Zoellick）　51
銭其琛　79, 80, 135
添谷芳秀　4

〈タ行〉

高原明生　3, 79
竹下登　43
田中明彦　3
田村元　107
張蘊嶺　156
趙宏偉　4
趙紫陽　102
張富士夫　159
陳徳銘　162
寺田貴　6
鄧小平　51, 76

〈ナ行〉

中曽根康弘　43
中谷元　133
納家政嗣　9

〈ハ行〉

バーキン，サミュエル（Samuel Barkin）　20
波多野澄雄　41
鳩山由紀夫　82
潘忠岐　4
平沼越夫　150
フィネモア，マーサ（Martha Finnemore）　21
福田越夫　42
ブザン，バリー（Barry Buzan）　7

ブッシュ，リチャード（Richard C. Bush III）
　　88
フット，ローズマリー（Rosemary Foot）　4
ブトロス＝ガリ（Boutros Boutros-Ghali）　126
船橋洋一　　9, 44, 129
フリードバーグ，アーロン（Aaron L. Friedberg）
　　85
細川護熙　　74

　　　　　〈マ　行〉

マハティール（Mahathir bin Mohamad）　57
ミアシャイマー，ジョン（John J. Mearsheimer）
　　17
村山富市　　74
森喜朗　　47, 130

　　　　　〈ヤ　行〉

山影進　　56
山本吉宣　　7, 40
米倉弘昌　　160

　　　　　〈ラ　行〉

李妍焱　　62
李登輝　　78
李鵬　　49, 74

　　　　　〈ワ　行〉

ワイス，トーマス（Thomas G. Weiss）　62
ウォルター，アンドリュー（Andrew Walter）
　　4

事項索引

〈アルファベット〉

AIIB → アジアインフラ投資銀行　24
ARF → ASEAN 地域フォーラム　57, 78, 79
BRICS 開発銀行　53
DAC → 経済協力開発機構（OECD）の開発援助委員会　97, 122
eBay 事件　183
EPA → 経済連携協定　185
EU　51, 66-68
ERIA → 東アジア・ASEAN 経済研究センター　157
FTA → 自由貿易協定　152, 153, 162, 163
G7 → 主要先進国サミット　45
G8 + 5 会議　50
G20 → 主要国サミット　53
IMF → 国際通貨基金　45, 53
IBRD → 国際復興開発銀行　98
NGO → 非政府組織　47, 48, 54
ODA → 政府開発援助　99, 103, 122, 134
ODA 大綱　47, 48, 99, 110, 112, 123, 130
　　──見直しの基本方針　161
ODA 中期政策（ODA に関する中期政策）　99, 107, 108
ODA 白書　100
PKO → 国連平和維持活動　88, 126-129, 133, 141
PKO 協力法　129, 141
PKO5 原則　73, 129, 133, 134
TPP → 環太平洋経済連携協定　160, 161
　　──交渉　159, 161, 162
TRIPs 協定 → 知的所有権の貿易関連の側面に関する協定　184
WTO → 世界貿易機関　51, 53
WTO ドーハ・ラウンド　55
WTO プラス　155

〈ア　行〉

アイディア　147, 148, 164
アイデンティティ　39, 59, 61, 169
アジアインフラ投資銀行（AIIB）　24, 53, 121
アジア型援助モデル　116, 117

アジア通貨危機　2, 58
「アジア新安全保障観」　87
アジア相互協力信頼醸成措置会議（CICA）　70, 87
アジア太平洋 FTA（FTAAP）　157
アジアドナー　116
ASEAN　104, 108, 127, 131, 151-153
　　──地域フォーラム（ARF）　57, 70
　　──＋3　147, 149, 151, 152
　　──＋6　151, 156, 157, 162
アメリカ　25, 31, 51, 69-72, 78, 81, 84, 174
　　──大統領通商政策アクションプラン　174, 175
安全保障　47, 70, 72, 83, 88
　　──環境　33, 69, 70
　　──政策　70, 71, 74-76, 81, 88
アンタイド　99
アンチパテント政策　174
イギリス　24
意匠権　177
一国平和主義　32, 71, 76
イデオロギー　24
ウィンウィン　106, 107
　　──原則　98, 104
影響力　17
円借款　98
援助大国　97
援助疲労　97
援助・投資・貿易の三位一体　98, 107, 109
援助, 投資, 貿易の相乗効果　107-109
オープンイノベーション　184
オックスファム　22

〈カ　行〉

改革開放　102, 175
開発援助　47, 121
　　──コミュニティ　45
開発協力大綱　99
外務省（日本）　47, 48, 151, 152
海洋
　　──安全保障　18
　　──権益　8, 77, 93
　　──秩序　42, 93

事項索引　199

核実験　70, 74
核心的利益　86
核不拡散　18, 85
価値観　22, 40
　——外交　48
ガバナンス　40
　——の改善　110
環境　122, 123
　——規範　98, 123
　——問題　42
韓国　17, 70, 73
環太平洋経済連携協定（TPP）　59, 185
企業戦略　173, 188
技術革新　182
北朝鮮　70, 73, 75, 81, 85, 90
規範　9, 19, 25, 28, 31, 62, 94, 142, 148, 160, 181
　——起業家　28, 30, 31, 88, 127
　——構造　29
　——守護者　22, 30, 31
　——受容者　21
　——状況　19, 26, 71, 81
　——侵害　29
　——的アプローチ　148
　——の内在化　19, 29
　——のライフサイクル　21, 28, 127
　——論　5, 25
漁船衝突事件　159
共通だが差異のある責任　9
草の根・無償資金援助制度　47
グローバル化　2, 41, 43
グローバル・ガバナンス　40, 41, 45, 47, 52, 59, 61
軍事
　——援助　98, 112, 114-116, 118
　——外交　116
経済インフラ整備　109
経済協力　98
経済協力開発機構（OECD）の開発援助委員会　97
経済財政諮問会議　151, 152, 163
経済産業省（経産省）　150
経済大国　39, 72
経済的関与　74
経済同友会　148, 149
経済発展　84, 85

経済連携協定（EPA）　185
経団連 → 日本経済団体連合会　149, 160
権威主義　20, 34
現状維持　1, 18
現状変更　1, 18
憲法
　——改正　76
　——9条　71, 130, 141
　——の制約（憲法上の制約）　75, 89
構成主義　18, 20, 29, 147
構造調整融資　45
行動規範　40, 59, 80, 89
抗日戦争　171
後方支援　75, 81
国際援助コミュニティ　106
国際援助レジーム　97, 111, 119
国際公共財　40
国際海洋レジーム　92-94
国際化研究会報告　43
国際環境　84
　——認識　76
国際規範　9, 70, 75, 89, 125, 128, 134, 142
国際協力　43, 71
　——構想　43
国際協力銀行（JBIC）　118
国際貢献（国際的な貢献）　88, 89, 127-130, 138
国際システム　22
国際社会　9, 39, 55, 87, 111, 125
国際人権規約　24
国際政治経済新秩序　49
国際秩序　4, 5, 17, 25, 34, 49
　——論　18
国際通貨基金（IMF）　45, 98
国際制度　5
　——論　5
国際復興開発銀行（IBRD）　98
国内規範　71, 76, 127, 128, 134, 142
国内特許申請件数　178
国内法　182, 185, 188
国内法規範　182, 188
国民経済と社会発展に関する13次5ヵ年計画　50, 51
国連
　——開発計画（UNDP）　46
　——海洋法会議　42, 80, 93

――海洋法条約　93
――グローバル・ガバナンス委員会　40
――中心主義　72
――平和維持活動（PKO）　71, 125
コソボ空爆　138, 140
「国家安全保障戦略」　83, 113
国家主権規範　126, 127, 135-138, 140
国家戦略　173, 188

〈サ　行〉

産業競争力戦略会議　150
自衛隊　128, 129, 131, 133, 134
――の（を）海外派遣（派兵）　70, 72, 73, 81, 88
死刑　66
自助努力　98, 104, 105
市民社会　47, 48, 54, 62
社会化　21, 22
上海協力機構（SCO）　70, 79
修正主義　18
自由　17, 20
集団的自衛権　74, 83
「自由と繁栄の弧」　48, 82
周辺事態　75, 79, 83
自由貿易協定（FTA）　53, 147, 184
自由貿易主義　154, 155, 160
主権　22, 27, 35, 134
――侵害（主権の侵害）　25, 138-140
主要国サミット（G20）　54
主要先進国サミット（G7）　42
商標権侵害　175
自力更生支援　106
新安全保障観　78, 90, 136
新型大国関係　69
人権　17, 20, 40, 66, 67, 137, 141
――擁護　137, 138
新興国　2, 24, 59
人工島　17
新興ドナー　97
新自由主義　61
「新成長戦略」　161, 163
新世界秩序　45
人道
――主義　104
――的介入　25
――的支援　137

ストックホルム人間環境会議　42
西欧
――型の慈善モデル　117
――的な規範　22
政治的コンディショナリティ　98, 110, 111
政府開発援助（ODA）　98
成長志向型協力　109
正統性　27
世界貿易機関（WTO）　180
責任　136
「責任ある大国」　71, 136, 140
「積極的平和主義」　81, 83, 113
尖閣　92
――国有化問題　62
――諸島　77, 92
全球治理（グローバル・ガバナンス）　50, 59
全国対外援助工作会議　106
「戦後平和主義」　71-74, 81, 83, 87
専守防衛　71, 89
相互依存　74, 106
走出去（海外進出）　122

〈タ　行〉

対外援助　97, 98, 101, 102, 109
――白書　102
――8原則　101, 110, 122
対外経済政策のアイディア　163
第三世界　101
対中関与政策　39
対中ODA供与　56
対中経済協力3原則　112
台湾　79, 139, 140
――海峡危機　69, 71, 74, 78, 79
――問題　84, 85
多極化　2, 77, 80
多国間協力　75
多国間主義　78, 85
多国籍軍　72, 132, 139
地域
――化　21
――外交　2, 3, 6
――ガバナンス　41, 56, 60
――主義　6, 7, 58
――制度　6, 147, 148
――秩序　3, 4, 70, 79, 89
――統合　6, 7, 147

知的財産　155, 173, 180, 183, 186
　——侵害訴訟　182
　——戦略綱要　178
　——戦略大綱　178
知的所有権の貿易関連の側面に関する協定
　　（TRIPs協定）　180
「中間国家論」　40
中国
　——脅威論　49, 82, 84, 140
　——共産党　86
　——責任論　51
　——の強大化　69
　——のFTA交渉原則　153
　——輸出入銀行　102
中国・EU関係（EU・中国関係）　4, 67
『中国の平和的発展』白書　54
中米欧日韓世界五大特許庁長官会議　185
朝鮮半島　74
低姿勢路線　84, 87
天安門事件　57, 71, 74, 76
「天下」　27
伝統的安全保障　18
韜光養晦　51, 76, 86
東南アジア　78, 83
独占禁止法　183
特定非営利活動促進法（NPO法）　47
特許審査基準　186
特許審査ハイウェイプログラム　186
特許審判実務　186

〈ナ　行〉

内在化　8, 20, 24
内政不干渉　9, 49, 78, 98, 110, 134, 138, 141
ナショナリズム　34
ナショナル・アイデンティティ　169, 170
南南協力　104, 105
西側諸国　18, 24, 25
「二重身分論」　40
日米関係　70, 77, 81, 82
日米EPA　158, 159
日米同盟　49, 74, 75, 79, 81, 82, 85
日米防衛協力のための指針　75
日中韓FTA　159
日中韓特許庁長官会議　185
日中戦略的互恵関係　58
日中特許庁長官会議　185

日中ハイレベル経済対話　156
日本
　——経団連　148, 149
　——周辺事態　79
　——の経済界　148
　——の対中政策　74
「日本株式会社」　1
人間の安全保障　46, 127, 130, 131, 141
　——委員会　47, 130

〈ハ　行〉

パートナーシップ　41, 47, 51
「排他的経済水域および大陸棚法」　80
覇権　19
　——安定論　5
パテントトロール　184
パワー　17, 23, 31
　——シフト　19, 23, 30, 34, 70, 89
反軍国主義　128, 129, 140
　——的な規範（反軍国主義規範）　32, 71, 88, 128
「反国家分裂法」　85
反日デモ　86, 169
東シナ海　17, 77, 92, 94
東アジア　56, 148, 149
　——共同体　82, 147, 148, 152, 156, 157, 162
　——自由経済圏　149, 150
　——首脳会議　70
　——諸国　19
　——地域協力　4, 58
　——地域統合　8, 147
東アジア・ASEAN経済研究センター（ERIA）　156
東チモールPKO　131, 138
樋口レポート　74
非政府組織（NGO）　40
一つの中国　78, 84
貧困国支援　118
フィリピン　77, 80
福田ドクトリン　2, 56, 131
「普通の国」　71, 76, 82, 88, 129
普遍的価値　46, 55, 56, 59, 61
プロジェクト援助　107
プロパテント政策　174
文化協力　43
紛争処理手続　154

平和共存5原則　　122, 134
平和構築　　57, 126, 130, 131, 137
平和5原則　　49, 87, 88, 134
平和国家　　71, 72, 113, 169-171
平和的台頭　　34, 84, 90, 136
平和のための協力　　43
米中関係　　4
ベトナム　　17, 77
「防衛計画の大綱」　　74
防空識別圏　　17, 86
ポスト貧困緩和　　106

〈マ 行〉

前川レポート　　43
南シナ海　　8, 17, 31, 68, 77, 80, 85, 86, 92
南シナ海行動宣言　　85
民主主義　　17, 20, 40, 66, 67, 137, 139, 141
民主党　　161
民族自決　　137
無償資金協力　　74, 98
無利子借款　　102

〈ヤ 行〉

靖国神社参拝　　169
ヤング・レポート　　174
優遇借款　　102, 109
輸出主導型発展　　107
「良い」規範　　20, 23
世論調査　　73

〈ラ 行〉

リアリスト　　17, 18

リアリズム　　23, 34
利益　　17, 31
利害　　19
　──共有者　　18
利他主義　　21
リベラリスト　　18
リベラル
　──（な）規範　　19, 20, 23, 83, 130, 137, 138, 141
　──規範論　　19, 20, 22-25, 29
　──規範論者　　18, 19, 22
　──国際秩序論　　20, 23
　──ではない規範　　27
　──な国際規範　　17, 18
　──な国際秩序　　18, 59, 74
　──な理念　　18
リベラル・バイアス　　23, 27
領海及び接続水域法　　77
レアアース　　159
冷戦終結　　25, 69, 76, 125, 126
歴史的権利　　80
「歴史の終わり」　　46
歴史認識　　18, 169
　──問題　　3, 8
歴史問題　　169, 171
六者協議　　85

〈ワ 行〉

和諧世界（調和のとれた世界）　　49, 90
「悪い」規範　　23
湾岸戦争　　45, 71-73, 110, 129

《執筆者紹介》（掲載順．＊は編著者）

＊兪　敏浩（ゆ　びんこう）［序章,第２章］
名古屋商科大学コミュニケーション学部准教授．慶應義塾大学大学院法学研究科後期博士課程修了．博士（法学）．専攻は現代中国論，東アジア国際関係論．主要業績に，『国際社会における日中関係――1978～2001年の中国外交と日本』（単著，勁草書房，2015年），「中国における全球治理論に対する一考察――シンクタンクの議論を中心に」（『名古屋商科大学論集』60巻1号，2015年7月），「中国の台頭と日中韓関係――地域秩序形成の文脈で」（『名古屋商科大学論集』58巻2号，2014年3月）など．

＊今野茂充（こんの　しげみつ）［序章,第１章,第３章］
東洋英和女学院大学国際社会学部准教授．慶應義塾大学大学院法学研究科後期博士課程修了．博士（法学）．専攻は国際関係理論と安全保障研究．主要業績に，『戦略史としてのアジア冷戦』（共編著，慶應義塾大学出版会，2013年），『イメージのなかの日本――ソフト・パワー再考』（共著，慶應義塾大学出版会，2008年），『中国の統治能力――政治・経済・外交の相互連関分析』（共著，慶應義塾大学出版会，2006年）など．

林　大輔（はやし　だいすけ）［COLUMN 1］
国立公文書館アジア歴史資料センター・EUSI（EU Studies Institute in Tokyo）研究員．慶應義塾大学大学院法学研究科後期博士課程単位取得満期退学．専門は東アジア国際関係史，EU・中国関係．主要業績に，『戦後アジア・ヨーロッパ関係史』（共著，慶應義塾大学出版会，2015年），「EU・中国関係の40年――経済・通商関係から包括的な戦略的パートナーシップの形成へ，1975年～2015年」（『EUSI Commentary』第58号，2015年）など．

許　元寧（ほ　うぉにょん）［COLUMN 2］
慶應義塾大学大学院法学研究科後期博士課程．専門は日本外交,日中関係,国際関係論．主要業績に，「国際環境の変化と『海洋国家』日本――1970年代における国際海洋レジームの変動とソ連脅威の拡大への対応」（『法学政治学論究』第108号，2016年），「日本の認識変化と海洋政策の転換――東シナ海大陸棚紛争を中心に」（『韓日軍事文化研究』第17輯，2014年，韓国語）など．

徐　顕芬（じょ　けんふん）［第４章］
華東師範大学歴史学部教授．早稲田大学大学院政治学研究科後期博士課程修了．博士（政治学）．専門は東アジア国際関係史，国際援助論，中国政治外交．主要業績に，『日本の対中ODA外交：利益・パワー・価値のダイナミズム』（単著，勁草書房，2011年），『中国問題　キーワードで読み解く』（共著，東京大学出版会，2012年），"Japan's Official Development Assistance (ODA) Policy towards China: The Role of Emotional Factors", *The Journal of Contemporary China Studies*（Vol.2, No.1, March, 2013）など．

濱崎宏則（はまさき　ひろのり）［COLUMN 3］
長崎大学大学院水産・環境科学総合研究科准教授．立命館大学大学院政策科学研究科博士後期課程修了．博士（政策科学）．専門は環境ガバナンス論，水資源管理政策．主要業績に，『メコン地域開発とASEAN共同体――域内格差の是正を目指して』（共著，晃洋書房，2014年），「メコン河流域の持続可能な発展とローカル・ガバナンス」（『水資源・環境研究』，2010年）など．

畠山京子（はたけやま きょうこ）［第5章］
関西外国語大学外国語学部准教授．マッコーリー大学政治学部博士課程修了．Ph.D．専攻は日本外交と国際関係理論．主要業績に，「国内規範と合理的選択の相克——武器輸出三原則を事例として」（『国際政治』181号，2015年），"Japan's peacekeeping policy: strategic calculation or internalization of an international norm?", The Pacific Review（Vol. 27, No. 5, 2014）, Snow on the Pine: Japan's quest for a leadership role in Asia（with C Freedman, World Scientific, 2010）

李　彦銘（り いぇんみん）［第6章］
人間文化研究機構地域研究推進センター・慶應義塾大学東アジア研究所現代中国研究センター研究員．慶應義塾大学大学院法学研究科後期博士課程修了．博士（法学）．専門は日中関係，国際関係論．主要業績に，『日中関係と日本経済界——国交正常化から「政冷経熱」まで』（単著，勁草書房，2016年），「1970年代初頭における日本経済界の中国傾斜とその背景」（『国際政治』163号，2011年），「小泉政権期における日本経済界の対中認識」（『法学政治学論究』88号，2011年）など．

江藤名保子（えとう　なおこ）［COLUMN 4］
日本貿易振興機構アジア経済研究所研究員．慶應義塾大学大学院法学研究科後期博士課程修了．博士（法学）．専門は中国政治・外交，日中関係．主要業績に「中国の公定ナショナリズムにおける反『西洋』のダイナミズム」（『アジア研究』第61巻第4号，2015年10月），『中国ナショナリズムのなかの日本——「愛国主義」の変容と歴史認識問題』（単著，勁草書房，2014年），『日中関係史1972-2012　Ⅰ政治篇』（共著，東京大学出版会，2012年）など．

李　龍（り　りゅう）［第7章］
華東理工大学法学部専任講師．神戸大学大学院法学研究科後期博士課程修了．博士（法学）．専門は知的財産法，会社法．主要業績に，「中国株主代表訴訟の現状とその課題」（『神戸法学雑誌』，2013年），『日本知的財産法律制度』（単著，知的財産出版社，2012年），「日本の知的財産の担保融資制度の可能性」（『華東理工大学社会学雑誌』，2011年）など．

東アジアのなかの日本と中国
――規範・外交・地域秩序――

| 2016年12月10日　初版第1刷発行 | ＊定価はカバーに表示してあります |

編著者の了解により検印省略	編著者	兪　　敏　浩 ⓒ
		今　野　茂　充
	発行者	川　東　義　武
	印刷者	西　井　幾　雄

発行所　株式会社　晃洋書房

〒615-0026 京都市右京区西院北矢掛町7番地
電話　075 (312) 0788番代
振替口座　01040-6-32280

ISBN 978-4-7710-2793-0　印刷・製本　㈱NPCコーポレーション

JCOPY 〈(社)出版者著作権管理機構 委託出版物〉

本書の無断複写は著作権法上での例外を除き禁じられています．複写される場合は，そのつど事前に，(社)出版者著作権管理機構（電話 03-3513-6969, FAX 03-3513-6979, e-mail: info@jcopy.or.jp）の許諾を得てください．

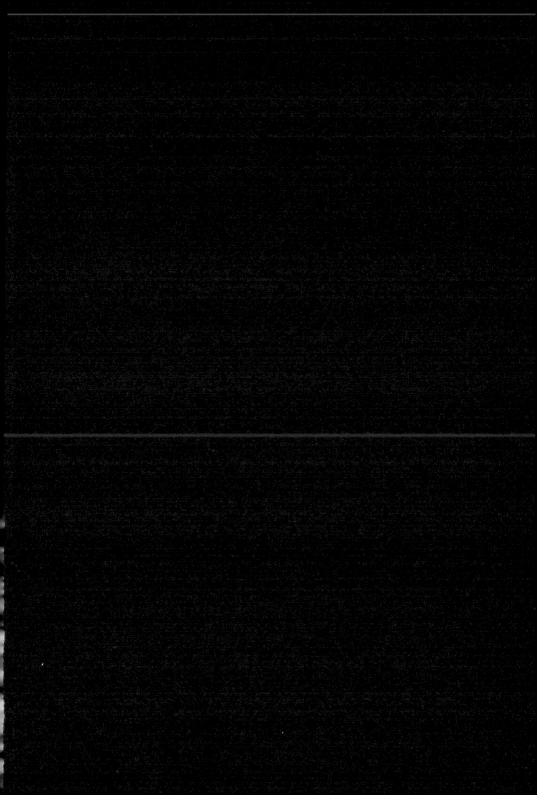